Der Grüne Heinrich: Roman

Gottfried Keller

BIBLIOLIFE

Der grüne Heinrich.

Roman
von
Gottfried Keller.

Vierter Band.

Siebente Auflage.

Berlin.
Verlag von Wilhelm Hertz.
(Besser'sche Buchhandlung.)
1890.

Inhalt des vierten Bandes.

———·

Vierter Band.

Erstes Kapitel.

Der borgheſiſche Fechter.

Auf dem niedrigen Ofen meines Arbeitszimmers ſtand
eine faſt drei Fuß hohe Gipsfigur des borgheſiſchen Fechters.
Der Abguß war vorzüglich, obſchon etwas angebräunt; denn
er ſtammte von einem früheren Inſaſſen her und ging von
einem Nachfolger zum andern. Jeder übernahm den rüſtigen
Kämpfer gegen eine Entſchädigung an die Wirtsleute, die ſo
von der Arbeit des wackern Agaſias nach zweitauſend Jahren
noch einen periodiſchen Nutzen zu ziehen mußten.

Als meine Augen von der Thüre, hinter welcher Erikſon
und Reinhold mit ihren Frauen verſchwunden waren, hinweg-
glitten, fielen ſie auf den daneben ſtehenden Fechter und blieben
an dem ſchönen Bildwerke haften. Ich trat ihm näher wie
einem willkommenen Hausgenoſſen in einſamer Stunde und
ſchaute ihn zum erſtenmale vielleicht recht an. Raſch räumte
ich Bilder und Staffeleien weg, rückte ſie an die Wände, trug
die Figur in die Mitte des Zimmers auf ein Tiſchchen und
ſtellte ſie ins Licht. Ein helleres Licht ging aber trotz dem
geräucherten Zuſtande von dem Bilde aus, in welchem das
Leben im goldenen Zirkel von Verteidigung und Angriff ſich

selbst erhielt. Von der erhobenen Faust des linken Armes
über die Schultern weg bis zur gesenkten des rechten, von der
Stirn bis zur Zehe, dem Nacken bis zur Ferse wallte von
Muskel zu Muskel, von Form zu Form die Bewegung, der
Schritt aus der Not zum Siege oder zum rühmlichen Untergange. Und welche Formen in ihrer Verschiedenheit! Alle
diese Organe glichen einer kleinen Republik von Wehrmännern,
welche von einem Willen beseelt vorandrangen, um ihren Verband gegen die Zerstörung zu schützen.

Unversehens suchte ich einen reinen Bogen Papier, spitzte
einen Kohlenstengel sorgfältig zu und begann mich in den
Umrissen dieses und jenes Gliedes zu versuchen, dann, als
hiemit nicht viel herauskommen wollte, den linken Arm bis in
die Achselhöhle und die von da fortlaufende Bewegung bis in
die linke Weichengegend haftiger in ganzer Form rasch zu
packen; aber die Hand war ungeübt hiefür und erst als die
Kohle sich etwas abgestumpft hatte, wollte der Strich von selbst
leibhafter werden und ein gewisses Leben in die Finger fahren.
Aber nun war das Auge nicht gewöhnt, angesichts der menschlichen Gestalt der Hand rasch genug vorzuleuchten; ich mußte
aufstehen und die Begrenzungen und Uebergänge genauer untersuchen, und weil ich doch schon zu alt war, in einsichtsloser
Art fortzufahren, über die Dinge und ihren Zusammenhang
nachdenken.

So brachte ich in ein paar Tagen die ganze Figur leiblich
zu stande, drehte sie und bezwang sie auch von den übrigen
Seiten. Da fiel mir plötzlich ein, sie in Gedanken aufzurichten
und den Fechter in ruhender Stellung zu zeichnen, gleichsam
als Probe der erworbenen Kenntnis. An dem anatomisch gut
gearbeiteten Vorbilde hatte ich wohl gesehen, was als Knochen
oder Muskel, Sehne oder Gefäß sich darstellte; als es nun
aber galt, alles dies in seine veränderte Lage und Form zu

bringen, mangelte mir jeder bestimmte Einblick in den Zu=
sammenhang dessen, was unter der Haut ist und vor sich geht,
und da es sich nicht um eine unklare freche Skizzierung handeln
konnte, die hier keinen Zweck gehabt hätte, so sah ich mich ge=
nötigt, den Stift wegzulegen.

Das begab sich in einem Augenblicke, wo ich schon so
manches Jahr der Kunst beflissen gewesen und einem ersten
Abschluß zusteuern sollte. Ich hätte diesen Erfolg genau voraus=
sehen können, eh' ich den Stift angesetzt, und wie ich nun,
die Hände im Schoß, über meine Thorheit nachsann, wunderte
ich mich darüber, daß ich einst nicht die Darstellung des
Menschen zum Berufe gewählt hatte anstatt seines bloßen land=
schaftlichen Wohn= und Schauplatzes. Und als ich über diese
unheimliche Zufälligkeit weiter nachdachte, verwunderte ich mich
aufs neue, wie es überhaupt möglich gewesen sei, daß ich,
noch in den Kinderschuhen stehend, meinen unberatenen Willen
so leicht habe durchsetzen können in einer das ganze lange Leben
bestimmenden Sache. Ich war noch nicht über die Jugendidee
hinaus, daß eine solche Selbstbestimmung im zartesten Alter
das Rühmlichste sei, was es geben könne; allein es begann
mir jetzt doch unerwartet die Einsicht aufzugehen, das Ringen
mit einem streng bedächtigen Vater, der über die Schwelle des
Hauses hinauszublicken vermag, sei ein besseres Stahlbad für
die jugendliche Werdekraft, als unbewehrte Mutterliebe. Zum
erstenmale meines Erinnerns ward ich dieses Gefühles der
Vaterlosigkeit deutlicher inne, und es wallte mir augenblicklich
heiß bis unter die Haarwurzeln hinauf, als ich mir rasch ver=
gegenwärtigte, wie ich durch das Leben des Vaters der frühen
Freiheit beraubt, vielleicht gewaltsamer Zucht unterworfen, aber
dafür auch auf gesicherte Wege geführt worden wäre. Indem
ich bei dieser Vorstellung von Sehnsucht und Widerspruch,
von einem mir unbekannten aber süßen Gefühle des Gehorsams

und trotziger Freiheitsluſt gleichzeitig erglühte, ſuchte ich die
mir faſt gänzlich verwiſchte Geſtalt heraufzuführen, vermochte
es aber im Wogen der Gedanken zuletzt nur durch das Auge
der Mutter, wie ſie den Abgeſchiedenen im Traume geſehen.

Im Verlaufe der Zeit hatte ſie nämlich wiederholt, aber
immer nur nach jahrelangen Unterbrechungen, vom Vater ge-
träumt, vielleicht zwei- oder dreimale, gleichſam zum Wahrzeichen,
wie ſelten ſolche geheimnisvolle Lichtblicke tiefſten Glückes uns
vergönnt ſind. Jedesmal aber hatte ſie am Morgen das Be-
gebnis, das nach langem Ausbleiben ſo unerwartet gekommen,
mit dankbarer Freude erzählt und die Art und Weiſe der Erſcheinung beſchrieben.

So war es ihr einſt im Schlafe, als ergehe ſie ſich an
einem Sonntage mit dem verſtorbenen Gatten im Freien, wie
ehemals; aber ſie fand ihn doch nicht ſich zur Seite, ſondern
ſah ihn plötzlich aus der Ferne herkommen auf einer unab-
ſehbaren Feldſtraße. Er war ſonntäglich fein gekleidet, trug
aber ein ſchweres Felleiſen auf dem Rücken; in der Nähe angelangt, ſtand er ſtill, nahm den Hut vom Kopfe und wiſchte
den Schweiß von der Stirne; dann winkte er liebevoll gegen
die Mutter und ſagte mit wohltönender Stimme: Es iſt weit,
weit zu gehen! worauf er an ſeinem Stabe rüſtig weiter
wanderte, bis er ihren Augen entſchwand. Dieſes Geſicht,
welches ihr ſtatt eines Ausruhenden einen mit belaſtetem Rücken
in unendliche Fernen dahin Ziehenden gezeigt, hatte die Mutter
bei näherem Nachdenken traurig gemacht, da ſie ohne Aber-
glauben oder Traumdeuterei doch die Empfindung oder Vor-
ſtellung von einer großen Mühſal erlitt, in welcher ſich der
Abgeſchiedene bewege.

Mir hingegen erweckte jetzt das Gedenken dieſes unver-
droſſenen Wanderns des freundlichen Geiſtes durch die unbekannte Ewigkeit eher das vorbildliche Anſchauen eines nicht zu

brechenden Lebensmutes, des rastlosen Verfolgens eines Zieles.
Ich sah den Mann selbst dahinschreiten und mir zuwinken,
und als das Bild allmählich sich von der Tafel der Erinnerung löste und verschwand, sagte ich mir entschlossen: Was
kann es helfen! du darfst nicht länger säumen und mußt die
fehlende Kenntnis nachholen!

Ich nahm mir also vor, mich unverweilt an das Studium
der Anatomie zu machen, so weit dieselbe wenigstens zu Ver-
ständnis und Darstellung der menschlichen Gestalt unentbehrlich
ist; und da die öffentliche Kunstschule zwar etwelche unvollkommene Gelegenheit hiefür bot, ich aber nicht zu ihren An-
gehörigen zählte, so suchte ich sofort einen jener Studierenden
auf, die mir in dem unsinnigen Duellhandel mit Ferdinand
Lys beigestanden. Es war ein der Medizin Beflissener, dem
Ende seiner Studienzeit entgegengehend und fast nur noch in
den Krankensälen, sowie an den Operationstischen thätig.
Sogleich bereit, mir seine anatomischen Atlanten und Bücher
zu leihen und mich vorderhand in ein Hörzimmer der Knochen-
lehre zu führen, riet er mir jedoch nach einigem Besinnen,
mit ihm die so eben beginnenden Vorträge über Anthropologie
zu besuchen, die von einem vortrefflichen Lehrer gehalten
würden. Er selbst, bemerkte er, gehe hin, nicht um der längst
zurückgelegten Lehrstufe willen, sondern wegen der ausgezeichneten
Form und des geistigen Gehaltes jener Vorlesungen, welche
an sich ein lehrreicher Genuß seien. Uebrigens wie der Anatom
ein rückwärtsgehender, sozusagen abtragender Bildhauer zu
nennen sei, so gehe der bildende Künstler am besten auf dem
entgegengesetzten Wege nicht nur von dem Knochengerüste,
sondern von der allgemeinen Anschauung des Organischen und
seines Werdens aus, und habe er den Einzug der Sinne
in das Gezelt der ehrlichen Menschenhaut mit angesehen, so
werde er zwar hiedurch kein Michel Angelo werden, wenn es

nicht sonst in ihm stecke, aber es könne andere, jetzt verloren
gegangene Fakultäten vergangener Zeiten ersetzen.

Ich sah den kundigen Landsmann nun erst recht an und
glaubte kaum, daß der Sprecher der gleiche sei, der mir vor
Wochen so bereitwillig ein Loch in die Haut eines Menschen
wollte stechen helfen. Wenn junge Leute, die sich bei leicht-
sinnigem Treiben befreundet, nachher ernstere Eigenschaften an
einander entdecken, so gereicht ihnen das immer zur Genug-
thuung, welche gern einem entschiedenen Einflusse statt giebt.
Ich zögerte daher nicht, dem Ratgeber zu folgen, und betrat
mit ihm das weitläufige Universitätsgebäude, auf dessen Treppen
und Flüren die eigentliche Staatsjugend der verschiedensten
Länder durcheinander strömte. In dem betreffenden Hörsaale
waren die Bänke noch leer. Die kahle Wand, die schwarze
Tafel an derselben, die zerschnittenen und bekleckßten Tische,
alles erinnerte mich beinahe beklemmend an die Schulstube, die
ich seit so vielen Jahren schon nicht mehr gesehen. Das unter-
brochene Lernen fiel mir aufs Herz und machte mir zu Mut,
als ob ich, auf einer dieser Bänke sitzend, plötzlich aufgerufen
und beschämt werden könnte; denn ich dachte nicht daran, daß
hier jeder in vollkommener Freiheit lebe für eine Spanne
Zeit, keiner auf den andern sehe und jedem der Tag seiner
Abrechnung noch in der Zukunft schlummere. Doch allmählich
füllte sich der Saal, und mit Verwunderung überschaute ich
die gedrängte Versammlung. Neben einer Menge junger Leute
meines Alters, welche rücksichtslos ihre Plätze einnahmen und
behaupteten, erschienen manche in vorgerückteren Jahren, gut
oder schlecht gekleidet, die schon stiller und bescheidener unter-
zukommen suchten; und sogar einige alte Herren mit weißem
Haar, selbst rühmliche Lehrer, nahmen entlegene Seitenplätze
ein, um zu suchen, was es noch zu lernen gebe. Da ahnte
ich freilich meine Beschränktheit, in der ich gewähnt, daß gerade

in den Räumen der Wissenschaft das Lernen für irgend jemanden
eine Schande sei.

So mochten über hundert Zuhörer versammelt sein,
welche des Vortragenden harrten, als derselbe unversehens in
die Thüre trat, rasch nach seinem Känzelchen eilte und dort
mit anständiger Anrede begann, das Bild unserer Leiblichkeit
und ihrer Lebensbedingungen zu entwerfen, wie es der damaligen
Wissenschaft entsprach, die wie gewöhnlich den bisher denkbar
höchsten Stand soeben erstiegen hatte. Allein dergleichen Prunk
kehrte er keineswegs hervor, sondern führte seine Hörer mit
ruhig und klar ohne irgend einen Anstoß dahinfließender Rede
durch das wohlgeordnete Gebiet, ohne Uebereilung, sowie ohne
unnützen Aufenthalt, ohne das Ueberraschende oder etwa notgedrungen Witzige mit Reklamen der Gebärde oder des Wortes
anzukündigen und zu begleiten.

Auf mich wirkte schon die erste Stunde so, daß ich den
Zweck, der mich hergeführt, und alles vergaß und allein gespannt war auf die zuströmende Erfahrung. Hauptsächlich beschäftigte mich alsobald die wunderbar scheinende Zweckmäßigkeit der Einzelheiten des tierischen Organismus; jede neue
Thatsache schien mir ein Beweis zu sein von der Scharfsinnig-
keit und Geschicklichkeit Gottes, und obgleich ich mir mein
lebenlang die Welt nur als vorgedacht und erschaffen vorge-
stellt hatte, so dünkte mich nun bei diesem ersten Einblicke, als
ob ich bisher eigentlich gar nichts gewußt hätte von der Er-
schaffung der Kreatur, dagegen jetzt mit der tiefsten Ueberzeugung wider jedermann das Dasein und die Weisheit des
Schöpfers behaupten könne und wolle. Aber nachdem der
Lehrer die Trefflichkeit und Unentbehrlichkeit der Dinge auf
das schönste geschildert, ließ er sie unvermerkt in sich selbst
ruhen und so ineinander übergehen, daß die ausschweifenden
Schöpfergedanken ebenso unvermerkt zurückkehrten und in den

geschlossenen Kreis der Thatsachen gebannt wurden. Und wo ein Teil noch unerklärlich war und in die Dämmerung zurücktrat, da holte der Redner ein helles Licht aus dem Erklärten und ließ es in jene Dunkelheit glänzen, so daß der Gegenstand wenigstens unberührt und jungfräulich seiner Zeit harrte, wie eine ferne Küste im Frühlichte. Selbst da, wo er entsagen zu müssen glaubte, that er dies mit der überzeugenden Hinweisung, daß doch alles mit rechten Dingen zuginge und in der Grenze des menschlichen Wahrnehmungsvermögens keineswegs eine Grenze der Folgerichtigkeit und Sicherheit der Naturgesetze läge. Hiebei brauchte er keinerlei gewaltsame Reden und vermied gewisse theologische Ausdrücke so sorgfältig wie den Widerspruch dagegen. Die Voreingenommenen merkten auch von allem nichts und schrieben unverdrossen nieder, was ihnen zweckdienlich schien für Eigenliebe und aufzustellende Meinungen, während die Unbefangenen alle Hintergedanken fahren ließen und bei des Lehrers klugen Wendungen mit frohem Sinne die Achtung vor dem reinen Erkennen lernten.

Auch in mir traten die willkürlichen Voraussetzungen und Nutzanwendungen bald in den Hintergrund, ohne daß ich mußte, wie es geschah, als ich mich den Einwirkungen der einfachen oder reichen Thatsachen hingab; das Suchen nach Wahrheit ist ja immer ohne Arg, unverfänglich und schuldlos; nur in dem Augenblicke, wo es aufhört, fängt die Lüge an bei Christ und Heide. Ich versäumte keine Stunde in dem Hörsaal. Wie ein Alp fiel es mir vom Herzen, als ich nun doch noch etwas zu lernen anfing; das Glück des Wissens gehört auch dadurch zum wahren Glücke, daß es einfach und rückhaltlos und, ob es früh oder spät eintritt, immer ganz das ist, was es sein kann; es weiset vorwärts und nicht zurück und läßt über dem unabänderlichen Leben des Gesetzes die eigene Zerbrechlichkeit vergessen.

Ich wurde von Wohlwollen gegen den beredten Lehrer erfüllt, von dem ich nicht gekannt war; denn es ist wohl nicht die schlimmste Eigenschaft des Menschen, wenn er für geistige Gutthaten dankbarer ist als für leibliche, und zwar in dem Maße, daß die Dankbarkeit wächst, je weniger selbst die geistige Wohlthat irgend einen unmittelbaren äußerlichen Nutzen mit sich bringt. Nur wenn leibliches Wohlthun so beschaffen ist, daß es Zeugnis giebt von einer geistigen Kraft, welche dem Empfänger wiederum zu einer moralischen Erfahrung wird, erreicht seine Dankbarkeit eine schönere Höhe, die ihn selber veredelt. Die Ueberzeugung, daß reine Tugend und Güte irgend wo sind, ist ja die beste, die uns werden kann, und selbst die Seele des Lasterhaften reibt sich vor Vergnügen ihre unsichtbaren dunklen Hände, wenn sie wahrnimmt, daß andere für sie gut und tugendhaft sind.

Indem die Lehre von unserer Menschennatur sich zusehends abrundete, bemerkte ich nicht ohne Verwunderung, wie die Dinge neben ihrer sachlichen Form in meiner Einbildung zugleich eine phantastisch typische Gestalt annahmen, welche zwar die Kraft des Vorstellens in den Hauptzügen erhöhte, hingegen das genauere Erkennen des Einzelkleinen gefährdete. Das rührte von der Gewöhnung des malerischen Bildwesens her, die sich jetzt einmischte, wo das Gedankenwesen herrschen sollte, während dieses sich wiederum an die Stelle drängte, die jenem gebührte. So sah ich den Kreislauf des Blutes gleich in Gestalt eines prächtigen Purpurstromes, an welchem wie ein bleiches Schemen das weißgraue Nervenwesen saß, eine gespenstische Gestalt, die in den Mantel ihrer Gewebe gehüllt, begierig trank und schlürfte und die Kraft gewann, sich proteusartig in alle Sinne zu verwandeln. Oder ich sah die Millionen sphärischer Körper, welche ebenso ungezählt und dem bloßen Auge eben so unsichtbar, wie die Heerscharen der

Himmelskörper, das Blut bilden, durch tausend Kanäle dahin=
stürmen und auf ihren Fluten unaufhörlich die Blitze des
Nervenlebens einherfahren in Zeiträumen, die im Auge der
Weltordnung eben so lange oder so kurz sind, wie diejenigen,
welche die Sterne zu ihrer Wanderschaft und Geschickserfüllung
bedürfen. Auch die Wiederholung der ungeheuren Vielzahl
und Zusammengesetztheit der ganzen kosmischen Natur in jedem
einzelnen hinfälligen Schädelrunde dehnte sich mir zu der un=
geheuerlichen Vorstellung aus, als ob ein monadenkleines
Forscherlein tief im Gehirne sitzen und eben so leicht sein
Fernrohr durch freie Räume richten könnte, wie der Astronom
das seine durch den Weltäther, trotz aller scheinbaren Dichtig=
keit der Materie im erstern Rundgebiete; ja vielleicht sei das
Oszillieren der Nervenmassen des Gehirns nichts Anderes, als
das wirkliche Wandern der Gedanken= oder Begriffskörperchen
durch die Räume der Hemisphären, und was dergleichen Späße
mehr waren.

Doch der Ernst des Lehrers und die ebenmäßige Ruhe
seiner Rede überwanden schließlich solche Störungen und
stellten eine Aufmerksamkeit her, die bis zum Schlusse an=
dauerte, hier aber einer gewissen Betroffenheit Platz machte.
Denn nachdem er die Lehre von der Sinnesentwicklung mit
der Entstehung des menschlichen Bewußtseins abgeschlossen,
endigte er, aus seiner Zurückhaltung heraustretend, mit der
unverhohlenen Bestreitung der Existenz eines sogenannten freien
Willens. Er that es mit wenigen gemäßigten Worten, die,
wenn auch sanft und friedlich, doch keineswegs triumphierend
oder selbstzufrieden tönten; vielmehr klang ein so herbes Ent=
sagen deutlich hindurch, daß ich mich sofort dagegen auflehnte,
da die Jugend nie gewillt ist, etwas für gut und köstlich
Geltendes so leicht dahin zu geben.

Zweites Kapitel.

Vom freien Willen.

———

Je höher der Mann in meiner Achtung stand, um so
eifriger machte ich mir zu schaffen, die geliebte Freiheit des
Willens, welche ich von jeher zu besitzen und tapfer auszuüben glaubte, wieder herzustellen. Unter den wenigen Gegenständen, die sich aus jenen Tagen erhalten, giebt es noch ein
kleines Schreibbuch. Es enthält einige hastige Aufzeichnungen
und ich lese die mit Bleistift beschriebenen Seiten jetzt mit be-
scheideneren Gefühlen, aber nicht ohne Rührung wieder:

„Die Verneinung des Professors ist es an sich nicht, die
mich abstößt oder erschreckt. Es giebt eine Redensart, daß
man nicht nur niederreißen, sondern auch wissen müsse aufzubauen, welche Phrase von gemütlichen und oberflächlichen
Leuten allerwegs angebracht wird, wo ihnen eine sichtende
Thätigkeit unbequem entgegentritt. Diese Redensart ist da
am Platze, wo obenhin abgesprochen oder aus thörichter Neigung verneint wird; sonst aber ist sie ohne Verstand. Denn
man reißt nicht stets nieder, um wieder aufzubauen; im Gegenteil, man reißt recht mit Fleiß nieder, um freien Raum für
Licht und Luft zu gewinnen, welche überall sich von selbst ein-

finden, wo ein sperrender Gegenstand weggenommen ist. Wenn man den Dingen ins Gesicht schaut und sie mit Aufrichtigkeit behandelt, so ist nichts negativ, sondern alles ist positiv, um diesen Pfefferkuchenausdruck zu gebrauchen.

„Wenn die Freiheit des Willens nun bei den untern Stufen unsers Geschlechtes und verwahrlosten Einzelnen auch nicht vorhanden war, so mußte sie sich doch einfinden und ent- wickeln, sobald die Frage nach ihr sich einfand, und wenn Voltaires Trumpf: „Gäbe es keinen Gott, so müßte man einen erfinden!" eher eine Blasphemie als eine „positive" gute Rede war, so verhält es sich nicht also mit der Willensfreiheit, und hier dürfte man nach Menschenpflicht und =Recht sagen: Lasset uns diese Freiheit schaffen und in die Welt bringen!

„Die Schule des freien Willens kann man am füglichsten mit einer Reitbahn vergleichen. Der Boden derselben ist das Leben dieser Welt, über welches auf gute Manier hinwegzu- kommen es sich handelt, und er kann zugleich den festen Grund der Materie vorstellen. Das wohlgeartete und geschulte Pferd ist das besondere, immer noch materielle Organ, der Reiter darauf der gute menschliche Wille, welcher jenes zu beherrschen und zum freien Willen zu werden trachtet, um auf edlere Weise über jenen derben Grund hinweg zu kommen; der Stallmeister endlich mit seinen hohen Stiefeln und seiner Peitsche ist das moralische Gesetz, das aber einzig und allein auf die Natur und Gestalt des Pferdes gegründet ist und ohne dieses gar nicht vorhanden wäre. Das Pferd aber würde ein Unding sein, wenn nicht der Boden existierte, auf welchem es traben kann, so daß also sämtliche Glieder dieses Kreises durch ein= ander bedingt sind und keines sein Dasein ohne das andere hat, ausgenommen den Boden der Materie, welcher daliegt, ob jemand darüber reite oder nicht. Nichtsdestoweniger gibt es gute und schlechte Reitschüler und zwar nicht allein nach

der körperlichen Befähigung, sondern vorzüglich auch infolge
des entschlossenen Zusammennehmens. Den Beweis liefert das
erste beste Reiterregiment, das uns über den Weg reitet. Die
Scharen der Gemeinen, welche keine Wahl hatten, mehr oder
weniger aufmerksam zu lernen, und nur durch eine eiserne
Disziplin in den Sattel gewöhnt wurden, sind alle beinahe
gleich zuverlässige Reiter; keiner zeichnet sich besonders aus und
keiner bleibt zurück, und um das Bild eines ordentlichen Schlen-
drians des Lebens zu vollenden, kommen ihnen die zusammen-
gedrängten und in die Reihe gewöhnten Pferde auf halbem
Wege entgegen; und was etwa der Reiter versäumen sollte,
thut sein Organ, das Pferd, von selbst. Erst wo dieser Zwang
und Schlendrian, das bitter Notwendige der Masse aufhört,
beim löblichen Offizierskorps, gibt es sogenannte gute Reiter,
schlechtere und vorzügliche Reiter; denn diese haben es in ihrer
Gewalt, über das geforderte Maß hinaus mehr oder weniger
zu leisten. Das Ausgezeichnete und Kühne, was der Gemeine
erst im Drange der Schlacht, in unausweichlicher Gefahr und
Not unwillkürlich und unbewußt thut, die großen Sätze und
Sprünge übt der Offizier alle Tage zu seinem Vergnügen, aus
freiem Willen und so zu sagen theoretisch; doch fern ist es
von ihm, daß er deswegen allmächtig sei und nicht trotz allem
Mute und aller Kraft einmal abgeworfen oder von seinem
allzuwiderspenstigen Tiere bewogen werden könne, durch ein
anderes Sträßlein zu reiten, als er gewollt hat.

„Wird aber der Steuermann, um auf ein anderes Bild
zu kommen, zufälliger Stürme wegen, die ihn verschlagen können,
der Abhängigkeit wegen von günstigen Winden, wegen schlecht
bestellten Fahrzeuges und unvermuteter Klippen, wegen ver-
hüllter Leitsterne und verdunkelter Sonne sagen: Es gibt keine
Steuermannskunst! und es aufgeben, nach bestem Vermögen
sein vorgestecktes Ziel zu erreichen?

„Nein, gerade die Unerbittlichkeit, aber auch die Folgerichtigkeit der tausend ineinandergreifenden Bedingungen müssen uns reizen, das Steuer nicht fahren zu lassen und wenigstens die Ehre eines tüchtigen Schwimmers zu erkämpfen, welcher in möglichst gerader Richtung über einen stark ziehenden Strom schwimmt. Nur zwei werden nicht hinübergelangen: derjenige der sich nicht die Kraft zutraut, und der andere, der vorgibt, er brauche gar nicht zu schwimmen, er wolle fliegen und nur noch warten, bis es ihm recht gefalle.

„Ja, ein verantwortlichkeitsschwangeres Wesen treibt in den Dingen und kräuselt den Spiegel der ruhigen Seele: die Frage nach einem gesetzmäßigen freien Willen ist zugleich in ihrem Entstehen die Ursache und Erfüllung desselben, und wer einmal diese Frage gethan, hat die Verantwortung für eine sittliche Bejahung auf sich genommen!"

Ich erinnere mich, daß es im Monat August und in abgelegener Gegend eines öffentlichen Parkes war, als ich diese Worte schrieb. Von ihrem Gewichte nicht gerade niedergedrückt, wandelte ich nach vollbrachter That gemächlich weiter und gelangte an eine Hecke wilder Rosensträuche, zwischen denen die ausgespannten Netze vieler Spinnen hingen. Es war eine Art kleiner gelber Kreuzspinnen, die hier eine Kolonie zu bilden schienen und alle in wacher Thätigkeit schwebten. Die eine saß still in der Mitte ihres Kunstwerks und lauerte aufmerksam auf einen Fang; die andere klomm geruhig an den Fäden umher, um hie und da einen Schaden auszubessern, während die dritte mit Unfrieden einen bösen Nachbar beobachtete. Denn an der Grenzmark eines jeden Netzes, im Blattwerke verborgen, saßen gleichfarbige aber ganz dünnleibige Spinnen, welche keine eigenen Netze bauten, sondern sich darauf beschränkten, den Erwerb der fleißigen Künstlerinnen für sich zu packen. Ein leichter Wind bewegte das Gesträuche und mit demselben die

luftige Stadt dieser Ansiedler, so daß der allgemeine Weltlauf
auch hier in aller Stille Leidenschaft und Unruhe hervorbrachte.

Ich haschte eine Fliege und warf sie auf ein Gewebe,
dessen Inhaberin reglos im Mittelpunkte hing. Sogleich stürzte
sie über das unglückliche Tier her, drehte und wendete es
einigemal zwischen den Pfoten, schnürte ihm mit vorläufigen
Stricken Flügel und Beine zusammen, überzog es dann mit
dichterem Gespinnste, indem sie abermals den Raub mit größter
Fertigkeit zwischen den Hinterfüßen drehte gleich dem Braten
am Spieße, und stellte so ein handliches Paket her, daß sie
bequem nach ihrem Sitze schleppte. Aber schon war die para-
sitische Raubspinne von ihrem Lauerposten mit kurzen Rucken
halbwegs heran genaht, bereit, dem rechtmäßigen Jäger die
Beute zu entreißen, und kaum ersah dieser den Feind, als er
den Waidsack an das Gitter seines Burgsitzes hing und sich
wie der Blitz gegen den Angreifer wendete. Mit funkelnden
Augen und ausgestreckten Vorderfüßen gingen sie sich entgegen,
versuchten sich wie förmliche Fechter und rannten sich an. Die
Spinne, die im wohlerworbenen Rechte war, schlug die andere
nach entschlossenem Kampfe in die Flucht und kehrte zu ihrer
Beute zurück; die war jedoch inzwischen von einem zweiten von
entgegengesetzter Seite herbeigekommenen Räuber weggeholt
worden, der soeben mit der Fliege nach seinem Schlupfwinkel
abzog. Da dieser glücklichere Geselle bereits im Besitze war,
so trieb er nun seinerseits die ihn verfolgende rechtmäßige Be-
sitzerin von sich ab und entzog sich ihrer Gewalt, indem er
schleunigst das Netz verließ. Aufgeregt ging jene umher,
brachte das Gewebe, wo es durch die Ereignisse beschädigt war,
in Ordnung und setzte sich endlich wieder in den Mittelpunkt.

Da brachte ich eine neue Fliege herbei; die Spinne packte
sie, wie die frühere; allein schon machte sich der erste Wege-
lagerer wieder herbei, dem der Hunger keine Wahl lassen

mochte; und nun, statt das neue Opfer kunstgerecht einzuwickeln,
nahm sie es kurzweg zwischen die Freßzangen und trug es,
wie der Bär das Lamm, nicht nach dem Mittelsitze, sondern
aus dem Netze heraus nach einem Refugium. Sie erreichte es
nicht; denn der Feind rannte ihr den Weg ab, so daß sie eine
andere Zuflucht suchen mußte, weil sie ihren Fang nicht fahren
lassen und deshalb den Kampf nicht aufnehmen konnte. So
entwickelte sich ein noch ärgeres Irrsal für das geplagte Tier-
chen, indem zu gleicher Zeit der Wind stärker wurde und das
Netz so heftig schaukeln machte, daß eine Hauptstütze desselben
zerriß, nämlich einer der stärkeren Fäden, an welchem es aufgehangen war. Darüber ging die Fliege verloren, der Gegner
machte sich auch aus dem Staube, und nur die Spinne blieb
auf dem Platze, um ihre Pflicht zu thun. Wie während des
Sturmes ein Matrose im Takelwerk seines Schiffes hängt, so
kletterte sie mit zitternden Gliedern an dem schwankenden Netze
auf und nieder und suchte zu retten, was zu retten war, unbekümmert um die Windstöße, welche sie samt ihrem Werke
umherwarfen. Erst als ich einen Zweig brach und das ganze
Gebäude plötzlich hinwegstreifte, floh sie vor der höheren Gewalt in das Gebüsche. Nun wird sie für heute genug haben!
dachte ich und ging weiter. Als ich aber eine Viertelstunde
später an demselben Ort vorüberkam, hatte die Spinne schon
ein neues Werk begonnen und bereits die Radialtaue gespannt.
Jetzt zog sie die feineren Querfäden, zwar nicht mehr so gleichmäßig und zierlich wie die zerstörten; es gab lockere oder zu
enge Stellen, hier fehlte eine Linie, dort zog sie eine solche
zweimal, kurz, sie betrug sich wie einer, über den Schweres
und Hartes ergangen ist und der sich bekümmert und mit zerstreuten Sinnen wieder an die Arbeit gemacht hat. Ja freilich,
es war unverkennbar, die kleine Kreatur sagte sich: Es hilft
nichts! Ich muß in Gottes Namen wieder anfangen!

Hierüber erstaunte ich nicht wenig; denn eine solche Entschlußfähigkeit in dem winzigen Gehirnchen erhob sich beinahe zu der menschlichen Willensfreiheit, die ich behauptete, oder sie zog diese zu sich herunter in den Bereich des blinden Naturgesetzes, des leidenschaftlichen Antriebes. Um diesem zu entrinnen, erhöhte ich sofort meine sittlichen Ansprüche, da es beim Bau von Luftschlössern auf ein Mehr oder Weniger an Unkosten ja niemals ankommt. Ob auch Luftschlösser sich verwirklichen, oder ob sie mindestens dazu dienen, eine goldene Mittelstraße zu schützen, wie das römische Kastrum einst den Heerweg, wird wohl das Geheimnis einer Erfahrung sein, welches erworbene Bescheidenheit nicht immer preisgibt.

So war ich also mit dem glänzenden Schwerte der Willensfreiheit bewaffnet, ohne aber ein Fechter zu sein. Daß ich erst beabsichtigt hatte, einige anatomische Einsicht behufs der Darstellung der menschlichen Gestalt zu holen, wußte ich fast nicht mehr und unterließ jedes weitere Vorgehen in dieser Richtung.

Ohne zu wissen, wie es geschehen, war ich schon im gleichen Sommer in ein vorbereitendes Kollegium über Rechtswissenschaft geraten und hatte nur wenige Stunden versäumt, da mir bald unerträglich dünkte, das nicht zu kennen, wovon ich vor kurzem nichts gewußt und was niemand von mir verlangte. Von neuen Bekanntschaften, die ich dabei gemacht und die jetzt in die Ferien gereist, hatte ich Bücher geliehen und das eine oder andere auch selbst erworben. Darin las ich nun Tage und Nächte lang, als ob eine Prüfung vor der Thüre stände, und als im Herbste die Säle sich wieder aufthaten, fand ich mich bei dem ersten Lehrer des römischen Rechtes als Hörer ein, keineswegs in der Absicht, etwa ein Jurist zu werden, sondern lediglich um zu erfahren, was es mit diesen Dingen auf sich habe, und die Textur derselben zu sehen. Meines Bleibens war hier freilich nur so lange, bis ich ein vernünfti-

geres Gelüste nach der Geschichte des römischen Staates und
Volkes überhaupt empfand, und von hier aus lag es nahe,
die Hand auch nach den griechischen Geschichten auszustrecken,
welche ich in ihrer erſten dürftigen Schulgestalt mitten im Kurs
einst mußte fahren laſſen, als ich aus der Schule geſchickt
worden. Ich verhielt mich jetzt ſehr ſtill und ruhig und ließ
die Herrlichkeiten mit frohem Behagen auf mich wirken, niemals
ohne mir die ſchönen Landſchaften, die Inſeln und Vorgebirge
zu vergegenwärtigen, wenn ihre wohllautenden Namen genannt
wurden.

Unverſehens aber ſtieß ich auf die Bände deutſcher Rechts-
altertümer, Weistümer, Sagen und Mythologie, welche damals
in der Blüte ihres Ruhmes ſtanden; hier führten alle Pfade
wieder in die Urzeit der eigenen Heimat zurück, und ich lernte
mit neuer Verwunderung die wachſende Freude an Recht und
Geſchichte derſelben kennen. Zu jener Zeit begann auch ſchon
am Horizonte der Brunhildenkultus als Sehnſucht nach der
Germanenjugend aufzutauchen und den Schatten der wackeren
Hausfrau Thusnelde zu verdrängen, wie die dämoniſche Medea
dem überreizten Sinne beſſer gefällt, als die menſchliche Iphi-
genia. Insbeſondere manchem ſchwächlichen Ritterlein ſchien
für das Herzensbedürfnis die unverſtandene gewaltige Helden-
jungfrau gerade gut genug und ſie wurde in ihren Wolken-
ſchleiern nachträglich vielfach angeliebelt. Immerhin aber warf
das glänzende Luftbild helle Lichtſtreifen über die Landſchaften
der Vorzeit und rief das Gegenpoſtulat der Siegfriedsgeſtalt
wach, die im Schatten der Wälder verborgen ſchlief.

So phantaſiegeborne Anſchauungen verzogen ſich jedoch
bald vor Gedanken nüchterner Art, als ich mich mehr an das
Betrachten der Geſchichte gewöhnte und ich wie ein neuer
Sancho Panſa beinahe mit ein paar platten Sprüchwörtern
ausreichte, um die Ergebniſſe zuſammenzufaſſen. Ich ſah, daß

jede geschichtliche Erscheinung genau die Dauer hat, welche ihre
Gründlichkeit und lebendige Innerlichkeit verdient und der Art
ihres Entstehens entspricht. Ich sah wie die Dauer jedes Erfolges nur die Abrechnung der verwendeten Mittel und die
Prüfung des Verständnisses ist, und wie gegen die ununter-
brochene Ursachenreihe auch in der Geschichte weder Hoffen noch
Fürchten, weder Jammern noch Toben, weder Uebermut noch
Verzagtheit etwas hilft, sondern Bewegung und Rückschlag
ihren wohlgemessenen Rhythmus haben. Ich versuchte daher
acht zu geben auf dieses Verhältnis in der Geschichte und
verglich den Charakter der Ereignisse und Zustände mit ihrer
Dauer und dem Wechsel ihrer Folge: welche Art von länger
anhaltenden Zuständen z. B. ein plötzliches oder aber ein all-
gemaches Ende nehmen, oder welche Art von unerwarteten,
rasch einfallenden Ereignissen dennoch einen dauernden Erfolg
haben? Welche Bewegungsarten einen schnellen oder langsamen
Rückschlag hervorrufen, welche von ihnen scheinbar täuschen
und in die Irre führen, und welche den erwarteten Gang
offen gehen? In welchem Verhältnisse überhaupt die Summe
des moralischen Inhaltes zu dem Rhythmus der Jahrhunderte,
der Jahre, der Wochen und der einzelnen Tage in der Geschichte stehe? Hiedurch dachte ich mich zu befähigen, schon im
Beginn einer Bewegung je nach ihren Mitteln und nach ihrer
Natur die Hoffnung oder Furcht zu beschränken, die auf sie
zu setzen war, wie es einem besonnenen freien Weltbürger ge-
ziemte. „Denn wie man's treibt, so geht's!" meinte ich, sei
auch in der Geschichte glücklicher Weise kein Gemeinplatz, sondern
eine eiserne Wahrheit. Für das gegenwärtige Leben sei daher
die Erkenntnis nützlich: Alles was wir an unsern Gegnern tadelns-
wert und verwerflich finden, das müssen wir selber vermeiden
und nur das an sich Rechte thun, nicht allein aus Neigung,
sondern recht aus Zweckmäßigkeit und geschichtlichem Bewußtsein.

Mein liebster Aufenthalt waren nun die Stätten, wo ge-
lehrt wurde, und ich trieb mich als eine Art von Halbstudent
um, der da alles zu vernehmen und zu sehen begehrte, gleich
einem jungen Herrensohn, der zu seiner allgemeinen Ausbildung
auf der hohen Schule weilt, sonst es aber gerade nicht nötig
hat.   Wo von Physikern, Chemikern, Zoologen oder Anatomen
merkwürdige Demonstrationen angekündigt und von Redemeistern
besonders berühmte Kapitel abgehandelt wurden, befand ich
mich stets im Strome der Neugierigen, welche sich hinzudrängten.
Und nach bestandenem Abenteuer war ich inmitten der Stu-
dentenhaufen zu sehen, wenn sie vor Tisch ihre burschikosen
Frühschoppen tranken.   Denn erst jetzt handelte ich dem Rate
des Eichmeisters zuwider, vor Abend niemals ins Wirtshaus
zu gehen, weil es mich trieb, über das Erfahrene sprechen zu
hören und mich selbst auszusprechen.   Zuweilen gedieh ich im
Eifer sogar zum lauten Wortführer, fast genau wie zu jener
Zeit, als ich meine Sparbüchse verschwendete, ein Großsprecher
unter den Knaben war und einem tragischen Unheil entgegenging.

Drittes Kapitel.

Lebensarten.

———

Es gab allerdings wieder eine Sparbüchse, welche ihrer Verwendung harrte. Am Tage nach meiner Abreise vor nunmehr länger als drei Jahren hatte die Mutter sogleich ihre Wirtschaft geändert und beinahe vollständig in die Kunst verwandelt, von nichts zu leben. Sie erfand ein eigentümliches Gericht, eine Art schwarzer Suppe, welches sie jahraus, jahrein, einen Tag wie den andern um die Mittagszeit kochte, auf einem Feuerchen, welches gleichermaßen fast von nichts brannte und eine Ladung Holz eine Ewigkeit dauern ließ. Sie deckte an den Werktagen nicht mehr den Tisch, da sie nun ganz allein aß, nicht um die Mühe, sondern die Kosten der Wäsche zu sparen, und setzte ihr Schüsselchen auf ein einfaches Strohmättchen, das immer sauber blieb, und indem sie ihren abgeschliffenen Dreiviertels-Löffel in die Suppe tauchte, rief sie pünktlich den lieben Gott an, denselben für alle Leute um das tägliche Brot bittend, besonders aber für ihren Sohn. Nur an den Sonn- und Festtagen deckte sie den Tisch mit reinlichem Weißlinnen und setzte ein Stückchen Rindfleisch darauf, welches sie am Sonnabend eingekauft. Diesen Einkauf selber machte sie weniger aus Bedürfnis — denn sie hätte sich für ihre

Person auch am Sonntage noch mit der spartanischen Suppe
begnügt, wenn es hätte sein müssen — als vielmehr einen
Zusammenhang mit der Welt und die Gelegenheit zu haben,
wenigstens einmal die Woche auf dem alten Markte zu erscheinen und den Weltlauf zu sehen.

So marschierte sie denn still und eifrig, ein Körbchen am
Arme, erst nach den Fleischbänken; und während sie dort klug
und bescheiden hinter dem Gedränge der großen Hausfrauen
und Mägde stand, die lärmend und verwegen ihre Körbe füllen
ließen, stellte sie kritische Betrachtungen über das Behaben der
Weiber an und ärgerte sich sonderlich über die munteren leicht-
sinnigen Dienstmägde, welche sich von den lustigen Metzger-
knechten also betören ließen, daß diese während des Scherzes
und Gelächters unvermerkt eine ungeheure Menge Knochen und
Luftröhrenfragmente in die Wagschale warfen, so daß es die
Frau Elisabeth Lee fast nicht mit ansehen konnte. Wenn sie
die Herrin solcher Mädchen gewesen wäre, so hätten diese ihre
Verliebtheit an den Fleischbänken teuer büßen und jedenfalls
die Knorpeln und Röhren der trügerischen Gesellen selbst
essen müssen. Allein es ist dafür gesorgt, daß die Bäume
nicht in den Himmel wachsen, und diejenige, welche von allen
anwesenden Frauen vielleicht die gestrengste gewesen wäre,
hatte dermalen nicht mehr Macht, als über ihr eigenes Pfünd-
lein Fleisch, daß sie mit Umsicht und Ausdauer einkaufte.

Sobald sie es im Körbchen hatte, richtete sie ihren Gang
nach dem Gemüsemarkt am Wasser und erlabte ihre Augen an
dem Grün der Kräuter, den bunten Farben der Früchte, an
allem, was aus Gärten und Feldern herbeigeschafft war. Sie
wandelte von Korb zu Korb und über die schwanken Bretter
von Schiff zu Schiff, das aufgehäufte Wachstum übersehend
und an dessen Schönheit und Billigkeit die Wohlfahrt des
Staates und dessen innewohnende Gerechtigkeit ermessend, und

zugleich tauchten in ihrer Erinnerung die grünen Landstriche und die Gärten ihrer Jugend auf, in welchen sie einst selbst so gedeihlich gepflanzt hatte, daß sie zehnmal mehr wegzu= schenken imstande war, als sie jetzt bedächtig einkaufen mußte. Hätte sie noch große Vorräte für einen zahlreichen Haushalt zu ordnen gehabt, so würde das ein Ersatz gewesen sein für das Säen und Pflanzen; aber auch der war ihr genommen und die Handvoll grüner Bohnen, Spinatblättchen oder gelber Rübchen, welche sie endlich in ihr Körbchen that, nachdem sie manchen scharfen Zuspruch wegen Ueberteuerung ausgeteilt, für sie nur ein notdürftiges Symbol der Vergangenheit, samt dem Büschelchen Petersilie oder Schnittlauch, daß sie als Dreingabe erkämpfte.

Das weiße Stadtbrot, das bislang in ihrem Hause ge= golten, hatte sie auch abgeschafft und bezog alle acht Tage ein billigeres rauhes Brot, welches sie so sparsam aß, daß es zuletzt steinhart wurde; aber zufrieden dasselbe bewältigend schwelgte sie ordentlich in ihrer freiwilligen Ascese.

Um die gleiche Zeit wurde sie karg und herb gegen jedermann, im gesellschaftlichen Verkehr vorsichtig und zurück= haltend, um alle Ausgaben zu vermeiden; sie bewirtete nie= manden, oder wenn es geschah, so knapp und ängstlich, daß sie bald für geizig und ungefällig gegolten, hätte sie nicht durch eine verdoppelte Bereitwilligkeit mit dem, was sie durch die Mühe ihrer Hände, ohne andere Kosten, bewirken konnte, jene herbe Sparsamkeit aufgewogen.

Ueberall wo sie mit Rat und That beistehen konnte, war sie immer wach und rüstig bei der Hand, keine Ausdauer scheuend, und da sie für sich bald fertig war, so verwendete sie eine schöne Zeit zu solchen Dienstleistungen, bald in diesem, bald in jenem Hause, wo Krankheit oder Tod die Menschen bedrängten.

Aber überall hin brachte sie ihre genaue Einteilungskunst mit, so daß die behäbigeren Leute, während sie dankbar sich die unermüdliche Hülfe gefallen ließen, doch hinter ihrem Rücken sagten, es wäre doch eigentlich eine Sünde von der Frau Lee, daß sie gar so ängstlich, so spröde sei und dem lieben Gott nichts überlassen könne oder wolle. Sie hingegen überließ freilich der Vorsehung Gottes alles, was sie nicht verstand, vorerst die Verwickelungen der moralischen Welt, mit denen sie nicht viel zu thun hatte, weil sie sich nicht in Gefahr begab. Nichtsdestoweniger war Gott ihr auch der Grundpfeiler in der Ernährungsfrage; aber diese schien ihr so wichtig, daß sie niemals zauderte, sich zuerst selber zu wehren, so daß es den Anschein gewann, als ob sie nur auf sich allein vertraute.

Mit eherner Treue hielt sie an ihrer Weise fest; weder durch Sonnenblicke der Fröhlichkeit, noch durch düsteres Unbehagen, weder im Scherz noch im Ernste ließ sie sich verleiten, auch die kleinste unnötige Ausgabe zu machen. Sie legte Groschen zu Groschen und wo diese einmal lagen, waren sie so sicher aufgehoben, wie im Kasten des eingefleischten Geizes. Mit der Ausdauer des Geizes sammelte sie Geld, aber nicht zur Augenlust; denn das Gesammelte beschaute sie niemals und überzählte es nie, wenigstens nicht zum zweitenmal, und noch weniger stellte sie sich vor, was alles dafür herbei zu schaffen und zu genießen sei.

Ich indessen war seit geraumer Zeit mit den Mitteln an ein Ende gekommen, die zu meiner Ausbildung bestimmt gewesen. Schon saß ich in einem ordentlichen Gewebe von Schuldbeziehungen gefangen und war ohne alle Schwierigkeit hineingeraten und zwar durch den studentischen Verkehr, der sich von der Lebensart der Kunstjünger wesentlich unterscheidet. Diese sind von Anfang an auf die Benutzung des Tageslichtes durch unausgesetzte Handübung angewiesen; das bringt allein schon einen andern wirtschaftlichen Zustand mit sich, welcher den guten alten Handwerkssitten verwandt ist. Während meines Umganges mit dem reichen Lys und dem an sorgloses Leben auch gewöhnten Erikson war ich meiner bescheidenen Verhältnisse nie inne geworden. Wir sahen uns immer nur des Abends, und da lebten sie in der Regel nicht anders, als ich und ähnliche wenig bemittelte Leute auch leben durften; von einem gegenseitigen Anreize zu schädlichen Ausgaben war nicht die Rede, und was gute Laune oder ein Fest etwa an Ausnahmen herbeiführten, störte niemals in nachhaltiger Weise das Gleichgewicht.

Der Student dagegen lebt einstweilen und bis zum Tage des Gerichtes in jedem Sinne unter dem Panier der Freiheit. Er beansprucht, selber in jugendlichem Vertrauen schwärmend, ein außerordentliches Vertrauen; Unfleiß und Geldmangel gereichen ihm nicht zum Nachteil, vielmehr werden beide durch besondere Lieder gefeiert, sogar das Verthun der letzten Habe, das Hänseln der Gläubiger in alten und neuen rituellen Gesängen gepriesen. Ist alles dies bei der heutigen besseren Sitte auch mehr euphemistisch gemeint, so ist es doch immer noch das Wahrzeichen von Freiheiten, die eine gewisse allgemeine Redlichkeit zur Voraussetzung haben.

Da ich mich eines Morgens ohne Vorbedacht und Willen von einigen Schuldigen belästigt sah, stellte ich nachträgliche Betrachtungen über das Vorkommnis an und setzte mich mit demselben ungefähr folgendermaßen auseinander:

Hätte ich einen Sohn mit guten Lehren zu versehen, so würde ich zu ihm sagen: Mein Sohn, wenn du ohne Not und sozusagen zu deinem Vergnügen Schulden machst, so bist du in meinen Augen nicht sowohl ein Leichtsinniger, als vielmehr eine niedrige Seele, die ich im Verdachte eines schmutzigen Eigennutzes habe, einer Selbstsucht, die andere unter dem Deck-

mantel traulicher Hilfsbedürftigkeit absichtlich um das ihrige
bringt. Wenn aber ein solcher von dir borgen will, so weise
ihn ab; denn es ist besser, du lachst über ihn, als er über
dich! Wenn du hingegen in Not gerätst, so borge so viel es
genau genommen sein muß, und ebenso diene deinen Freunden,
ohne zu rechnen, und alsdann trachte, für deine Schulden auf-
zukommen, Verluste verschmerzen oder zu dem deinigen gelangen
zu können, ohne zu wanken und ohne schimpflichen Zank.
Denn nicht nur der Schuldner, der seine Verpflichtungen ein-
hält, sondern auch der Gläubiger, der ohne Zank dennoch zu
dem seinigen kommt, beweist, daß er ein wohlbestellter Mann
ist, welcher Ehrgefühl um sich verbreitet. Bitte keinen zweimal,
der dir nicht borgen will, und laß dich ebenso wenig drängen;
denke immer, daß dein guter Ruf an die Bezahlung von
Schulden geknüpft, oder vielmehr denke das nicht einmal, denke
an gar nichts, als das so und soviel zu bezahlen sei im Leben
oder im Tode. Kann dir aber ein anderer das gegebene Ver-
sprechen nicht halten, so richte nicht gleich über ihn, sondern
überlaß lieber das Urteil der Zeit. Vielleicht bist du noch
einmal froh, wenn er dir als Sparbüchse gedient hat. Nach
dem Maße aber, in welchem du dich in Verpflichtungen begibst
und die in dir selbst liegenden Kräfte dabei schätzest, wird es
sich zeigen, was du wert bist. Du wirst die Abhängigkeit
unseres Daseins menschlich fühlen gelernt haben und das Gut
der Unabhängigkeit auf eine edlere Weise zu brauchen wissen,
als der nichts geben und nichts schuldig sein will. Bedarfst
du in der Not das Vorbild und Ideal eines Schuldenmachers,
so denke an den spanischen Cid, welcher den Juden eine Kiste
voll Sand versetzte und ihnen sagte, es sei gutes Silber darin!
Sein Wort war allerdings so gut wie Silber; und doch welche
Verdrießlichkeit, wenn ein Neugieriger oder Mißtrauischer vor der
Zeit die Kiste geöffnet hätte! Dennoch wäre es derselbe Cid

gewesen, dessen Leiche am Schwert rückte, als ein Jude sie am Barte zupfen wollte.

Diese großen Worte, mit denen ich mir den Rat eines weisen Vaters ersetzte, regten mein Gewissen doch so kräftig an, daß ich Anstalt traf, die Thore des Erwerbes aufzuthun. Ohne längeres Säumen machte ich mich an den Entwurf eines Landschaftsbildes von bescheidenem Umfang, dessen Verkauf nicht von vornherein unwahrscheinlich war. Zu Grunde lag ein ansehnliches Studienblatt aus der Heimat, welches einen gerodeten Bergwald darstellte. Von diesem zog sich ein stehen-gebliebener Saum von Eichbäumen einen höheren Grat entlang und stieg auf demselben ins Thal herunter an einen schäumenden Walbbach, wie ein Zug schreitender Riesen, die sich unten sammeln und Rat halten. Als ich mit dem Entwurfe fertig war, fühlte ich das Bedürfnis, die Ansicht eines Kunstgenossen einzuholen, um nichts zu unterlassen, was ein Gelingen herbei-führen konnte. Denn der Ernst der Sache wurde mir mit jedem Striche fühlbarer.

Glücklicherweise begegnete ich zu dieser Zeit einem eben im Flor stehenden Landschafter, mit dem ich in Eriksons Ge-sellschaft ein paarmal zusammengetroffen und auf einem ge-wöhnlichen Bekanntschaftsfuße stand. Der Mann besaß eine sichere und wirksame Technik; er brachte sozusagen keinen Pinselstrich zu viel oder zu wenig an und jeder leuchtete mit ungebrochener Kraft; also waren auch seine Bilder überall gern gesehen, und er kam mit solchem Fleiße der Nachfrage ent-gegen, daß er schon begann, Mangel an Gegenständen zu em-pfinden und mehr Gemälde lieferte, als er Ideen dazu im Vorrat besaß. Er wiederholte sich öfter und war sogar um einzelne Wolken- oder Erdformen verlegen, da er alle schon ein oder mehrere Male irgend wie gebraucht hatte, obschon er noch nicht vierzig Jahre alt war. Denn er besaß eine statt-

liche Frau und eine Schar Kinder, die ernährt sein wollten,
und da er bei dieser Bemühung einmal im glücklichen Schusse
war, so gedachte er gleich auch wohlhabend zu werden.
Wenn man für die alten Tage sorgen will, pflegte er zu
sagen, so muß man das in den jungen Tagen thun. Auch
sei es ihm unmöglich, die einzelnen seiner Kinder in der Armut
zu denken; darum müsse er sie alle dagegen schützen und zugleich hieburch bewirken, daß sie einstmals für ihre Kinder
ebenso gesinnt seien; so nähmen die Dinge auf lange hin
ihren guten Verlauf, einzig infolge eines entschlossen ange-
wandten Grundsatzes.

Er fragte mich, was ich treibe, und ich benutzte die Gelegenheit, ihn um seinen Rat zu ersuchen. Bereitwillig kam
er zu mir und sah etwas überrascht meine Arbeit oder vielmehr die ihr zu Grund liegende Naturstudie. Die Bäume,
als die aus einem ehemaligen Hochwalde ausgeschnittenen
Ueberbleibsel, zeigten alle so eigentümlich malerische Formen,
wie man sie nicht leicht vorfindet oder zum zweitenmal an-
trifft, und die lichte Ordnung, in welcher sie sich besonders
über die Höhe hin bewegten, war nicht weniger originell. Da
überdies die Eichen seither vermutlich auch niedergelegt und
in ihrer Entlegenheit von einem anderen Zeichner kaum wieder-
gegeben worden, so erhielt der Gegenstand der Studie wie des
entworfenen Bildes ohne mein Verdienst den Charakter einer
wertvollen Seltenheit. Dieser Umstand mochte den erfahrenen
Landschafter anregen, sich lebhaft mit dem Entwurfe zu beschäftigen. Er begann erst mit Worten die zu große Fülle
desselben, die sich selbst im Wege stand, zu sichten, das Ueber-
flüssige oder Hindernde auszusondern und das Wesentliche zu-
sammenzurücken. Dann ergriff er, von Eifer hingerissen, Stift
und Papier, und brachte, fortwährend sprechend, mit fester
Hand, seine Meinung so trefflich in sichtbare Gestalt, daß binnen

einer halben Stunde eine Meisterskizze fertig war, die in jeder
Sammlung guter Handzeichnungen ihren bestimmten Rang ein-
nehmen konnte. Ich sah freilich mit geheimem Bedauern mehr
als ein sinniges und frommes Motiv, das ich nicht hatte
opfern wollen, verschwinden, bemerkte aber auch mit Wohlgefallen, wie gerade dadurch eine neue stärkere Wirkung des
Uebrigen zum Vorschein gelangte und auch eine glückliche Ausführung erleichtert werden mußte. Ich freute mich, den Mann
zu guter Stunde gefunden zu haben und sah mich schon an
der Arbeit. Allerdings mußte ich einen frischen Entwurf herstellen, da der Meister nach beendigter Beratung sein Blatt
ruhig zusammenfaltete, in die Tasche steckte und mich freundlich
meiner dankbaren Gesinnung überließ.

Bei der Ausführung des Bildes suchte ich nun mein
Bestes zu thun und hielt mich fleißig und hoffnungsvoll an
die Arbeit, bei welcher ich so gut als möglich der Kritik des
Meisters folgte. Es wollte mir zwar nachträglich vorkommen,
als ob in der Komposition etwas allzu stark aufgeräumt
worden sei für meine bescheidene Farbengebung bei der ich,
da es sich endlich um ein ordentliches Vollenden handelte, mit
den ersten Regeln zu kämpfen hatte. Dennoch war ich nach
Verfluß einer Anzahl Wochen nicht unzufrieden mit dem Er-
zeugnis, wie es sich innerhalb meiner vier Wände darstellte;
ich ließ es mit einem einfachen, unvergoldeten Rahmen versehen, der den Ernst künstlerischer Gesinnung, die nicht nach
Prunkmitteln hascht, ausdrücken sollte und auch meinen Verhältnissen entsprach, und sandte das Bild in die Ausstellungsräume, wo das Neueste wöchentlich aufgehangen und der Verkauf vermittelt wurde.

So war nun der Zeitpunkt da, von welchem ich vor der
ländlichen Vormundschaftsbehörde so zuversichtlich gesprochen
hatte, der Beginn eines rühmlichen Erwerbes. Als ich am

nächsten Sonntage die Säle betrat, in denen eine geputzte
Menge sich drängte, gedachte ich deutlich jener stolzen Worte,
aber jetzt mit kleinem Mute, da schon zu viel von der Sache
abhing. Sobald ich das unscheinbare Bild von weitem bemerkte, getraute ich mich nicht, in der Nähe zu weilen, weil
ich mir plötzlich wie ein armes Kind vorkam, das sein aus
einem Flöcklein Baumwolle und etwas Flittergold verfertigtes
Schäfchen am Weihnachtsmarkte mit den vier steifen Beinchen
auf einen trockenen Stein gesetzt hat und ängstlich harrt, ob
von den tausend Vorübergehenden einer seinen Blick darauf
werfe. Das war nicht Hochmut, sondern das Gefühl, daß ich
es als einen glücklichen Zufall preisen müßte, wenn sich ein
geneigter Käufer für mein Weihnachtslämmchen fände.

Aber auch von einem solchen Zufall konnte schon keine
Rede mehr sein; denn als ich in den nächsten Saal ging, sah
ich meine Landschaft, von meinem Ratgeber ausgestellt, mit
allem Glanze seines Könnens gemalt, von der Wand leuchten,
umgeben von einem Rahmen, der allein mehr kostete, als ich
für mein Bild zu fordern wagte. Ein daran hängender Zettel
verkündete den bereits erfolgten Ankauf des gelungenen Werkes.

Eine Gruppe von Künstlern unterhielt sich vor demselben.
„Woher mag nur das famose Motiv sein?“ sagte einer, „er
hat schon lange nicht so was Neues gehabt!“

„Dort vorn,“ erwiderte ein anderer, der soeben herzuge-
treten, „dort hängt das Motiv noch einmal, offenbar von
einem Neuling, der noch nicht recht zu untermalen und noch
weniger zu lasieren versteht!“

„Dann hat er's dem gestohlen, der Spitzbube!“ lachten
die übrigen und gingen hin, mein Schicksal zu betrachten.
Ich blieb vor der siegreichen Arbeit stehen und dachte seufzend:
„Wer's kann, der macht's!“ Wie ich aber das Bild länger
studierte, glaubte ich zu entdecken, daß die von dem Maler ge-

troffenen Abänderungen wohl für seinen technischen Stand-
punkt gut und nützlich, dagegen für meine platonische Art eher
schädlich gewesen seien. Denn da mir der energische Glanz
seines Pinsels nicht zu Gebote stand, so wäre die tiefere Innerlichkeit meines ersten Entwurfes, die nachwirkende Unmittelbar-
keit der reichen Naturstudie mit ihrer Formenfülle für den
Liebhaber ein etwelcher Ersatz gewesen.

Als ich im Weggehen einen Augenblick vor meinem verlassenen Bilde weilte, überzeugte ich mich, daß es statt besser
zu werden durch den Ratschlag des Meisters förmlich verarmt,
zum Beweis, daß auch in diesen Dingen der Fink nichts von
der Drossel lernt.

Nach der bestehenden Ordnung mußte ich mein Werk acht
Tage auf der Ausstellung lassen, während welcher keine Seele
nach seinem Preise fragte. Dann holte ich es weg und lehnte
es einstweilen an die Wand. Dann ging ich in das neben-
liegende Schlafzimmerchen hinein und setzte mich auf meinen
dortstehenden Reisekoffer, was meine Gewohnheit war, wenn
ich etwas Kritisches zu überlegen hatte, weil der Koffer ein
Stück heimatlichen Gerätes war. So verlief der Ausgang
meines ersten Versuches, ein Stück Brot zu erwerben.

Was ist Erwerb und was ist Arbeit? fragte ich mich;
hier führt ein bloßes Wollen, ein glücklicher Einfall ohne
Mühe zu reichlichem Gewinne, dort eine geordnete, nachhaltige
Mühe, welche mehr wirklicher Arbeit gleicht, aber ohne innere
Wahrheit, ohne notwendigen Zweck, ohne Idee. Hier heißt
Arbeit, lohnt sich und wird zur Tugend, was dort Müssig-
gang, Nutzlosigkeit und Thorheit ist. Hier nützt und hilft
etwas stückweise, ohne wahr zu sein; dort ist etwas wahr und
natürlich, ohne zu helfen, und immer ist der Erfolg der König,
der den Ritterschlag ertheilt. — Ein Spekulant gerät auf die
Idee der Revalenta arabica (so nennt er es wenigstens) und

bebaut dieselbe mit aller Umsicht und Ausdauer; sie gewinnt eine ungeheure Ausdehnung und gelingt glänzend; tausend Menschen werden in Bewegung gesetzt und Hunderttausende, vielleicht Millionen gewonnen, obgleich jedermann sagt: Es ist ein Schwindel! Und doch nennt man sonst Schwindel und Betrug, was ohne Arbeit und Mühe Gewinn schaffen soll. Niemand aber wird sagen können, daß das Revalentageschäft ohne Arbeit betrieben werde; es herrschen da gewiß so gute Ordnung, Fleiß und Betriebsamkeit, Um- und Uebersicht, wie in dem ehrbarsten Handelshause oder Staatsgeschäfte; auf den Einfall des Spekulanten gegründet ist eine umfassende Thätigkeit, eine wirkliche Arbeit entstanden.

Die Beschaffung des Mehles, die Anfertigung der Büchsen, das Verpacken und Versenden erhält viele Arbeiter; ebenso viele werden beschäftigt durch die zahllosen marktschreierischen Ankündigungen, mit der größten Mühe und Umsicht betrieben. Keine Stadt der verschiedenen Kontinente giebt es, in welcher nicht Setzer und Drucker mit der Herstellung der Inserate und Reklamen Nahrung finden, kein Dorf, in welchem nicht ein Wiederverkäufer eine kleine Steuer darauf erhebt. Diese läuft in tausend Aederchen zusammen und wird in hundert Bankhäusern von ehrwürdigen Buchhaltern, lakonischen Kassierern weiter geleitet bis an die Quelle der Idee zurück. Dort sitzen die Urheber in ihrem Kontor mit ernster Miene in tiefsinniger Thätigkeit; denn sie haben nicht nur das tägliche Geschäft zu überwachen und fortzuführen, sie haben schon auch ihre Handelspolitik zu studieren, um dem Bohnenmehl neue Bahnen zu eröffnen, es in diesem, in jenem Weltteile vor drohender Konkurrenz zu schützen.

Doch nicht immer waltet die tiefe Geschäftsstille, die unverbrüchliche Strenge der Arbeit in diesen Räumen; es gibt Tage der Erholung, der Freude, der sittlichen Belohnung,

welche den heiligen Ernst lieblich unterbrechen. Das Zutrauen
der Mitbürger hat das Haupt des Hauses mit magistratischen
Würden geehrt und es findet eine anständige Bewirtung aller
Schutzbefohlenen statt. Oder es wird die Hochzeit der ältesten
Tochter gefeiert, ein Ehrentag für alle, die es angeht; denn
es hat sich die durchaus ebenbürtige Verbindung mit der an-
gesehensten Familie des Stadtviertels vollzogen; die Reichtümer
sind auf beiden Seiten so gleichmäßig abgewogen, daß keine
vernünftige Störung des ehelichen Glückes denkbar ist. Schon
am Vorabend wurden Wagenladungen von Palmen und
Myrthenbäumen ins Haus gebracht und die Blumenkränze aufgehangen; am Morgen füllt sich die Gasse mit Neugierigen
und das Volk weicht ehrerbietig vor den Kutschen zurück, die
in endloser Reihe auffahren, wegfahren und wieder zurückkehren,
bis das Festmahl unter schmetternden Fanfaren seinen Anfang
nimmt. Bald aber tritt lautlose Stille ein, als der Brautvater
an das Glas schlägt und mit bescheidener Rührung, ohne das
Schicksal herauszufordern, seinen Lebensgang schildert und das
höhere Walten preist, das ihn, den Unwürdigen, so weit geführt habe, wie jetzt allen Augen sichtbar sei. Mit nacktem
Wanderstabe, der noch im stillen Kämmerlein aufbewahrt werde,
sei er einst in diese werte Stadt gekommen und habe Schritt
für Schritt mit Not und Sorge, aber unverdrossenem Fleiße
gekämpft und öfters fast den Mut verloren; allein die edle
Gattin, die Mutter seiner Kinder zur Seite, habe er sich immer
wieder aufgerichtet und seine Blicke auf das Eine, das Große
geheftet, was da not gethan! Einsame lange Nächte hindurch
habe er mit dem schöpferischen Gedanken gerungen, dessen
Früchte nun einer Welt zum Segen gereichen und allerdings
nebenbei auch sein redliches Streben gelohnt, einen bescheidenen
Wohlstand bereitet haben u. s. w.

So wird aber Revalenta arabica gemacht in noch vielen

Dingen, nur mit dem Unterschiede, daß es nicht immer un-
schädliches Bohnenmehl ist, aber mit der nämlichen rätselhaften
Vermischung von Arbeit und Täuschung, innerer Hohlheit und
äußerem Erfolg, Unsinn und weisem Betriebe, bis der Herbst-
wind der Zeit alles hinwegfegt und auf dem Blachfelde nichts
übrig läßt, als hier einen Vermögensrest, dort ein verfallendes
Haus, dessen Erben nicht mehr zu sagen wissen, wie es vordem
entstanden, oder es nicht zu sagen lieben.

Will ich nun, grübelte ich weiter, ein Beispiel wirkungs-
reicher Arbeit, die zugleich ein wahres und vernünftiges Leben
ist, betrachten, so ist es das Leben und Wirken Friedrich Schillers.
Dieser, aus dem Kreise hinausfliehend, zu welchem Familie
und Landherr ihn bestimmt, alles im Stiche lassend, was ihn
nach ihrem Willen beglücken sollte, stellte sich in früher Jugend
auf eigene Faust, nur das thuend, was er nicht lassen konnte,
und schaffte sich sogar durch eine Ausschweifung, eine über-
schwengliche und wilde Räubergeschichte Luft und Licht; aber
sobald er dies gewonnen, veredelte er sich unablässig von innen
heraus und sein Leben wurde nichts anderes als die Erfüllung
seines innersten Wesens, die folgerechte kristallinische Arbeit des
Idealen, das in ihm und seiner Zeit lag. Und dieses einfach
fleißige Dasein verschaffte ihm endlich alles, was seinem persönlichen Wesen genügte. Denn da er mit Respekt zu melden
ein gelehrter Stubensitzer war, so lag es eben nicht in ihm,
ein reicher und glänzender Weltmann zu sein. Eine kleine
Abweichung in seinem leiblichen und geistigen Wesen, die eben
nicht Schillerisch war, und er wäre es auch geworden. Aber
nach seinem Tode erst, kann man sagen, begann sein ehrliches,
klares und wahres Arbeitsleben seine Wirkung und seine Er-
werbsfähigkeit zu äußern, und wenn man ganz absieht von
der geistigen Erbschaft, die er hinterlassen, so muß man erstaunen über die materielle Bewegung, über den bloß leiblichen

Nutzen, den er durch das treue Hervorkehren seiner Ideale hinterließ. So weit die deutsche Sprache reicht, sind in den Städten nicht viele Häuser, in welchen seine Werke nicht stehen, und auf den Dörfern sind sie wenigstens in einem oder zwei Häusern zu finden. Je weiter aber die Bildung der Nation sich verbreitet, desto größer wird diese Vervielfältigung werden und zuletzt in die niederste Hütte dringen. Hundert Gewinn- hungrige lauern nur auf das Erlöschen des Privilegiums, um die edle Lebensarbeit Schillers so massenhaft und wohlfeil zu verbreiten, wie die Bibel, und der umfangreiche Nutzverkehr, der während der ersten Hälfte eines Jahrhunderts stattgefunden, wird während der zweiten Hälfte um das Doppelte wachsen. Welch' eine Menge von Papiermachern, Druckersleuten, Ver- käufern, Angestellten, Laufburschen, Lederhändlern, Buchbindern verdienten und werden ihr Brot noch verdienen. Dies ist, im Gegensatze zu der Revalenta arabica manches Treibens, auch eine Bewegung und doch nur die rohe Schale eines süßen Kernes, eines unvergänglichen nationalen Gutes.

Das war ein einheitliches organisches Dasein; Leben und Denken, Arbeit und Geist dieselbe Bewegung. Aber es gibt doch auch ein getrenntes, gewissermaßen unorganisches Leben von gleicher Ehrlichkeit und Friedensfülle, das ist, wenn einer täglich ein bescheidenes dunkles Werk verrichtet, um die stille Sicherheit für ein freies Denken zu gewinnen, Spinoza, der optische Gläser schleift. Aber schon bei Rousseau, der Noten schreibt, verzerrt sich das gleiche Verhältnis ins Widerwärtige, da er weder Frieden, noch Stille darin sucht, vielmehr sich wie die anderen quält, er mag sein wo er will.

Was ist nun zu thun? Wo liegt das Gesetz der Arbeit und die Erwerbsehre und wo decken sie sich?

Dergestalt spintisierte ich über etwas; worin ich zunächst gar keine Wahl hatte; denn die Not und der Ernst des Lebens

standen zum erstenmal wirklich vor der Thüre. Das fiel mir
auch endlich ein; ich gedachte auch jener Spinne, die ihr zer-
störtes Netz von neuem herstellte, und sagte mir, indem ich
mich erhob: Es hilft nichts, ich muß wieder anfangen! Ich
sah mich unter meinen Habseligkeiten um und suchte nach Gegenständen, welche zu einer zierlich bunten Behandlung in anspruchslosen kleinen Schilbereien geeignet schienen. Nichts
Minderes führte ich plötzlich im Sinne, als eine derartige
Praktik aufzuthun, welche sich, wie ich wähnte jederzeit beiseite
legen ließ. Es handelte sich nicht um jene höhere Schön-
malerei, wie sie der Motive stibitzende Meister handhabte, ich
aber nicht bewältigen konnte, sondern um ein Herabsteigen
auf eine tiefere Stufe, wo der Glanz der gemalten Theebretter
und Dosendeckel beginnt. Freilich nicht ganz so tief wollte ich
gehen; ich dachte immerhin einen gewissen Wert zu verarbeiten,
dabei aber auf die Unkunde und den roheren Geschmack des
untern Marktes Rücksicht zu nehmen mit allerhand billigen
Effekten. Aber so eifrig, ja ängstlich ich auch in meinen
Mappen suchte, so dünkte mich doch alles, was ich in die
Hand bekam, jedes Studienblatt, jeder kleine Entwurf zu gut
dafür, es war zu schade darum. Wollte ich meine früheren
Arbeitsfreuden nicht gewaltsam selbst verderben, so mußte ich
noch tiefer gehen und eigene Erfindungen machen, an denen
nichts verloren ging.

Indem ich dieses genauer bedachte, trat mein Vorhaben
in ein sehr ungünstiges Licht; ich ließ mutlos das Blatt sinken,
das ich eben hielt, und setzte mich wieder auf den Reisekoffer.
Das sollte also das Ende so langer Lehrjahre und die Erfüllung so großer Hoffnungen und zuverlässiger Worte sein!
Der Selbstausschluß vom Gebiete gebildeter Kunst und ein
unrühmliches Verschwinden in der Dunkelheit, wo arme Teufel
mit Nichtswürdigkeiten das Leben fristen! Ich bedachte nicht

einmal, daß ich ja mit einer ernsthaften Arbeit auftreten gewollt, ein diebischer Routinier mich aber des Erfolges beraubt
hatte; ich suchte nur den Punkt meiner Fehlbarkeit, weil ich
zu hochfahrend war, mich für einen Pechvogel zu halten, und
endigte, ohne klar zu sein, mit einem Seufzer nach Aufschub,
den ich mir schon früher gewährt und nutzlos verthan hatte,
soweit es den nächsten notwendigen Zweck betraf.

Da saß ich nun, den Kopf abermals in die Hände begraben, und schweifte mit den Gedanken umher, bis sie in der
Heimat anlangten und mir von dort aus die neue Sorge zu-
sandten, daß die Mutter meine Lage ahnen und sich darüber
bekümmern könnte. Ich hatte ihr sonst regelmäßig und in
einem heitern Tone geschrieben, ihr allerlei von den fremden
Sitten und Gebräuchen erzählt, die ich sah, und manche
Schwänke und Schnurren eingeflochten, um sie aus der Ferne
zum Lachen zu bringen und wohl auch mit meiner Fröhlichkeit
groß zu thun. Sie antwortete mit treulichen Berichten über
den Weltlauf zu Hause und jeden Spaß vergalt sie mit einer
Hochzeit oder einem Todesfall, mit dem Schiffbruch einer
Haushaltung oder dem verdächtigen Glücke einer anderen.
Auch der Oheim war gestorben und die Kinder hatten sich zerstreut im verworrenen Getümmel der Heerstraße und zogen
schon ihre Kinderkärrchen hinter sich her, gleich den Juden in
der Wüste. Seit einiger Zeit waren jedoch meine Briefe
seltener und einsilbiger geworden; die Mutter schien sich zu
scheuen, nach dem Grunde zu fragen, wofür ich ihr dankbar
war, da ich doch nichts Rechtes zu melden wußte. Seit einigen
Monaten hatte ich gar nicht mehr geschrieben, und sie hielt
sich auch still. Als ich jetzt so in der Stille saß, klopfte es
sachte an der Thüre des äußeren Zimmers; ein Kind kam
herein und brachte mir einen Brief, der Schrift und Siegel
der Mutter zeigte.

Sie wollte die Ungewißheit oder vielmehr die Furcht nicht
länger ertragen, daß es nicht nach Wunsch und Hoffnung mit
mir stehe; sie verlangte daher Aufschluß über meine Umstände
und Aussichten, besorgte, daß ich bereits Schulden habe, weil
sie von keinem Erwerb wisse und das kleine Erbe doch lange.
aufgebraucht sei. Für den Fall der Not habe sie einige Ersparnisse am Ueberflüssigen gemacht, die jetzt bereit lägen, ihren
Dienst zu thun, wenn ich nur offen berichten wolle.

Das Kind, welches den Brief gebracht, stand noch da,
als ich ihn schnell gelesen; ich hatte es beim Zeichnen des
Jesuskindes in jener christlich-mythologischen oder geologischen
Landschaft als Modell benutzt, um ihm die nötigsten Verhältnisse abzusehen, und da das Bild durch mein Herumsuchen zufällig in den Vordergrund geraten, so stand das Knäbchen vor
demselben und sagte: das bin ich! indem es den Finger auf
das Himmelskind legte. Durch diese anmutige Fügung erhielt
der Vorgang einen übernatürlichen Anklang; der kleine Träger
der guten Botschaft erschien gewissermaßen als ein Abgesandter
der göttlichen Vorsehung selbst, und so wenig ich an ein
Wunder, etwa in Gestalt eines allgütigen Scherzes derselben,
glaubte, gefiel mir das kleine Abenteuer doch über die maßen
wohl und machte mir den mütterlichen Brief doppelt erquicklich.
Es ist nicht anders zu sagen, genau betrachtet mußte die gleiche
Figur, mit der ich in dem Entwurf jenes Bildes eine tiefsinnige Ironie zu begehen der Meinung war, jetzt meine Angelegenheiten wenigstens mit einer artigen Parabel verzieren
helfen, sie mit einem Bezuge auf das Unendliche veredeln.

Alles schien jetzt gut und jede Erfüllung wieder möglich,
ja wahrscheinlich zu sein; keinen Augenblick zögerte ich, das
Opfer anzunehmen, und schrieb meine Antwort etwas kleinlaut
und doch offen und wohlgemut. Dabei ermangelte ich nicht,
meiner wunderlichen Universitätsstudien zu erwähnen und die-

selben als eine für die Gegenwart allerdings nachteilige, für
die Zukunft aber doch irgendwie Nutzen bringende Störung
darzustellen; und schließlich landete ich wieder an dem Kap der
guten Hoffnungen und Verheißungen.

Als die Mutter diesen Brief empfing und ihn gelesen
hatte, schloß sie die Stubenthüre zu und ihren alten Schreibtisch auf und brachte aus dessen Fächern zum erstenmal den
Schatz ihrer Ersparnisse ans Licht. Sie fügte die Thaler zu
Rollen und diese zu einem unförmlichen Pakete, umwand es
mehrmals mit starkem Papier und dieses mit Schnüren, be-
träufelte es überall mit Siegellack und drückte das Petschaft
darauf, alles sehr unkaufmännisch mit überflüssiger Mühe,
denn es war schon lange fest genug; aber es war doch jedenfalls fest. Dann schob sie das schwere Paket in eine taftene
Handtasche oder Ridicüle, legte es auf den Arm und eilte auf
Seitenwegen zur Post; denn sie wünschte nicht gesehen zu
werden, weil sie nicht gesonnen war zu antworten, wenn
jemand sie befragt hätte, wo sie mit dem Gelde hin wolle.
Mühselig und mit zitternder Hand streifte sie das seidene
Säcklein von dem Geldkloben, reichte ihn durch das Schieb-
fensterchen und gab ihn mit einem Gefühl der Erleichterung
aus der Hand. Der Beamte besah die Adresse, dann die
Frau, machte seine umständlichen Verrichtungen, gab ihr den
Empfangschein, und sie begab sich ohne sich umzuschauen hinweg, als ob sie so viel Geld jemandem genommen anstatt gegeben hätte. Der linke Arm, auf dem sie die Last getragen,
war steif und ermüdet, und so kehrte sie etwas angegriffen in
ihre Behausung zurück, stillschweigend durch ein Gedränge von
Leuten, welche keinen Gulden für ihre Kinder hergeben, ohne
damit zu prahlen, zu lärmen, oder darüber zu jammern und zu
klagen. Zu jener Zeit, als mein Oheim lebte und noch predigte,
hatte er einmal gesagt: „Gott weiß wohl, welche Leute bescheiden

und still sind, und welche nicht, und er zwickt die letztern ge=
legentlich ein wenig, ohne daß sie wissen, woher es kommt,
und ich habe ihn im Verdacht, daß das ihm alsdann einen
kleinen Spaß macht!"

Zu Hause fand die Mutter die Klappe des Schreibtisches
noch geöffnet und die Schubläbchen aufgezogen, die nun leer
waren; sie schloß dieselben und öffnete beiläufig dasjenige, in
welchem für ihr tägliches Bedürfnis ein unbeträchtliches Häuf=
lein Münze in einem Schälchen lag und verkündigte, daß zu=
nächst nun jede Wahl verschwunden war zwischen Gütlichthun
und weiterem Darben, und daß die gute Frau jetzt mit dem
besten Willen sich keine guten Tage mehr hätte machen können.
Allein das wurde von ihr weder bemerkt, noch kam es in
Frage. Sie stieß auch dies Läbchen sogleich wieder zu, ver=
sorgte Schreibzeug und Siegellack, verschloß den Schrank und
setzte sich auf das alte Sorgenstühlchen ohne Lehnen, um von
ihren Thaten auszuruhen, aufrecht wie ein Tännlein.

So sehe ich sie jetzt noch, obgleich ich nicht dabei war,
Dank der Kenntnis ihrer Gewohnheiten, ähnlich wie der Alter=
tumskundige mit seinen Hilfsmitteln und Anhaltspunkten die
Ansicht eines zerstörten Denkmales wiederherstellt.

Viertes Kapitel.

Das Flötenwunder.

Das Geldpaket wurde mir nicht, wie der Brief, von dem
Hauswirtskinde, sondern von dem Postboten selbst aufs Zimmer
gebracht. Sein gewichtiges Treppensteigen, das so lange aus-
geblieben, belebte die Leute sofort mit einer vorläufigen Genug-
thuung über das ungebrochene Vertrauen, das sie mir geschenkt;
mit dankbarer Gesinnung empfingen sie dann ihr ziemlich auf-
gelaufenes Guthaben, nachdem ich das Geld nicht ohne Mühe
von den vielen Hüllen und Schnüren befreit und den neuen
Brief rasch durchflogen hatte, der von unsicherer, ihren Gegenstand nicht übersehender Sorge geschrieben war.

Auch der Schneider, der Schuhmacher und die übrigen
Lieferanten unterschrieben ihre Rechnungen mit freundlicher Zufriedenheit und empfahlen sich für weitere Kundschaft. Das
machte mir alles so viel Vergnügen, als ob es mein eigenes
Verdienst wäre und ich die lieben Zahlungsmittel selbst erworben hätte. Fast bedauerte ich, daß nicht noch mehr zu bezahlen und die Herrlichkeit so bald zu Ende war; doch wurde
der Uebermut gedämpft, als ich noch am gleichen Tage auch
bar Geliehenes an gute Bekannte zurückzahlte und dieselben

das Geld mit vollkommener Gleichgültigkeit beiseite legten.
Hieran sah ich, daß ich in ihren Augen nicht etwas besonders
Merkwürdiges gethan hatte, und zog die Hörnlein der Selbst=
zufriedenheit wieder ein. Dennoch war ich leichten Mutes, be=
trachtete die Zahlungsfähigkeit der Mutter gewissermaßen als
meine eigene und feierte am Abend ein kleines Befreiungsfest,
mit dessen Aufwand, so bescheiden er war, das Mütterchen sich
einen halben Monat lang erhalten konnte. Ich sang sogar
in rascherem Takte, als seit manchen Tagen geschehen, ein Lied
voll Sorgenverachtung mit, wie wenn ich aller Uebel der Welt
ledig wäre.

Allein gleich am Morgen gewahrte ich, daß noch ein Ende
der Kette vorhanden in Gestalt des Häufleins Thaler, welches
von meinem Schatze übrig geblieben war. Denn als ich den=
selben erst jetzt genauer berechnete und abzählte und die letzte
schon angebrochene Papierhülse vollends auseinander schlug,
zeigte es sich, daß ich höchstens ein Vierteljahr daran zu leben
hatte. Ich wunderte mich nicht wenig, wie die Sorge so be=
hende wieder hereingeschlüpft, und vermutete zuletzt, sie sei gar
nicht von der Stelle gegangen, gleich der Frau des Swinegels,
die im Wettlaufe mit dem Hasen ruhig in der Furche saß
und rief: Ich bin allhier!

Doch zögerte ich nicht, einen neuen Auslauf nach dem
Erwerbe zu unternehmen; mit Ueberlegung schlug ich, wie ich
glaubte, einen klugen Mittelweg ein, indem ich ein paar
kleinere Landschaften ohne Anspruch auf geistreichen Stil oder
Phantasie, dagegen mit sorgfältiger Rücksicht auf Gefälligkeit
zu malen begann, immerhin aber eine gewähltere Naturwahr=
heit zu Grunde legte und nicht mit Gewalt das einmal zierlich
Gewachsene ins Plumpe, das Geformte ins Formlose verwan=
delte Auf diesem Wege vermeinte ich einen glücklicheren Er=
folg nicht verfehlen zu können, während mir unter der Hand

das angestrebte Gefällige der Ausführung nur zu einer gewissen reinlichen Bescheidenheit geriet, die Form aber für den roheren Blick sofort wieder einen verdächtigen Anschein von Stil gewann. Das war freilich wieder nicht zweckmäßig; denn die gleichen Menschen, welche die Angelegenheiten ihres täglichen Lebens nur mit großen Worten und erhabenen Wendungen behandeln, sind es ja, die sogleich die Nase zurückziehen, wenn sie in der Kunst etwas wittern, das wie Stil oder Form aussieht.

Neben der Vorsicht, die ich an die Arbeit verwandte, beschäftigte mich noch das Abwägen der fliehenden Zeit mit der täglichen Abnahme meines Barvorrates; dies alles mit einem geruhigen Maß von Furcht und Hoffnung durchwirkt, läßt mir jene kleine Spanne Zeit samt ihren kleinen Verhältnissen als ein Stück wohlverbrachten friedlichen Daseins erscheinen, gleichmäßig erfüllt von bescheidenem Anspruch, redlicher Thätig= keit und tröstlicher Erwartung des unbekannten Erfolges. Fehlt einem solchem Zustande einstweilen das tägliche Brot nicht, während das kommende Bedürfnis doch die Seelenkräfte wach erhält, so wäre er lebenslang leicht zu ertragen. Das erkennt man erst, wenn die Hoffnungen gebrochen sind und man den frühe= ren Zustand, wo sie noch ungewiß waren, wieder herbeiwünscht.

Als ich beide Zwillingsbilder fertig hatte, war es mit dem zufriedenen Leben vorbei und ich mußte auf den Handel ausgehen. Sie der öffentlichen Ausstellung anzuvertrauen, konnte ich mich nach jenem plagiatorischen Unglück nicht schon wieder entschließen, was allerdings ein Zeichen des Anfänger= oder Dilettantentums war; denn eine volle Begabung kann dergleichen leicht verschmerzen und braucht sich nicht darum zu kümmern, wie das Schattenvolk sich um das Eigentum von Ideeen und Erfindungen zankt.

Ich begab mich nun zu einem angesehenen Händler, Be= herrscher der Auktionen und Aufkäufer von Künstlernachlässen,

4*

welcher auch ganz neue Bilder kaufte, wenn sie vor seiner
Kennerschaft Gnade fanden oder seine Gewinnlust sonst durch
irgend einen geheimnisvollen Vorzug reizten. In einem schönen
Hause war das Erdgeschoß mit sogenannten alten Meistern und
neueren Gemälden angefüllt und hinter den Fenstern waren
stets einige zu sehen, aber niemals etwas, für das der Mann
keinen Namen hatte. War es eine gewisse Geziertheit oder
war es Schüchternheit, ich ging zuerst ohne meine Landschaften
hin, um sie dem Händler anzubieten in der Form, daß ich
anfragte, ob ich dieselben herbringen lassen, oder seinen Besuch
zur Besichtigung erwarten dürfe. Mein Eintreten in die Handels-
galerie blieb gänzlich unbeachtet, da der Inhaber mit einem
Häuflein Herren und Kenner dicht vor einem kleinen Rähmchen
stand, dessen Inhalt sie mit zusammengesteckten Köpfen und
Vergrößerungsgläsern beguckten, während er seine Lehrsätze
über die Rarität vortrug. Plötzlich führte er, die Lupe in der
Hand, den Trupp in ein anstoßendes Zimmer, um dort vor
einem ähnlichen Gegenstande vergleichende Studien vorzunehmen,
und ich blieb ein Weilchen allein in dem Raume. Endlich
kehrten die Herren in aufgelöster Ordnung, in lebhaftem Gespräche begriffen, zurück, indem sie eine große Heilswahrheit
zu vereinbaren und zu redigieren schienen; es handelte sich
offenbar weniger um ein Geschäft, als um eine jener Liebhaber-
konferenzen, durch die solche Bildermänner ihrem Hazardspiel
einen wissenschaftlichen Anstrich zu geben pflegen. Indessen
bemerkte der Kaufherr meine Anwesenheit und fragte nach
meinem Begehren.

Ich brachte das Anliegen ziemlich betreten vor, im Gefühl,
daß ich etwas erbitte, was kein Mensch mir zu gewähren
schuldig sei, und hatte es auch kaum gethan, als der Mann,
ohne nur zu fragen wer ich sei, kurz und trocken sagte, er-
kaufe die Sachen nicht, und sich wegkehrte.

Hiemit war mein Geschäft abgethan; ich hatte keine Veranlassung, auch nur eine Minute länger da zu bleiben, und
befand mich eine Viertelstunde später wieder zu Hause bei den
zwei Bildchen.

Ich unternahm an diesem Tage nichts weiteres, durch
ein unheimliches Gefühl, von Aerger und Sorge beklemmt.
Ich konnte mir nicht klar machen, daß das Verhalten des
Händlers dasjenige der meisten Leute war, die alles, was sie
nicht von sich aus wünschen und suchen, durch die immergrüne
Hecke der abschlägigen Antwort von sich abhalten und es darauf
ankommen lassen, was zu ihrem Nutzen sich allenfalls dennoch
hindurch drücken wolle und könne.

Am nächsten Tage machte ich mich abermals auf den Weg,
nahm aber klüglich die in ein Tuch gewickelten Bilder mit,
damit sie wenigstens angesehen wurden. Ich suchte einen
Händler von minderem Range auf, bei dem die Verkehrs-
summen schon beträchtlich niedriger standen, als bei dem vorigen,
obschon er mit den Gegenständen besser umzugehen, sie sogar
selber zu reinigen, auszubessern und neu zu firnissen verstand.
Ich traf ihn in einem ziemlich dunkeln Lokale inmitten seiner
Töpfchen und Gläser, wie er eben die Löcher einer alten bemalten Leinwand ausflickte. Er hörte mich aufmerksam an
und stellte meine Landschaften selbst in ein möglichst günstiges
Licht, und nachdem er die Hände an der Schürze abgewischt,
schob er sein Sammtkäppchen über den kahlen Vorderkopf
zurück, stützte die Hände gegen die Hüfte und sagte sogleich,
ohne sich lange zu besinnen: „Die Sachen sind nicht übel, aber
sie sind nach alten Kupferstichen gemacht und zwar nach guten!"

Erstaunt und verdrießlich erwiderte ich: „Nein, diese Bäume
habe ich selbst alle nach der Natur gezeichnet und sie stehen
wahrscheinlich jetzt noch; auch das übrige existiert beinahe alles,
wie es hier ist, nur liegt's etwas mehr auseinander!"

„In diesem Falle kann ich die Bilder erst recht nicht brauchen!" versetzte er, indem er die betrachtende Stellung aufgab und das Käppchen wieder zurechtrückte; „man wählt nach der Natur keine Motive, die wie aus alten Kupferstichen aussehen! Man muß mit der Zeit leben und vorwärts schreiten!"

Da hatte ich die ganze Stilfrage in einer Nuß. Ich packte meine Bilder zusammen und warf im Abgehen einen wehmütigen Blick auf die Sammlung roher Zufälligkeiten und gemalter Düngerhaufen, welche als Zeitgemäßes oder eigentlich eher die Zukunft Ahnendes die Wände bedeckten, da es die Arbeiten armer Teufel waren, die aus Ungeschick mit billigem Pinsel und im Dunkeln das schufen, was seither anspruchsvoll ans Licht getreten ist. Ich stand allerdings selber höchst kümmerlich auf der Gasse, kehrte jedoch mit dem Stolze eines verarmten Hidalgo dem Hause den Rücken und wanderte weiter. Unentschlossen, ob ich nicht lieber nach meiner Wohnung zurück wolle, durchirrte ich mehrere Straßen und geriet vor den Kaufladen eines israelitischen Schneiders, der zugleich mit neuen Kleidern und mit neuen Bildern handelte. Manche Künstler ließen sich von ihm bekleiden, und er mochte dadurch, indem er an Zahlungsstatt zuweilen eine Malerei zu übernehmen oder zu pfänden genötigt war, zu einem kleinen Galleriebesitzer geworden sein, der schon mehr als einen guten Schnitt gemacht hatte, wenn er entweder die Arbeiten bedrängter Kunstjünger erworben, die nachher zu Ruf gekommen, oder wenn er, ohne es zu wissen, von andern Unkundigen ein wertvolles Stück erwischte. Vor demjenigen Teil seines Geschäftslokales, worin die Bilder aufgestellt waren, sah ich einen Augenblick durch das Fenster, und da der Raum wenigstens von reinlicher Ordnung und Sorgfalt zu zeugen schien, so lockte mich das, einzutreten und mein Angebot abermals vorzubringen. Der Handelsmann zeigte sich gleich bereitwillig, die Sachen anzusehen, betrachtete sie mit lüsterner Neugierde, ließ sich alles Wie, Was und Wo erklären und fragte zuletzt, ob ich die Dinger wirklich selbst gemacht habe und ob sie gut gemalt seien? Das war gar nicht so naiv, wie es aussah; denn er blickte mich in der Zeit genau an, um aus meinen Mienen den Grad eines berechtigten oder eiteln Selbstvertrauens zu lesen, wie er einen andern, der ihm einen goldenen Ring antrug, zunächst fragte, ob derselbe auch ächt sei; im letzteren Fall erkannte er das Gold schon vorher und wollte durch die Frage erfahren, mit welchem Menschen er zu thun habe; in meinem Falle dagegen mußte er den Menschen im voraus zu beurteilen, durch dessen Verhalten aber wollte er erfahren, wie er das Handelsobjekt anzufassen habe. Als ich zögernd erwiderte, ich hätte die Bilder so gut gemacht, als es nur möglich gewesen, ohne daß es mir anstehe, sie zu loben; auch werden sie wohl nicht sehr vortrefflich sein, sonst würde ich nicht damit hierstehen; immerhin aber seien sie des bescheidenen Preises wert, den ich verlange, — schien ihm das nicht übel zu gefallen und er wurde freundlich und gesprächig, indem er dazwischen die Bilder ab und zu eben so unentschlossen als wohlwollend betrachtete. Ich begann die gute Hoffnung zu schöpfen, daß sich jetzt etwas ereignen würde; allein es erfolgte nichts weiter, als das plötzliche Anerbieten, die Bilder in Kommission zu übernehmen, in seinem Lokale auszustellen und so vorteilhaft als thunlich zu verkaufen. Hiebei blieb es denn auch; denn zu etwas weiterem hätte sich der Mann nicht verstanden und sein Vorschlag war nicht unbillig, sein Verhalten aber menschlich, da es mir Hoffnung ließ und ich mit leichterem Herzen meine Wohnung aufsuchen konnte, als wenn ich die Bilder wieder hätte hintragen müssen.

So blieb mir für einmal die Welt des Erwerbes wie durch eine Mauer verschlossen, an welcher ich keine Thüre

fand, nicht ein Schlupfloch, durch welches eine Katze gekrochen
wäre. Ich hatte freilich auf den drei Gängen gewiß nicht
hundert Worte verloren, allein auch ein hundert und eintes
hätte nicht geholfen; wäre Erikson noch dagewesen, so würde
er mir die Bilder mit wenig Worten verkauft haben, indem
er hinging und sagte: „Was fällt Euch ein? Ihr müßt sie
nehmen!" Oder Ferdinand Lys hätte sie mich ausstellen lassen
und mit seinem Ansehen als reicher Mann einem andern Reichen
empfohlen, und ich wäre wie hundert andere auf einen leiblich
breiten Weg geraten und auf ihm geblieben. Aber beide
Freunde hatten sich von der Kunst selbst abgewendet und lebten
wo ich nicht wußte, gleich Abgeschiedenen, die dem Zurückge-
bliebenen fernher zuzuwinken schienen: Geh' du dort auch weg!

Sonst besaß ich was man gute Bekanntschaften nennt in
der Künstlerwelt nicht mehr, weil ich fast ausschließlich mit
Studierenden und angehenden Gelehrten umging und als ein
geselliger Hospitant ihre Spruch- und Lebensarten teilte. In
demselben Maße büßte ich erst den äußern, dann auch halbwegs den inneren Habitus eines Kunstjüngers ein. Während
Wahl und Pflicht mich an das körperliche Schaffen banden,
gewöhnte sich der Geist an das Leben in seiner eigenen Bewegung; das langsame, kaum mehr von Hoffnung beseelte
Hervorbringen eines einzigen Gedankens durch die Hände schien
voll unnützer Mühsal zu sein, wenn in der gleichen Zeit tausend
Vorstellungen auf den Flügeln des unsichtbaren Wortes vorüber-
zogen. Diese verkehrte Empfindung beschlich mich um so un-
bewachter, als meine Teilnahme an wissenschaftlichen Dingen
sich auf Hören und Lesen, auf bloßes Empfangen und Genießen beschränkte und ich die Arbeit wissenschaftlichen Hervor-
bringens nicht aus Erfahrung kannte. So drehte ich mich
gleich einem Schatten umher, der durch zwei verschiedene
Lichtquellen doppelte Umrisse und einen verfließenden Kern erhält.

Mit dieser Beschaffenheit trat ich nun abermals in den unfreien Zustand des Borgens über, als der letzte Thaler wirklich ausgegeben war. Der Anfang fiel mir diesmal, als eine untröstliche Wiederholung, schwerer, der Fortgang aber machte sich wie in dumpfem Traume von selbst, bis die Zeit wieder erfüllt war und das Erwachen folgte mit der Not des Bezahlens und des Weiterlebens.

Erst jetzt entschloß ich mich, die Zuflucht nochmals zur Mutter zu nehmen, wie es ja ein Kennzeichen des Menschengeschlechtes ist, daß das Junge so lange es immer angeht zum Alten zurückkehrt. Jugend, welche sich reiner Absichten und eines guten Willens bewußt ist, weist mit ihrem allgemeinen Weltvertrauen auf ihre lange Zukunft hin, freilich vergessend, daß sie dieselbe leichtlich, ja wahrscheinlich allein erlebt und schließlich die Bitterkeit des Volkswortes nach rückwärts und vorwärts kosten muß, daß eine Mutter eher sieben Kinder erhält, als sieben Kinder die Mutter.

Die neuen Ersparnisse, die sie ohne Zweifel gemacht hatte, konnten nicht so viel betragen, als ich jetzt bedurfte; ich wollte daher gründlich zu Werke gehen und schlug ihr in einem Briefe, worin ich mich noch leichter stellte, als mir zu Mut war, die Erhebung eines Anleihens auf das Haus vor. Das sei, meinte ich, eine unverfängliche ruhige Sache, welche nach gefundenem Glücksanfang durch meinen Fleiß eben so ruhig wieder ausgeglichen werde und höchstens einige Zinsen koste. Die Mutter erschrak heftig über diesen Brief, an dessen Statt sie mich selber jeden Tag sehnlich erwartete, wenn auch nicht mit rühmlichem Glücke, so doch in zufriedenem Zustande. Sie sah alles wieder in unbekannte Ferne gerückt. Ersparnisse besaß sie diesmal nur wenige, da sie an unsern Mietern Verluste erlitten; denn der gute Eichmeister war seinen beruflichen Trinkproben erlegen und mit Hinterlassung von Schulden ge-

storben, und der unzufriedene Beamte hatte in einem Anfalle
von Entrüstung über fortwährendes Hintansetzen eine kleine
Sportelnkasse geleert und war nach Amerika gegangen, um
dort gerechtere Vorgesetzte zu suchen. Dabei hatte er auch
meine Mutter mit einem Jahreszinse im Stiche gelassen, so
daß mein Unheil sich mit diesen Unglücksfällen in unheimlicher
Weise vermengte. Dazu kam die Vereinsamung durch den Tod
der Nahestehenden; nach dem Oheim war auch Annas Vater,
der Schulmeister, sowie der und jener gute alte Freund gestorben, und noch andere waren aus der Welt gegangen, wie
denn zuweilen, wenn die Jahre vorrücken, viele auf einmal
gehen, die ihre Zeit erreicht haben. Sie hätte zwar alle diese
Toten nicht befragt, was zu thun sei; allein die Einsamkeit
vergrößerte ihren Schrecken, und um nur wieder in Bewegung
zu kommen und das Lebendige zu spüren, erfüllte sie mein Begehren. Sie suchte einen Geschäftsmann auf, der die verlangte
Summe mit allen möglichen Umständen und Formen beschaffte,
wobei sie als schüchterne Gesuchstellerin dazustehen hatte.
Dann besorgte sie auf erhaltenen Rat mit sauren Gängen noch
eine Handelsanweisung, die sie an mich abzusenden endlich froh
war. In ihrem Briefe beschränkte sie sich auf eine Beschreibung dieser Mühen, anstatt sich in Ermahnungen und Klagen
zu ergehen.

Nun hatte ich, als ich meinen Brief geschrieben, im letzten
Augenblicke und in der Furcht, zu viel zu verlangen, die Höhe
der berechneten Summe fast auf die Hälfte heruntergesetzt und
gedacht, es müsse auch so gehen. Der Betrag des Wechsels
reichte daher kaum zur Bezahlung der Schulden aus, und auch
so war ich genötigt, wenn ich nur auf kurze Frist etwas übrig
behalten wollte, für freundschaftlich Geliehenes da oder dort,
wo kein Bedürfnis drängte, um Stundung zu bitten. An dem
zögernden Gewähren merkte ich, daß die Bitte unerwartet

kam, und so zwang mich die Beschämung, sie zurückzuziehen. Nur einer, der mein Erröten sah, wies das Geld zurück, ob= schon er in Bälde abzureisen willens war. Ich solle es ihm wieder geben, wenn es mir leichter falle, er könne es jetzt ent= behren und werde schon gelegentlich von sich hören lassen.

Durch diese Nachsicht sah ich mich auf eine Reihe von Wochen noch geborgen. Aber der ganze Vorgang erweckte mir ein ernsteres Nachdenken über meine Lage und über mich selbst nach der inneren Seite hin. Plötzlich kaufte ich einige Bücher Schreibpapier und begann, um mir mein Werden und Wesen einmal recht anschaulich zu machen, eine Darstellung meines bisherigen Lebens und Erfahrens. Kaum war ich aber recht an der Arbeit, so vergaß ich vollkommen meinen kritischen Zweck und überließ mich der bloß beschaulichen Erinnerung an alles, was mir ehedem Lust oder Unlust erweckt hatte; jede Sorge der Gegenwart entschlief, während ich schrieb vom Morgen bis zum Abend und einen Tag wie den andern, aber nicht wie ein Sorgenschreiber, sondern wie einer, der während schöner Frühlingswochen in seinem Gartensaale sitzt, ein Glas alten Landweines zur Rechten und einen Strauß junger Feldblumen zur Linken. Ich hatte in der trüben Dämmerung, die mich schon geraume Zeit umgab, das Gefühl bekommen, als ob ich eigentlich keine Jugend erlebt hätte; und nun entwickelte sich unter meiner Hand eine Bewegung jungen Lebens, die trotz aller Bescheidenheit der Zustände und Verhältnisse mich ge= fangen nahm, beschäftigte und bald mit glückseligen, bald mit reumütigen Empfindungen erfüllte.

So gelangte ich bis zu der Stunde, da ich als Rekrut auf dem Felde stand und die schöne Judith auswandern sah, ohne mich regen zu dürfen. Hier legte ich die Feder weg, weil das seither Erlebte mir noch gegenwärtig war. Die vielen beschriebenen Blätter brachte ich unverweilt zu einem Buch=

binder, um sie mittelst grüner Leinwand in meine Leibfarbe
kleiden zu lassen, und das Buch in die Lade zu legen. Nach
einigen Tagen ging ich vor Tisch hin, es zu holen. Da hatte
der Handwerker mich mißverstanden und den Einband so fein
und zierlich gemacht, wie es mir nicht eingefallen war, ihn zu
bestellen. Statt Leinwand hatte er Seidenstoff genommen, den
Schnitt vergoldet und metallene Spangen zum Verschließen
angebracht. Ich trug die Barschaft, die ich noch besaß, bei
mir; sie hätte noch für mehrere Tage ausreichen sollen, jetzt
mußte ich sie bis auf den letzten Pfennig hinlegen, um den
Buchbinder zu bezahlen, was ich ohne weitere Besinnung that,
und anstatt zum Mittagessen zu gehen, konnte ich mich mit dem
unnützesten Werke der Welt in der Hand nach Hause verfügen.
Zum erstenmal in meinem Leben saß ich nicht zu Tisch, wohl
fühlend, daß es mit dem Borgen und Bezahlen vorbei sei.
In einigen Tagen wäre das merkwürdige Ereignis allerdings
doch eingetreten; dennoch überraschte es mich jetzt mit sehr
stiller aber unerbittlicher Gewalt. Ich verbrachte die zweite
Hälfte des Tages auf meinem Zimmer und legte mich abends,
früher als gewöhnlich, ungegessen zu Bett. Dort erinnerte
ich mich plötzlich der weisen Tischreden der Mutter, wenn ich
als kleiner Junge das Essen getadelt hatte und sie mir dann
vorhielt, wie ich einst vielleicht froh sein würde, nur solches
Essen zu haben. Die nächste Empfindung war ein Gefühl der
Achtung vor der ordentlichen Folgerichtigkeit der Dinge, wie
alles so schön eintreffe; und in der That ist nichts so geeignet,
den notwendigen Weltlauf gründlich einzuprägen, als wenn
der Mensch hungert, weil er nichts gegessen hat, und nichts
zu essen hat, weil er nichts besitzt, und dies, weil er nichts
erworben hat. An diesen einfachen und unscheinbaren Ge-
dankengang reihen sich von selbst alle weiteren Folgen und
Untersuchungen, und indem ich nun völlige Muße hatte und

von keiner irdischen Nahrung beschwert war, überdachte ich von neuem mein Leben, trotz des grünseidenen Buches, das auf dem Tische lag, und gedachte meiner Sünden, welche jedoch, da der Hunger mich unmittelbar zum Mitleid mit mir selber stimmte, sich ziemlich glimpflich darstellten.

Hierüber schlief ich friedfertig ein. Zu gewöhnlicher Zeit erwachte ich, auch zum erstenmal ohne zu wissen, was ich am heutigen Tage essen würde. Ich hatte seit einiger Zeit das Frühstück abgeschafft, da ich es überflüssig gefunden; nun wäre ich froh gewesen, es noch zu bekommen, allein die Wirtsleute durften nicht erfahren, daß ich hungerte, sowie es mir jetzt klar wurde, daß das erste Erfordernis meiner neuen Lage die strengste Geheimhaltung sei. Weil ich als ein Ueberbleibsel schon abgezogener Jugendvölker lebte, besaß ich in diesem Augenblicke nicht einen einzigen Vertrauten, dem man eine so auffällige Thatsache eröffnen konnte. Denn wer ohne ein Bettler zu sein eines Tages mitten in der Gesellschaft faktisch nicht mehr essen kann, macht ein Aufsehen wie ein Hund, dem man den Suppenlöffel an den Schwanz gebunden hat. Statt mich hinter meinen gemalten Wäldern still verborgen halten zu können, war ich daher gezwungen, um die Mittagszeit auszugehen. Es lag die hellste Frühlingssonne auf den Straßen: alles eilte vergnüglich durcheinander, jeder nach seinem Tischorte. Ich ging gefaßt hindurch, ohne mir etwas ansehen zu lassen, und bemerkte hiebei, daß die Begierde zunächst nicht sowohl nach einer guten Mahlzeit, als nach einem der frischen bräunlichen Brote ging, die ich vor den Bäckerläden liegen sah, so schnell richtete sich der Wunsch des Bedürfnisses nur auf dieses einfachste und allgemeinste Nahrungsmittel, das uralte Wort vom täglichen Brote zu Ehren bringend.

Aber nun galt es wieder, im Vorübergehen das gierige Auge nicht eine Sekunde daran haften zu lassen, damit die

Herrschaft des geistigen Menschen aufrecht erhalten blieb, und
so ging ich auch, anstatt unentschlossen zu schlendern, raschen
Schrittes in eine öffentliche Gemäldesammlung, um dort die
Zeit anständig mit Betrachtung der Meisterwerke zu verbringen,
deren Urheber in ihren Lebtagen auch dies und jenes hatten
erfahren müssen. Es gelang mir, die nagenden Naturkräfte
während einiger Stunden zu bändigen und den zwischen ihnen
und mir schwebenden Streithandel zu vergessen. Als die Säle
geschlossen wurden, ging ich sogleich aus der Stadt und lagerte
mich am Flusse in einem frischbelaubten Gehölze, wo ich in
leidlicher Ruhe verborgen blieb, bis es dunkel war. Seit zwei
langen Tagen an den unheimlichen Zustand schon etwas gewöhnt, beschlich mich eine traurige Geduld, welcher derselbe
allenfalls erträglich schien, wenn es nur nicht ärger käme. Ich
hörte, wie alle Vögel allmählich ihr Zwitschern einstellten und
die Nachtruhe der Kreatur eintrat, während das Geräusch in
der fröhlichen Stadt herüber summte. Als aber in der Nähe
plötzlich das Geschrei eines Vogels ertönte, der von einem
Marder oder Wiesel erwürgt wurde, raffte ich mich auf und
ging nach Hause.

Aehnlich verlief der dritte Tag, nur daß ich jetzt in allen
Gliedern müde wurde, langsamer dahin schlenderte und auch
in meinen zerstreuten Gedanken zusehends herunterkam. Eine
fast gleichgültige Neugierde, wie es eigentlich werden solle, be-
hielt die Oberhand, bis am vorgerückten Nachmittage, als ich
ziemlich weit von Hause in einem offenen Garten saß, der
Hunger so heftig und peinlich sich erneuerte, daß ich vollständig
das Gefühl hatte, wie wenn ich in menschenleerer Wüste von
einem Tieger oder Löwen angefallen wäre. Eine Art Todes-
gefahr war jetzt augenscheinlich; aber sie bezwang gerade in
dieser höchsten Not meinen neu bestärkten Vorsatz nicht, keine
Hilfe anzusprechen. Ich marschierte so ordentlich als es gehen

wollte, nach meiner Wohnung und legte mich zum drittenmale
ungegessen zu Bette; glücklicher Weise mit dem Gedanken, daß
das kein anderes und kein schmählicheres Abenteuer sei, als
wenn ich mich etwa im Gebirge verirrt hätte und dort drei
Tage ohne Nahrung zubringen müßte. Ohne diesen Trost
würde ich eine sehr schlimme Nacht verlebt haben, während ich
wenigstens gegen Morgen in einen schlafähnlichen Zustand
geriet, aus welchem ich erst erwachte, als die Sonne schon hoch
am Himmel stand. Freilich fühlte ich mich jetzt ernstlich schwach
und unwohl und wußte nicht was zu thun sei.

Erst jetzt wurde ich recht ärgerlich und etwas weinerlich
und gedachte der Mutter, nicht viel anders als ein verlaufenes
Kind. Wie ich aber dieser Geberin meines Lebens gedachte,
fiel mir auch ihr höchster Schutzpatron und Oberproviantmeister,
der liebe Gott, wieder ein, der mir zwar immer gegenwärtig
war, jedoch nicht als Kleinverwalter. Und da in der Christen-
heit das objektlose Gebet damals noch nicht eingeführt war,
so hatte ich mich auf der glatten See des Lebens aller solcher
Anrufungen längst entwöhnt. Diejenige, nach welcher sich unmittelbar der unkluge Römer eingefunden, war meines Erinnerns
die letzte gewesen.

In diesem Augenblicke der Not aber sammelten sich meine
paar Lebensgeister und hielten Ratsversammlung gleich den
Bürgern einer belagerten Stadt, deren Anführer daniederliegt.
Sie beschlossen, zu einer außerordentlichen verjährten Maßregel
zurückzukehren und sich unmittelbar an die göttliche Vorsehung
zu wenden. Ich hörte aufmerksam zu und störte sie nicht, und
so sah ich denn auf dem dämmernden Grund meiner Seele
etwas wie ein Gebet sich entwickeln, wovon ich nicht erkennen
konnte, ob es ein Krebslein oder ein Fröschlein werden wollte.
Mögen sie's in Gottes Namen probieren, dachte ich, es wird
jedenfalls nicht schaden, etwas Böses ist es nie gewesen! Also

ließ ich das zustande gekommene Seufzerwesen unbehindert zum Himmel fahren, ohne daß ich mich seiner Gestalt genauer zu erinnern vermöchte.

Ein paar Minuten hielt ich die Augen geschlossen. Du wirst doch aufstehen müssen! sagte ich mir und nahm mich zusammen. Wie ich nun so vor mich hinblickte, sah ich aus einer Ecke des Zimmers einen kleinen Glanz herüberleuchten, wie von einem goldenen Fingerring, nahe dem Boden. Es blinkte ganz seltsam und lieblich, da sonst dergleichen Licht keines im Zimmer war. So stand ich auf, die Erscheinung zu untersuchen, und fand, daß der Glanz von der metallenen Klappe meiner Flöte herrührte, die seit Monaten ungebraucht in jener Ecke lehnte gleich einem vergessenen Wanderstabe. Ein einziger Sonnenstrahl traf das Stückchen Metall durch die schmale Ritze, welche zwischen den verschlossenen Fenstervorhängen offen gelassen war; allein woher, da das Fenster nach Westen ging und um diese Zeit dort keine Sonne stand? Es zeigte sich, daß der Strahl von der goldenen Spitze eines Blitzableiters zurückgeworfen war, die auf einem ziemlich entfernten Hausdache in der Sonne funkelte, und so seinen Weg gerade durch die Vorhangspalte fand. Indessen hob ich die Flöte empor und beschaute sie. „Die brauchst du auch nicht mehr!“ dachte ich, „wenn du sie verkaufst, so kannst du wieder einmal essen!“ Diese Erleuchtung kam wie vom Himmel, gleich dem Sonnenstrahl. Ich kleidete mich an, trank ein großes Glas Wasser, an welchem ich keinen Mangel litt, und begann die Flöte auseinander zu nehmen und die Stücke vom Staube sorgfältig zu reinigen. Dann rieb ich sie mit einem Restchen Firnis und wollenen Läppchen tüchtig ab, salbte sie auch inwendig mit weißem Mohnöl, in Ermangelung von Mandelöl, das man sonst nimmt, damit das Instrument auch tönte, wenn es etwa geprüft wurde. Dann suchte ich das alte Flötenkästchen hervor

und legte die Querpfeife so feierlich hinein, als ob ihr die
wunderbarsten Kräfte inwohnten, und nun machte ich mich ohne
längeres Säumen und so rasch mich die matten Beine trugen, auf
den Weg, einen Käufer für die alte Jugendfreundin zu suchen.

Es dauerte nicht lange, so stieß ich in einer Seitengasse
auf den kleinen dunklen Laden eines Tröblers, hinter dessen
Fenster ich neben etwas altem Porzellangeschirr eine Klarinette
stehen sah; an dem andern Fenster hingen ein paar vergilbte
Kupferstiche, in einem Rähmchen das verblichene Miniatur-
bildnis einer Militärperson in verschollener Uniform, sowie
eine Taschenuhr, auf deren Zifferblatt eine Schäferscene gemalt
war. Hier ging ich hinein und fand inmitten seines Tröbels
ein seltsames ältliches Männchen, kurz und wohlbeleibt, in
einen langen Hausrock gemummt und darüber noch eine weiße
Frauenschürze vorgebunden. Auf dem rundlichen Kopfe trug
er eine wunderliche Schirmmütze, die wie die Muschel des
Papiernautilus gebaut war. Diese Figur stand eben über
einem kleinen Kochherd gebückt und rührte in einem Topfe,
als ich eintrat. Das Tröbelmännchen sah auf und fragte mich
nicht unfreundlich, was ich wünsche, worauf ich mit leiser
Stimme sagte, ich hätte eine Flöte zu verkaufen. Neugierig
öffnete er das Kästchen, gab es aber sogleich zurück und sagte:
„Richten Sie einmal das Ding zusammen, so weiß ich ja nicht,
was es ist!" Als ich die drei Bestandteile gehörig zusammengesetzt hatte, nahm er das Instrument in die Hand und betrachtete es von allen Seiten, sah auch darüber weg, ob es
nicht etwa krumm oder verzogen sei.

„Warum wollen Sie's denn verkaufen?" fragte er, und
ich meinte, weil ich's nicht mehr haben wolle. „Aber tönt sie
auch, die Flöt'? Dort hab' ich schon lang ein Klarinett stehen,
das keinen Laut von sich giebt, da bin ich mit angeschmiert
worden. Blasen Sie mal!"

Ich blies eine Tonleiter, er wollte aber ein ganzes Stücklein hören; ich fing also, obschon mir nicht musizierlich zu Mut war, mit schwachem Atem die Arie aus der Freischütz- oper an:

> Und ob die Wolke sie verhülle,
> Die Sonne bleibt am Himmelszelt.
> Es waltet dort ein heil'ger Wille,
> Nicht blindem Zufall dient die Welt.

Es war das erste Musikstück, das ich vor Jahren einst gelernt hatte und das mir daher jetzt am ehesten einfiel. Nicht nur aus Schwäche, sondern auch in einem wehmütigen Gefühle meiner Lage und der Erinnerung an jene sorglosen Zeiten fiel der Vortrag ein wenig tremulierend oder zitterhaft aus und ich gelangte nur bis zum zehnten oder zwölften Takte. Allein das Männchen verlangte die Fortsetzung und ich blies aus Furcht, der Handel könnte sich zerschlagen, in erbärmlicher Demütigung weiter, indessen der Trödler kein Auge von mir wandte. Ich kehrte mich ab und schaute mit bitter nassen Augen durch das Fenster.

Da blickte gleich einem Sonnenaufgang das schönste Mädchengesicht herein, heiter wie der Frühlingstag, lachte hold- selig und klopfte mit fein beschuhter Hand an die Scheibe. Es war ein offenbar vornehmes Frauenzimmer und der Trödel- greis beeilte sich eifrig, das Fenster so weit zu öffnen, als es wegen der hinter demselben befindlichen Trödelware anging.

„Na, Mannerl, was haben's denn da für ein Konzert?" sagte sie im vertraulichen Landesdialekt, den sie nur aus Freund- lichkeit zu brauchen schien; dann aber, eh' das überraschte Männlein eine Antwort fand, fragte sie nach gewissen chine- sischen Tassen, die er zu liefern versprochen habe. Ich hatte mich inzwischen auf eine Kiste gesetzt und schaute, ausruhend von dem mühseligen Spiele, das liebliche Frauenwesen an,

das nach rasch beendigter Rücksprache noch einen unbefangenen
Blick in den Raum warf und dessen Glanz auch über meine
traurige Person hinlaufen ließ.

„Schaffen's, daß ich die alten Tafferl bekomm', und jetzt
können's mit der Musik fortfahren!" rief sie noch und verschwand mit anmutigem Gruße vom Fenster. Der Alte war
von der unverhofften Erscheinung ganz aufgeregt; der Maien-
glanz dieses Gesichts hatte ihn unzweifelhaft erwärmt und in
die beste Stimmung versetzt.

„Die Flöten geht ja ganz ordentlich," sagte er zu mir;
„was wollen's denn dafür haben?"

Als ich nicht wußte, was ich fordern sollte, holte er einen
und einen halben Gulden hervor, in zwei funkelneuen Stücken
„Sein's zufrieden damit?" sagte er, „machen's kein' Umständ',
das ist ein schönes Geld!" Ich war zufrieden und dankte
sogar in der Eile aufrichtig nach Maßgabe meines Rettungs-
gefühles, was in seinem Verkehre nicht oft vorkommen mochte.
Er klopfte mir gemütlich auf die Achsel und ließ sich zeigen,
wie die Flöte auseinander zu nehmen und in das Futteral
zu legen sei. Das Kästchen stellte er sodann geöffnet hinter
das Fenster.

Auf der Straße besah ich die beiden Münzen genauer,
um mich nochmals zu versichern, daß ich wirklich die Macht in
der Hand halte, den Hunger zu stillen. Der helle Silberglanz,
der Glanz der vorhin gesehenen, noch nachwirkenden zwei
Augen und der Sonnenstrahl, der am Morgen kurz nach dem
Gebete mir die vergessene Flöte gezeigt hatte, schienen mir alle
aus der nämlichen Quelle zu kommen und eine transcendente
Wirkung zu sein. Mit dankbarer Rührung, aller Lebenssorge
ledig, wartete ich die Mittagsstunde ab, überzeugt, daß der
liebe Gott doch unmittelbar geholfen habe. Es wird deswegen
ja doch mit rechten Dingen zugehen, dachte ich in meiner so-

hart angefochtenen Eigenliebe, und ich kann mir dies still bescheidene Wunder wohl gefallen lassen und darf Gott rechtmäßig
danken. Schon der Symmetrie wegen fügte ich dem heutigen
Morgengebetchen jetzt ein kurzes Dankgebet bei, ohne den großen
Weltherrn mit vielen oder lauten Worten belästigen zu wollen.

Nun aber säumte ich nicht länger, das gewohnte Speise-
haus aufzusuchen, das ich seit einem Jahre nicht mehr betreten
zu haben glaubte, so lang dünkten mich die drei Tage. Ich
aß einen Teller kräftiger Suppe, ein Stück Ochsenfleisch mit
gutem Gemüse und eine landesübliche Mehlspeise. Dazu ließ
ich mir einen Krug Bier geben, das herrlich schäumte, und
alles schmeckte mir so trefflich, wie wenn ich am feinsten Gast-
mahle gesessen hätte. Ein unverheirateter Arzt, der auch dort
zu speisen pflegte, bemerkte freundlich, er habe vorhin geglaubt,
ich sei krank, so übel sehe ich aus; allein da ich so frischen
Appetit habe, so scheine es doch nicht gefährlich zu sein. Ich
entnahm hieraus, daß ich mich wenigstens einer guten Gesundheit erfreute, woran ich bisher nicht gedacht hatte, und hiefür
war ich der Vorsehung auch dankbar; denn einem kränklichen
oder schwächlichen Gesellen hätte die Strapaze schlimmer ab-
laufen können.

Nach Tisch begab ich mich in ein Kaffeehaus, um dort
bei einer Tasse schwarzen Trankes auszuruhen und dabei die
Zeitungen zu lesen und zu sehen, was in der Welt vorging.
Denn auch darin war ich die drei Tage wie in der Wüste gewesen, daß ich mit niemand gesprochen und keinerlei Neuigkeit
vernommen hatte. Ich fand auch allerlei Nachrichten und
Weltbegebenheiten, die sich in der Zeit angesammelt; über dem
behaglichen Lesen kehrten aber zusehends meine Leibes- und
Verstandeskräfte zurück, und als ich den Bericht las, wie in
einer Stadtkirche das Volk zusammenlaufe, weil ein Marienbild
dort die Augen bewegen solle, kam ich betroffen auf mein

ſtilles Privatwunder zu denken und ſagte mir nach einigem
Beſinnen, in ganz verändertem Seelentenor, als ich vor dem
Eſſen gehabt: Biſt du denn beſſer, als dieſe Bildanbeter? Da
kann man wohl ſagen, wenn der Teufel hungrig iſt, ſo frißt
er Fliegen, und der Heinrich Lee ſchnappt nach einem Wunder!

Und doch zögerte ich, mich der wohlthuenden Empfindung
einer unmittelbaren Vorſorge und Erhörung, eines perſönlichen
Zuſammenhanges mit der Weltſicherheit zu entledigen.

Schließlich, um dieſes Vorteils nicht verluſtig zu gehen
und doch das Vernunftgeſetz zu retten, erklärte ich mir den
Vorgang ſo, daß die anererbte Gewohnheit des Gebets an die
Stelle einer energiſchen Zuſammenfaſſung der Gedankenkräfte
getreten ſei, durch die damit verbundene Herzenserleichterung
jene Kräfte frei und ſie fähig gemacht habe, das einfache
Rettungsmittel, das bereit lag, zu erkennen oder ein ſolches zu
ſuchen; daß aber eben dieſer Prozeß göttlicher Natur ſei und
Gott in dieſem Sinne ein für allemal die Appellation des
Gebetes den Menſchen delegiert habe, ohne im einzelnen Fall
einzugreifen, auch ohne ſich für den jedesmaligen unbedingten
Erfolg zu verbürgen. Vielmehr habe er die Anordnung ge-
troffen, daß, um den Mißbrauch ſeines Namens zu verhüten,
Selbſtvertrauen und Thatkraft, ſo lange ſie irgend ausreichen,
Gebeteswert haben und vom Erfolge geſegnet ſein ſollen.

Noch heute lache ich weder über die Geringfügigkeit jener
Not, noch über den vorübergehenden Wunderglauben, noch über
die pedantiſche Abrechnung, die demſelben folgte. Ich würde
die Erfahrung, einmal im Leben den ſtarken Hunger geſpürt
zu haben, das Wunder des lieblichen Sonnenblickes nach dem
Gebete und die kritiſche Auflöſung desſelben nach erfolgter
Leibesſtärkung nicht hergeben; denn Leiden, Irrtum und Wider-
ſtandskraft erhalten das Leben lebendig, wie mich dünkt.

Fünftes Kapitel

Die Geheimnisse der Arbeit.

Das Geldchen, das ich für die Flöte erhalten, reichte
auch für einen zweiten Tag aus, da ich es klüglich eingeteilt
hatte. Ich erwachte also diesmal ohne die Sorge, heute hungern
zu müssen, und das war wiederum ein kleines, zum erstenmal
erlebtes Vergnügen, da diese Sorge mir früher unbekannt gewesen und ich erst jetzt den Unterschied empfand. Dies neue
Gefühl, mich gegen den Untergang mangels Nahrung gesichert
zu wissen, gefiel mir so gut, daß ich mich schnell nach weiteren
Habseligkeiten umsah, die ich der Flöte nachsenden könne; ich
entdeckte aber durchaus nichts Entbehrliches mehr, als den bescheidenen Bücherschatz, der sich über meinen wissenschaftlichen
Grenzüberschreitungen aufgestapelt und verwunderlicherweise noch
vollständig beisamen war. Ich öffnete einige Bände und las
stehend Seite auf Seite, bis es elf Uhr schlug und Mittag
heranrückte. Da that ich mit einem Seufzer das letzte Buch
zu und sagte: „Fort damit! Es ist jetzt nicht die Zeit solchen
Ueberflusses, später wollen wir wieder Bücher sammeln!"

Ich holte rasch einen Mann, der den ganzen Pack mit
einem Stricke zusammenband, auf den Rücken schwang und
mir auf dem Wege zu einem Antiquarius damit folgte. In

einer halben Stunde war ich aller Gelehrsamkeit entledigt und
trug dafür die Mittel in der Tasche, das Leben während
einiger Wochen zu fristen.

Das dünkte mich schon eine unendliche Zeit; allein auch
sie ging vorüber, ohne daß meine Lage sich änderte. Ich
mußte also auf eine neue Frist denken, um die Wendung zum
Bessern und den Glücksanfang abzuwarten. Die einen Menschen verhalten sich unabläffig höchst zweckmäßig, rührig und
ausdauernd, ohne einen festen Grund unter den Füßen und
ein deutliches Ziel vor Augen zu haben, während es andern
unmöglich ift, ohne Grund und Ziel sich zweckmäßig und absichtlich zu verhalten, weil sie eben aus Zweckmäßigkeit nicht
aus nichts etwas machen können und wollen. Diese halten
es dann für die größte Zweckmäßigkeit, sich nicht am Nichts-
sagenden aufzureiben, sondern Wind und Wellen über sich ergehen zu lassen, jeden Augenblick bereit, das leitende Tau zu
ergreifen, wenn sie nur erst sehen, daß es irgendwo befestigt
ift. Sind sie dann am Lande, so wissen sie, daß sie wieder
Meister sind, indessen jene immer auf ihren kleinen Balken
und Brettchen herumschwimmen und aus lauter Ungeduld vom
Ufer wegzappeln. Ich war nun allerdings keine große Figur
in der Geisterwelt, um ein so vornehmes Mittel wie die Geduld ift, gebrauchen zu dürfen; allein ich hatte damals kein
anderes zur Hand, und im Notfall bindet der Bauer den Schuh
mit Seide.

Das letzte was ich außer meinen unverkäuflichen Bildern
und Entwürfen besaß, waren die mit meinen Naturstudien an-
gefüllten Mappen. Sie enthielten fast den ganzen Fleiß meiner
Jugend und stellten ein kleines Vermögen dar, weil sie lauter
reale Dinge aufwiesen. Ich nahm zwei der besseren Blätter,
von ansehnlichem Format, welche ich schon im Freien als
Ganzes abgeschlossen und in zufällig glücklicher Weise leicht

gefärbt hatte. Dieselben wählte ich, um wegen der größeren
Wirkung sicher zu gehen, da ich keinen der oberen Kunsthändler,
sondern das freundliche Trödelmännchen heimzusuchen gedachte
und von vornherein nicht einen wirklichen Wert zu erhaschen
hoffte. Vor seinem Geschäfts- und Wohnwinkel angekommen
sah ich erst durch das Fenster und bemerkte die alten Gegenstände dahinter, die Klarinette wie die Kupferstiche und Bildchen,
dagegen nicht mehr das Flötenkästchen. Dadurch ermutigt trat
ich bei dem Alten ein, der mich sogleich erkannte und fragte,
was ich neues bringe. Er war günstig gelaunt und ließ mich
wissen, daß er jene Flöte längst verkauft habe. Als ich die
Blätter entrollt und auf seinem Tisch so gut als möglich ausgebreitet, fragte er zuvörderst, gleich dem israelitischen Bild-
und Kleiderhändler, ob ich sie selbst gemacht, und ich zögerte
mit der Antwort; denn noch war ich zu hochmütig für das
Geständnis, daß die Not mich mit meiner eigenen Arbeit in
seine Spelunke treibe. Er schmeichelte mir jedoch ohne Verzug
die Wahrheit ab, deren ich mich nicht zu schämen brauche,
vielmehr zu rühmen hätte; denn die Sachen schienen ihm in
der That nicht übel und er wolle es damit wagen und ein
Erkleckliches daran wenden. Er gab mir auch so viel dafür,
daß ich ein paar Tage davon leben konnte, und mir schien
das ein nicht zu verachtender Gewinn, obgleich ich seiner Zeit
lust- und fleißerfüllte Wochen über den Gebilden zugebracht
hatte. Jetzt wog ich das winzige Sümmchen nicht gegen den
Wert derselben, sondern gegen die Not des Augenblickes ab,
und da erschien mir der ärmliche Handelsgreis mit seiner
kleinen Kasse noch als ein schätzenswerter Gönner; denn er
hätte mich ja auch abweisen können. Und das wenige, was
er mit gutem Willen und drolligen Gebärden gab, war so viel,
als wenn reiche Bilderhändler größere Summen für eine un-
sichere Laune ihres zweifelnden Urteils hingeben.

Aber noch in meiner Anwesenheit befestigte der Kauz die
unglücklichen Blätter an seinem Fenster, und ich machte, daß
ich fortkam. Auf der Straße warf ich einen flüchtigen Blick
auf das Fenster und sah die sonnigen Waldeinsamkeiten aus
der Heimat wehmütig an diesem dunkeln Pranger der Armut
stehen.

Nichtsdestoweniger ging ich in zwei Tagen abermals mit
einem Blatte zu dem Manne, der mich munter und freundschaftlich empfing. Die zwei ersten Zeichnungen waren nicht
mehr zu sehen; das Männchen, oder Herr Josef Schmalhöfer,
wie er eigentlich laut seinem kleinen alten Ladenschilde hieß,
wollte aber keineswegs sagen, wo sie geblieben seien, sondern
verlangte zu sehen, was ich gebracht habe. Wir wurden bald
des Handels einig; ich machte zwar eine kleine Anstrengung,
einen barmherzigeren Kaufpreis zu erwischen, war aber bald
froh, daß der Alte nur kauflustig blieb und mich aufmunterte,
ihm ferner zu bringen, was ich fertig machte, immer hübsch
bescheiden und sparsam zu sein, wobei aus dem kleinen Anfang gewiß etwas Tüchtiges erwachsen würde. Er klopfte mir
wieder vertraulich auf die Achsel und lud mich ein, nicht so
trübselig und einsilbig dreinzuschauen.

Der ganze Inhalt meiner Mappen wanderte nun nach
und nach in die Hände des immer kaufbereiten Hökers.
Er hing die Sachen nicht mehr ans Fenster, sondern legte sie
sorgfältig zwischen zwei Pappdeckel, die er mit einem langen
Lederriemen zusammenschnallte. Ich bemerkte wohl, daß sich die
Blätter, große und kleine, farbige wie Bleistiftzeichnungen, zuweilen längere Zeit ansammelten, bis der Behälter plötzlich
wieder dünn und leer war; allein niemals verriet er mit einem
Worte, wohin meine Jugendschätze verschwanden. Sonst aber
blieb sich der Alte immer gleich; ich fand, so lang ich ein Blatt
zu verkaufen hatte, eine sichere Zuflucht bei ihm, und endlich

war ich froh, auch ohne Handelsverkehr etwa ein Stündchen
mit Geplauder bei ihm zu verbringen und seinem Treiben zu-
zusehen. Wollte ich dann weggehen, so forderte er mich auf,
nicht ins Wirtshaus zu laufen und das Geldchen zu verthun,
sondern an seinem Tische mitzuhalten, und erzwang es am
Ende auch. Uebrigens war der allein lebende alte Gnom ein
guter Koch und hatte stets ein leckeres Gericht im Hafen auf
dem Herde oder im Ofen seines düstern Gewölbes. Bald briet
er eine Ente, bald eine Gans, bald schmorte er ein kräftiges
Gemüse mit Schöpsenfleisch oder er verwandelte billige Fluß-
fische durch seine Kunst in treffliche Fastenspeise. Als er mich
eines Tages zu seiner Mahlzeit eingefangen hatte, sperrte er
plötzlich das Fenster auf, wegen der Wärme, wie er sagte, im
Grunde aber, um meinen Bettelstolz zu zähmen und mich den
Vorübergehenden zu zeigen. Das merkte ich an seinen schlauen
Aeuglein und scherzhaften Worten, womit er die Anzeichen von
Verlegenheit und Unwillen bekriegte, die ich sehen ließ. Ich
ging ihm auch nicht mehr in die Falle und betrachtete meine
Bedürftigkeit als mein Eigentum, über das er auf diese Art
nicht zu verfügen habe. Seltsamerweise fragte er mich nie,
wie oder warum ich arm geworden sei, obgleich er mir Namen
und Herkunft längst abgehört. Den Grund seines Verhaltens
fand ich in der Vorsicht, jede Erörterung zu vermeiden, um
nicht zu etwas menschlicheren Kaufsangeboten moralisch genötigt
zu werden. Aus gleicher Ursache beurteilte er auch nie mehr,
was ich ihm brachte, als gut oder zufriedenstellend, und mit
immer gleicher Beharrlichkeit verschwieg er, wohin er die
Sachen verkaufe.

Ich fragte auch nicht mehr danach. Wie ich nun ge-
stimmt war, gab ich gern alles hin für das kärgliche Brot,
das die Welt mir gewährte, und empfand dabei die Genug-
thuung, es verschwenderisch zu bezahlen. Das konnte ich mir

um so eher einbilden, als das Wenige, das ich erhielt, der erste Gewinn war, den ich eigener Arbeit verdankte; denn nur der Gewinn aus Arbeit ist völlig vorwurfsfrei und dem Gewissen entsprechend, und alles was man dafür einhandelt, hat man sozusagen selbst geschaffen und gezogen, Brot und Wein wie Kleid und Schmuck.

So erhielt ich mich ungefähr ein halbes Jahr, so wenig mir der Alte für die mannigfachen Studienblätter und Skizzen gab; denn sie wollten fast kein Ende nehmen, was freilich eines Tages dennoch geschah. Ich war aber nicht bereit, sofort wieder zu hungern. Daher löste ich meine großen gefärbten oder grauen Kartons von den Blendrahmen, zerschnitt jeden sorgfältig in eine Anzahl gleich großer Blätter, die ich in einem Umschlag auf einanderlegte, und trug diese merkwürdigen, immer noch stattlichen Hefte eines nach dem andern zu dem Herrn Josef Schmalhöfer. Er beschaute sie mit großer Verwunderung; sie sahen auch wunderbar genug aus. Die große kecke Zeichnung, die ohne Ende durch alle die Fragmente ging, die starken Federstriche und breiten Tuschen erschienen auf den kleineren Bruchstücken doppelt groß und gaben ihnen als Teilen eines unbekannten Ganzen einen geheimnisvollen fabelhaften Anstrich, so daß der Alte sich nicht zu helfen wußte und wiederholt fragte, ob das auch etwas Rechtes sei? Ich machte ihm aber weiß, das müßte so sein, die Blätter könnten zusammengesetzt werden und machten alsdann ein großes Bild; sie hätten indessen auch einzeln für sich ihre Bedeutung und es sei auf jedem etwas zu sehen, kurz ich drehte ihm zum Spaß eine Nase und dachte mir dabei, wenn sie ihm auch auf dem Halse blieben, so sei das nur eine kleine Einbuße an dem Gewinne, den er von mir gezogen. Das Trödelgreischen rieb sich verlegen das Bein, welches mit einer juckenden Flechte behaftet war, ließ aber die sibyllinischen Bücher nicht fahren, sondern

verkaufte sie eines Tages alle miteinander, ohne daß ich er-
fuhr, wohin sie gekommen.

Als ich den Ertrag dieses letzten Verkaufes aufgebraucht
hatte, war mein Latein für einmal wieder zu Ende. Ver-
suchsweise ging ich zu dem Bild- und Kleiderhändler, um nach
den Ölbildern zu sehen. Sie hingen an der alten Stelle und
ich bot sie dem Manne zu Eigentum an auch für den beschei-
densten Preis, den er ansetzen würde. Er war jedoch nicht
geneigt, irgend etwas Bares dafür auszulegen, und ermunterte
mich zur Geduld, wobei ich ja ein besseres Geschäft machen
werde. Ich war das auch zufrieden und hatte somit immer
noch eine kleine Hoffnung in der Welt hängen und einen
schwebenden Handel. Von da ging ich weiter und kehrte bei
meinem Schmalhöfer an, ihm einen guten Tag zu wünschen.
Er blickte mir sofort auf die leeren Hände; ich sagte jedoch,
ich hätte nichts mehr zu veräußern.

„Nur munter, Freundchen!" rief er und nahm mich bei
der Hand; „wir wollen sogleich eine Arbeit beginnen, die sich
sehen lassen wird! Jetzt sind wir gerade auf dem rechten
Punkt, da darf nicht gefeiert werden!" Und er führte und
schob mich in ein noch dunkleres Verließ, daß hinter dem
Laden lag und sein Licht nur durch eine schmale Schießscharte
empfing, die in der feuchten schimmligen Mauer sich aufthat.
Nachdem ich mich einigermaßen an die Dunkelheit gewöhnt, erblickte ich das Gewölbe angefüllt mit einer Anzahl hölzerner
Stäbe und Stangen, ganz neu, rund und glatt gehobelt, von
allen Größen lastweise an den Wänden stehend. Auf einer
uralten Feueresse, dem Denkmal irgend eines Laboranten, der
vielleicht vor hundert Jahren hier sein Wesen getrieben, stand
ein Eimer voll weißer Leimfarbe inmitten mehrerer Töpfe mit
anderen Farben, jeder mit einem mäßigen Streicherpinsel
versehen.

„In vierzehn Tagen," lispelte und schrie der Alte abwechselnd, „wird die Braut des Thronfolgers in unsere Residenz
einziehen! Die ganze Stadt wird geschmückt und verziert
werden, tausende und aber tausende von Fenstern, Thüren und
Gucklöchern werden mit Fahnen in unsern und den Landes-
farben der Braut besteckt; Fahnen von jeder Größe werden die
nächsten zwei Wochen die gesuchteste Ware sein! Schon ein
paar Mal hab' ich die Unternehmung bestanden und ein gut
Stück Geld verdient. Wer der erste, schnellste und billigste ist,
hat den Zulauf. Drum frisch dran hin, keine Zeit ist zu verlieren! Habe mich schon vorgesehen und Stöcke machen lassen,
weitere Lieferungen sind bestellt, das Zuschneiden des Tuches
und das Nähen wird ebenfalls beginnen. Ihr aber, Freundchen, seid wie vom Himmel ausersehen, die Stangen anzu-
streichen!

„Bst! nicht gemuckst! Hier für diese großen gebe ich einen
Kreuzer das Stück, für diese kleineren einen halben; von diesen
ganz kleinen aber, welche für die Mauslöcher und Blinzel-
fensterchen der armen Reichsleute und Unterthanen bestimmt sind,
müssen vier Stücke auf den Kreuzer gehen! Jetzt aber merkt
auf, wie das zu machen ist, alles will gelernt sein!"

Er hatte schon mehrere Stänglein halb und ganz vorge-
arbeitet; nachdem der Stecken mit der weißen Grundfarbe be-
strichen, welche für beide Königreiche dieselbe war, wurde er
mit einer Spirallinie von der andern Farbe umwunden. Der
Alte legte eine der grundierten Stangen in die Schießscharte,
hielt sie mit der linken Hand wagrecht, und indem er, den
Pinsel eintauchend, mich aufmerksam machte, wie dieser weder
zu voll noch zu leer sein dürfe, damit eine sichere und saubere
Linie in Einem Zuge entstände, begann er, die Stange langsam
zu drehen und von oben an die himmelblaue Spirale zu ziehen,
womöglich ohne zu zittern oder eine unvollkommene Stelle nach-

holen zu müssen. Er zitterte aber doch, auch geriet ihm der
weiße Zwischenraum und die Breite der blauen Linie nicht
gleichmäßig, so daß er das mißlungene Werk wegwarf und
rief: „Item! auf diese Art wird's gemacht! Euere Sache ist
es nun, das Ding besser anzugreifen; denn wozu seid Ihr
jung?"

Ohne mich einen Augenblick zu besinnen, ergriff ich einen
Stab, legte ihn auf und versuchte neugierig die seltsame Arbeit, und bald ging sie gut von statten. Eifrig fuhr ich fort,
bis um die Mittagszeit; als ich da aus dem Finsterloche her-
vortrat, fand ich den Alten zwischen drei oder vier Nähterinnen
hausend, denen er das Fahnenzeug zumaß und hundert Lehren
erteilte, wie sie zwar nicht liederlich, doch auch nicht zu gut
nähen sollten, sondern so, daß die Arbeit rüstig vorrücke und
die Fahnen dennoch zusammenhielten, wenn sie im Winde
flatterten, ohne daß sie hinwiederum eine Ewigkeit zu dauern
brauchten Die Weiber lachten und ich lachte auch, als ich
hindurch ging und das Männchen mir nachrief, in einer
Stunde unfehlbar wieder da zu sein. Das geschah und ich
brachte die folgenden Tage bis ans Ende mit der neuen Beschäftigung zu.

Draußen glänzte anhaltend der lieblichste Spätsommer;
Sonnenschein lag auf der Stadt und dem ganzen Lande und
das Volk trieb sich bewegter als sonst im Freien herum. Der
Laden des Meister Joseph war fortwährend angefüllt mit
Leuten, welche Fahnen holten oder bestellten, mit zuschneidenden
und nähenden Mädchen, mit Tischlern, die frische Stangen
brachten; der Alte regierte und lärmte in bester Laune dazwischen herum, nahm Geld ein, zählte Fahnen, und ab und
zu kam er in das Finsterloch herein, wo ich mutterseelenallein
in dem blassen Lichtstrahl der Mauerritze stand, den weißen
Stab drehte und die ewige Spirale zog.

Er klopfte mir dann etwas sachte auf die Schulter und flüsterte mir ins Ohr: „So recht, mein Sohn! Dies ist die wahre Lebenslinie; wenn du die recht akkurat und rasch ziehen lernst, so hast du vieles erreicht!" In der That fand ich in dieser einfachen Beschäftigung allmählich einen solchen Reiz, daß mir die in dem Loch zugebrachten Tage wie Stunden vergingen. Es war die unterste Ordnung von Arbeit, wo dieselbe ohne Nachdenken und Berufsehre und ohne jeglichen andern Anspruch, als denjenigen auf augenblickliche Lebensfristung, vor sich geht; wo der auf der Straße daher ziehende Wanderer die Schaufel ergreift, sich in die Reihe stellt und an selbiger Straße mitschaufelt, so lange es ihm gefällt und das Bedürfnis ihn treibt.

Unablässig zog ich das gewundene Band, rasch und doch vorsichtig, ohne einen Klecks zu machen, einen Stab ausschießen zu müssen oder einen Augenblick durch Unschlüssigkeit oder Träumerei zu verlieren, und während sich die bemalten Stäbe unaufhörlich häuften und weggingen, während ebenso beständig neue ankamen, wußte ich doch jeden Augenblick, was ich geleistet, und jeder Stecken hatte seinen bestimmten Wert. Ich brachte es so weit, daß der ganz verblüffte Josef mir schon am dritten Abend nicht weniger als zwei Kronenthaler als Tagelohn auszahlen mußte, mehr als er mir für die beste Zeichnung gegeben hatte. Erst sperrte er sich dagegen und schrie, er habe sich verrechnet, es sei nicht die Meinung gewesen, daß ich so viel an dem Zeug verdienen solle!

Ich dagegen verstand keinen Spaß und beharrte auf der Abrede mit der Behauptung, die erworbene Fertigkeit ginge ihn nichts an und er solle froh sein, wenn er, dank derselben, so viele Fahnen liefern könne: genug, ich fühlte mich hier ganz auf einem sicheren Grunde und schüchterte das Männchen dermaßen ein, daß es sich schleunig zufrieden gab und mich

aufforderte, nur so fortzufahren, die Sache sei bestens im
Gange.

Er hatte auch einen gewaltigen Zulauf und versorgte
einen guten Teil der Stadt mit seinen Huldigungspanieren.
Ich aber drehte unverdrossen den Stab und durchwanderte mit
meinen Gedanken auf der unablässig sich abwickelnden blauen
Linie eine Welt der Erinnerung und der Ausschau in die
Zukunft. Ich hatte nicht im Sinne, zu Grunde zu gehen,
und konnte doch nicht den Ausgang sehen, der ja unzweifelhaft vorhanden war, da der Glaube an eine göttliche Weltordnung mir nach wie vor im Blute wohnte, wenn ich mich
auch in acht nahm, abermals die Angel nach einem kleinen
Gebetswunder auszuwerfen. Zuletzt begnügte ich mich mit dem
Bewußtsein der unmittelbaren Sicherheit, daß ich für diesen
und eine Reihe von Tagen ja zu leben habe. Ein ledernes
Geldbeutelchen, das ich mir nach Art der Fuhr- und Schiff-
leute angeschafft, hervorziehend, überzeugte ich mich, wie der
bescheidene Schatz von Silberstücken, der wohlverschnürt darin
ruhte, sich zusehends vermehrte.

Bis jetzt hatte ich das Geld immer offen in der Westen-
tasche getragen; als ein angehender Geldhamster nahm ich mir
nun vor, nie mehr ohne Beutel zu wirtschaften, und setzte eifrig
meine ruhmlose und zufriedene Arbeit fort. Am Abend suchte
ich dann irgend ein entlegenes Gasthaus, setzte mich unter unbekanntes Volk und verzehrte mein spärliches Nachtmahl, welches
ich, in meinem Beutel herumklaubend, bedächtig und vorsichtig
bezahlte, als einer der weiß woher es kommt.

Endlich war indessen der Einzugstag herangerückt. Noch in
der letzten Stunde kamen einzelne ärmere oder knauserige Leute,
ein Fähnchen oder zwei nach reiflichem Entschlusse zu holen,
und feilschten um den Preis; dann wurde der Laden still und
leer, der Alte zählte seine Einnahme und vollauf damit be-

schäftigt forderte er mich auf, hinauszugehen, den festlichen
Einzug der künftigen Herrscherin mit anzuschauen und mir
gütlich zu thun.

„Sie machen sich wohl nichts daraus, wie?" fügte er
hinzu, als er sah, daß ich keine besondere Lust bezeigte; „sehen
Sie, so wird man gesetzt und klug! Schon weiser geworden
in der kurzen Zeit, bei der alten Feueresse! So muß es kommen!
Aber geht dennoch ein bißchen hinaus, Lieber, und wäre es
nur, um die schöne Luft und die Sonne zu genießen!"

Das fand ich billig und ratsam; ich durchstrich die Stadt,
die sich mit einem Schlage ganz in Farben, Gold und grünes
Laub gehüllt hatte, daß es von allen Enden flatterte und
schimmerte. Durch die Straßen wogte eine ungezählte Menschen-
menge, glänzende Reiterzüge, Fußvolk, Zünfte, Korporationen
und Brüderschaften mit allen möglichen seltsamen Fahnen
bewegten sich dem Thore zu, und außerhalb desselben, das ich
mit durchschritt, ergoß sich dieses Freudenheer nach dem Weich-
bilde hin auf das freie Feld, in eine Volksmenge hinein, die
es schon besetzt hielt, da Bauerschaften, ländliche Schulen,
Schützen aus weitem Umkreise herangezogen waren. Dazwischen
drängte sich eben so zahlreich das zuschauende Publikum, mit
welchem ich mich schieben ließ.

Plötzlich ertönte Geschützdonner, Glockengeläute über der
weitgedehnten Stadt; Musikchöre, Trommelschlag und der be-
täubende Zuruf des Volkes verkündeten, daß die erwartete
Fürstin herannahe. Ich sah im Glanze der Nachmittagssonne
die Schwerter der voran rasselnden Reiter blinken und darauf
in einem Blumenwagen das junge Frauenwesen vorüberschweben
über den Köpfen der wogenden Menge, wie in einem Schiffe,
das über ein rauschendes Meer gleitet, da ich weder Pferde
noch Räder sehen konnte. Erst erfreute mich das ungeheuere
Geräusch, dann aber belästigte es mich als etwas Fremdes und

erweckte meine republikanische Eifersucht gegen die Macht eines
monarchischen Lebens, mit dem ich nichts zu schaffen hatte, an
welchem ich nichts mehren und nichts mindern konnte.

„Freilich hast du geschafft und gemehrt!" rief in mir die
Stimme des politischen Gewissens, „du hast seit Wochen
davon gelebt und trägst sogar den Sündenlohn noch in der
Tasche!"

„So hab' ich wenigstens nicht auf diese Unterthanen ge-
schossen," erwiderte die Selbstbeschönigung, „wie so oft die
Schweizergarden im Fürstendienste gethan haben; und in diesem
Augenblicke stehen noch vollzählige Regimenter am Fuße von
Thronen, die schlechter sind, als der hier gefeiert wird!"

Die Vorstellung der Schweizerregimenter in fremden
Diensten brachte wieder eine andere Phantasie hervor; ich sah
im Geiste die mehreren Tausende der von mir gesprenkelten
Fahnenstecken gleich einem unabsehbaren Zaune aufgestellt und
mich als den Feldhauptmann der hölzernen Armee mitten vor
derselben stehend, den ledernen Geldbeutel in der Hand. Der
Vergleich dieses Ehrenpostens mit demjenigen eines weiland
schweizerischen Marschalls im französischen oder hispanischen
Heere schien zu meinen Gunsten auszufallen, da wenigstens
kein Tropfen Blut daran klebte. Mein Bewußtsein erheiterte
sich wieder, sprach sich frei, und ich marschierte an der Spitze
des Gewalthaufens meiner unsichtbaren Stangengeister durch
die langsam zurückflutenden Massen nach der Stadt zurück.

Gemächlich wandelte ich nun durch die geschmückten Straßen
und besah mir alle Zierwerke und Veranstaltungen genauer;
dann ging ich mit dem sinkenden Abend wieder hinaus, wo
alle Trinkstätten und Tanzgärten angefüllt waren. Ich hielt
mich aber nirgends auf, bis ich mit aufgehendem Monde zu
einer mit hundertjährigen Silberpappeln bewachsenen Fluß-
insel kam, in deren Mitte ein volkstümliches Zech= und Tanz-

gebäude hell erleuchtet war und von Geigen, Pauken und
Trompeten tönte. Da suchte ich ein einsames Plätzchen unter
den Bäumen und möglichst nah am Wasser, dessen fließende
Wellen im Mondlichte glänzten. Andere hatten jedoch den
gleichen Geschmack, und so ging ich vergeblich an manchen
Tischen vorbei; zuletzt mußte ich mich entschließen, an einem
Platz zu nehmen, an welchem schon Leute saßen, einige junge
Frauenzimmer mit ihren Freunden oder Verwandten. Das
Halbdunkel der hohen Bäume war durch eine bunte Papier-
laterne etwas erhellt, aber nicht genug, daß das mondbe-
schienene Wasser um seine freundliche Wirkung gekommen
wäre und das Gestirn matter durch die Aeste gefunkelt hätte.

Als ich, leicht den Hut rückend, mich niederließ, ver-
sicherten mich zwei der Mädchen, die zunächst saßen, mit schalk-
haftem Lächeln, es sei für einen guten Bekannten und Arbeits-
genossen Raum genug vorhanden, und erst jetzt erkannte ich in
ihnen zwei der Fahnennähterinnen aus Schmalhöfers Laden.
Sie hatten sich gar anmutig herausgeputzt, und ich war überrascht, so hübsche Geschöpfe in ihnen zu finden, die ich während
der ganzen Zeit kaum angesehen und gegrüßt, wenn ich durch
den Laden in das finstre Loch ging oder aus demselben kam.
Die ältere von Ihnen stellte mich der Gesellschaft, welche aus
jungen Arbeitsleuten verschiedener Profession zu bestehen schien,
als Standesgenossen vor; denn sie hatten auch von dem Alten
meinen Namen erfahren. Man hielt mich offenbar für einen
wackeren Tünchergesellen; die jungen Männer boten mir treuherzig ihre Bierkrüge dar, ich that Bescheid, versah mich selbst
mit einem Kruge, und froh nach langer Einsamkeit unter
Menschen zu sein, überließ ich mich der einfachen Geselligkeit,
ohne meinen etwas höheren Rang zu verraten, was mir auch
übel angestanden hätte.

Der kleine Kreis bestand aus drei Liebespaaren, an der

Art kenntlich, wie sie sich unbefangen umfaßt hielten. Zwischen Hoffnung und Furcht schwebend, dauernd verbunden oder wieder getrennt zu werden, verloren sie keine Zeit, sich ihrer Gegenwart zu versichern. Ein viertes Mädchen schien überzählig zu sein; denn es saß ohne Galan zunächst an meiner Seite, vielleicht wegen zu großer Jugend, da es höchstens siebzehn Jahre alt sein mochte. Ich hatte die glänzenden Augen der Kleinen im Tröblerladen schon bemerkt, weil sie immer aufgeblickt, wenn man durch ging. Jetzt sah ich auch ihre außerordentlich feine Gestalt, in einem ziemlich feinen weißen Sonntagsshawl gehüllt; auf dem Tische lag die zierlichste kleine Hand, deren zarte Fingerspitzen freilich von unzähligen Nadelstichen eine rauhere Haut bekommen hatten, und rechnete man hiezu das weiche braune Haar, das unter dem luftigen Hütchen hervorquoll, sowie das Licht des jungen Busens, wenn das helle Tuch sich einen Augenblick lüftete, so erschien hier im Schatten der Armut ein Schatz von Reizen verborgen, wie ihn mancher Reichtum vergeblich wünschte. Selbst die Blässe des Gesichtes, deren ich mich zu erinnern glaubte, diente jetzt einem Lichtspiele zur Unterlage, indem bald der rötliche Schimmer der im Luftzuge schwankenden Papierlaterne, bald der silberbläuliche Abglanz des Flusses darüber flog und zusammen mit dem Lächeln ihres Mundes, wenn sie sprach, ein geheimnisvolles Leben und Weben bildete. Zum Ueberflusse hieß sie noch Hulda.

Ich fragte sie, ob sie wirklich so heiße oder ob sie den Namen bloß angenommen habe, wie das bei Frauenzimmern des arbeitenden und dienenden Standes, dem wir angehörten, zuweilen vorkomme?

„Nein“ erwidert sie, „ich habe den Namen nebst vier andern von meinen Eltern bei der Taufe erhalten. Es sind arme Schustersleute gewesen, die bei meiner Taufe weder einen

Schmaus anzurichten noch solche Paten herbeizuziehen vermochten, von denen irgend ein Angebinde zu hoffen war. Weil
sie nun dennoch einen gewissen vornehmen Tick besaßen, so
statteten sie mich dafür mit fünf Namen aus. Ich habe sie
aber alle abgeschafft bis auf den kürzesten; denn da unsereins
immer zu den Behörden laufen muß, um seine Beschreibung
in Ordnung zu erhalten, so wurde ich von den Beamten jedesmal angefahren, ob meine Namen bald zu Ende seien, oder
ob sie vielleicht einen neuen Bogen anbrechen müßten, um sie
alle aufzuschreiben."

„Und Sie haben doch den schönsten von den fünf Namen
behalten?" sagte ich, von dem Ernste belustigt, mit welchem
sie die Geschichte erzählte.

„Nein, nur den kürzesten! Die andern waren alle länger
und prachtvoller! Aber Sie tragen ja zu viel Geld bei sich
herum, das muß man nicht thun!"

Ich hatte meinen wohlgerundeten Geldbeutel auf den Tisch
gestellt, um einen neuen Krug Bier zu zahlen, den man mir
brachte, da ich durstig gewesen und mit dem ersten schon fertig
geworden.

„Das ist mein Verdienst von den Fahnenstangen, sagte
ich, ich werd's schon versorgen, wenn ich's nicht brauche!"

„Himmel! So viel haben Sie bei dem Alten verdient?
Und ich hab's kaum auf vierzehn Gulden gebracht!"

„Ich hab' es vom Stück, da kann man sich an den Laden
legen und den Patron die Nase lang machen!"

„Hört, Leute, der hat's vom Stück!" rief sie den andern
zu, „der verdient ein Geld! Wo stehen Sie eigentlich in Arbeit,
oder sind Sie für sich?"

„Ich bin augenblicklich ohne Meister und denke es zu
bleiben, so lang es geht."

„Es wird gewiß gehen, denn fleißig sind Sie ja von früh

bis spät, das haben wir gesehen und oft zu einander gesagt!
Wenn er nur nicht so hochmütig wäre, meinten die andern,
aber ich hielt dafür, Sie seien eher traurig oder langweilig.
Haben Sie denn schon zu Nacht gegessen?"

„Noch nicht! Und Sie?"

„Auch noch nicht! Wissen Sie was, da ich allein bin,
so könnten wir zusammenlegen und miteinander essen, dann
stellen wir auch ein Pärlein vor!"

Ich fand diesen Vorschlag sehr angenehm und klug und
wurde von einem Wohlgefühl erwärmt, unversehens so gut
untergebracht zu sein. Ich lud die artige Hulda daher ein,
mir das Traktament zu überlassen; allein sie that es durchaus
nicht anders, als auf gemeinschaftliche Kosten, und als das
bestellte Essen anlangte, holte sie ein anständig versehenes
Täschchen hervor und ruhte nicht, bis ich ihren Anteil hinnahm.
So spiesen wir denn vertraulich und waren guter Dinge; nur
wollte das anziehende Wesen nicht von den Kartoffeln nehmen,
die ich zu den Karbonaden, die sie gewünscht, bestellt hatte.
Vielmehr sagte sie, es scheine, daß ich noch nie einen Schatz
besessen, .ansonst mir bekannt wäre, daß Arbeitsmädel, wenn
sie Feiertags zum Vergnügen gehen, keine Kartoffeln essen wollen.
Wie ich das wissen könne, fragte ich, und was denn das für
ein Geheimnis sei?

Weil sie die Woche hindurch sich fast nur von Kartoffeln
nähren und davon genug bekommen! erklärte sie. Ich drückte
mein Mitleid aus, ohne zu gestehen, daß ich schon schlechtere
Tage gesehen; denn das hätte mir ihre Achtung schwerlich erworben, wie ich wenigstens dachte.

Inzwischen war von der übrigen Gesellschaft bald das
eine, bald das andere Paar zu einem Tanze in den Saal gegangen und wieder erschienen, wodurch unser Tisch abwechselnd
leer oder wieder bevölkert wurde. Unerwartet kehrten jetzt zwei

Paare in höchster Aufregung zurück und setzten am Tische einen
Streit fort, der im Saale ausgebrochen sein mochte. Das
eine der Mädchen weinte, die andere schalt, und die dazu gehörigen jungen Männer hatten zu thun, den Sturm zu be-
sänftigen und allerlei Angriffe von sich selbst abzuhalten.

„Da ist die Geschichte wieder los!" sagte Hulda; sich
dicht an mich schmiegend erzählte sie mir mit gedämpfter Stimme,
das sei eine Liebschaft übers Kreuz. „Die eine hier hatte
nämlich früher den andern zum Schatz und die andere diesen
jetzigen; dann haben sie alle vier, hast du nicht gesehen, ge-
wechselt, und es hat diese jenen und jene diesen zum Liebsten.
Aber alle Fronfasten gibt's ein jammervolles Gewitter, daß
beinah' die Welt untergeht. Ein so überzwerches vierspän-
niges Zeug thut halt nicht gut, es dürfen nur zwei bei einer
Sach' sein!"

„Aber warum gehen sie denn zusammen, anstatt sich aus-
zuweichen?"

„Das weiß Gott warum! Immer laufen's an die gleichen
Orte hin und hocken bei einander, wie wenn sie behext wären?"

Ich war eben so verwundert über das Phänomen wie
über die Reden meiner blutjungen Freundin. Der Streit, der
sich um unverständliche, scheinbar nichtige Dinge drehte, wurde
zuletzt so erregt, daß das dritte Liebespaar, welches im Frieden
lebte, sich einmischte und mit Mühe einen Waffenstillstand zuweg
brachte. Die Krüge, aus denen je zwei der Leutchen tranken,
wurden neu gefüllt. Die streitbaren Mädchen schmollten jedoch
nicht nur unter sich, sondern auch mit ihren Geliebten. Die
Unparteiischen schritten abermals ein, und es wurde auf Huldas
Vorschlag beschlossen, die zwei Paare sollten zur gewaltsamen
Bezwingung aller Eifersucht und Unfriedfertigkeit einmal wieder
jedes mit dem früheren Gesponsen tanzen, und keines dürfe
dazu scheel sehen.

Das wurde denn auch ausgeführt; die ausgetauschten
Paare kamen nach einem langen Tanze zurück, jedes der Mädchen
am Arme seines alten Genossen; allein statt sich nun wieder
zu trennen, nahmen beide neu ausgewechselten Parteien ihre
Sachen zusammen und zogen ohne ein Wort zu sagen auf
verschiedenen Wegen von dannen. Ganz verblüfft blickten wir
Zurückbleibenden ihnen nach, bis sie verschwanden, und brachen
dann in ein helles Gelächter aus. Nur Hulda schüttelte den
Kopf und sagte: „das Lumpenvolk!" In der That hatten sie
in dem Tanze nicht die gehoffte sittliche Ausgleichung, sondern
lediglich einen neuen Anreiz ihrer Willkür gefunden und mochten
sich nun beeilen, nach so langer Trennung die Lustbarkeiten
einer Wiedervereinigung zu genießen.

Bevor ich mich von meinem Erstaunen über die freien
Sitten dieses einfachen Völkchens erholt hatte, fühlte ich die
weiche Hand des jungen Mädchens auf der Schulter, das
endlich auch einen Tanz zu thun begehrte. Obgleich ich nicht
daran gedacht, dergleichen Belustigung zu suchen oder zu finden,
mußte ich dennoch willfahren, da sie das als selbstverständlich
ansah, auch Hut und Shawl schon der Freundin anvertraute,
die mit ihrem Gesellen noch da war. Erst im Lichte des
Tanzsaales, in der freien Bewegung sah ich vollends, wie
hübsch sie war. Aber bald sah ich sie nicht mehr, sondern
fühlte nur noch ihre leichte Last, weich wie eine Flaumfeder,
wenn sie einem Geiste gleich dahin flog. Mußten wir aber
anhalten, so sah ich bloß die wohlwollend warmen Augen und
das zufriedene Lächeln ihres Mundes, während sie mir die ge-
lockerte Halsbinde ordnete oder mich aufmerksam machte, daß
am Hemde ein Knopf fehle.

Ein heißes Leben schien in dem zartgegliederten Geschöpfe
zu atmen und sich als hingebende Güte zu äußern für alles,
was ihm nahe trat. Eine mir rätselhafte Zärtlichkeit begann

das Wesen von den Augen bis in alle Fingerspitzen zu über-
wallen, ohne mit einer Spur von falscher Schmeichelei oder
gar Gemeinheit vermischt zu sein; vielmehr war ihr Regen
und Bewegen bei alledem so in anmutige Bescheidenheit gehüllt, daß in dem Gedränge der Tanzenden keine Seele etwas
davon wahrnahm. Und doch schien sie nicht der mindesten
Vorsicht oder Selbstbeherrschung zu bedürfen.

Als durch das Ungeschick einiger Leute der Tanz ins
Stocken geriet und Hulda hart an mich gedrückt wurde, ver-
spürte sie meine klopfenden Pulse, legte die Hand an meine
Brust, nickte mit großer Freundlichkeit und sagte: „Lassen's
schau'n, haben's wirklich ein Herz?"

„Ich glaube ja!" antwortete ich und sah das liebreizende,
ganz nahe Gesicht mit offenem Munde an. Sie nickte nochmals
und wir wollten in dem wieder gelösten Tanzwirbel dahinfahren;
als Huldas Freundin uns fand, anhielt und ihr Hut und
Tuch mit der Ankündigung übergab, sie wolle jetzt heim gehen,
da sie in der Frühe wieder zur Arbeit müsse.

„Auch ich muß um sieben Uhr dahinter sein!" rief Hulda
lachend; „denn ich habe wegen der Fahnenschneiderei meine
gewohnte Kundschaft vertröstet und soll's nun nachholen! Aber
ich mag doch nicht gleich jetzt nach Hause!"

„Nun, du kannst ja noch ein Weilchen bleiben," sagte die
andere, „unser guter Bekannter und Freund geleitet dich nachher
schon sicher heim, nicht wahr, Sie sind so gut, Herr Stangen-
macher?"

Ich versprach gern, den Dienst zu übernehmen, worauf
das letzte der Liebespaare sich verabschiedete, Hulda dagegen
mit mir an den verlassenen Tisch zurückkehrte. Wir saßen
nun allein unter den Silberpappeln; der Mond stand hoch
am Himmel, uns daher nur noch durch den grauen Schimmer
bemerkbar, der in den obersten Gewölben der Baumkronen

lagerte; unten war es ziemlich dunkel, denn auch der Fluß glänzte nicht mehr an jener Stelle und die Laterne war erloschen.

„Da wollen wir noch ein klein wenig ausruhen und dann auch gehen!" sagte sie und lehnte sich ohne Bedenken in meinen Arm, den ich um ihre Hüften legte! Ich zog indessen den Arm zurück, um ein Glas Punsch oder heißen Wein herbei zu schaffen. Allein sie verhinderte mich und stellte selbst die alte Lage wieder her.

„Nicht trinken!" sagte sie leis, „die Lieb' ist eine ernstliche Sach' und will nicht betrunken sein, auch wenn sie nur Scherz ist!"

„Was wissen Sie denn schon so viel von Liebe, schönstes Kind, das ja in der That fast noch ein Kind ist?"

„Ich? Gerade siebzehn Jahre bin ich! Seit fünf Jahren steh' ich ganz einzig in der Welt und habe mich jeden Tag, vom zwölften Jahr an, mit Arbeit ehrlich erhalten und viel erfahren. Darum lieb' ich die Arbeit, sie ist mir Vater und Mutter! Und nur Eines gibt's, das ich eben so lieb habe, nämlich die Liebe. Eher sterben, als nicht lieben!"

„Ei, du süßes Zuckerbrot!" sagte ich und suchte den rosigen Mund zu erkennen, welcher solche Worte hervorbrachte.

„Bin ich?" flüsterte Hulda; „glaubten Sie, ich sei von dem Holz, aus welchem man Essig macht? Schon zwei Liebhaber sind in diesem Herzen gewesen!"

„Himmel, schon zwei! Wo sind sie hin?"

„Nun, der erste war noch zu jung und hier in der Fremde; der mußte weiter wandern und hat mir dann geschrieben, daß er in der Heimat ein Liebchen habe, das er einst heiraten werde. Da gab's Thränen; aber das konnte mir nicht helfen. Dann kam der zweite, der wollte aber nicht arbeiten und ich mußt' ihn beinah' ganz erhalten; das ging nicht auf die

Dauer, auch schäm' ich mich für ihn und ließ ihn laufen!
Denn wer nicht arbeitet, soll nicht nur nicht essen, sondern
braucht auch nicht zu lieben!"

„Und läuft dieser hier in der Stadt herum?"

„Leider nicht, denn er ist eingesperrt, weil er etwas
Schlechtes verübt hat, als ich ihm nichts mehr gab. Darüber
hab ich mich so geschämt und gegrämt, daß ich ein halbes
Jahr lang niemand anzusehen wagte!"

„Aber jetzt kann's wieder angehen?"

„Gewiß! wer wollte sonst leben?"

Ich wurde immer verwirrter, das jugendliche Geschöpf
mit solchem Bewußtsein, solcher Bestimmtheit und Leichtfertig-
keit sprechen zu hören, eine so zarte, zerbrechliche Existenz sich
erklären zu hören, daß sie in Arbeit und Liebe aufgehe und
sonst nichts von der Welt begehre. Und doch war es wiederum
wie eine Erscheinung aus der alten Fabelwelt, die ihr eigenes
Sittengesetz einer fremden Blume gleich in der Hand trug.
Es wurde mir zu Mut, als ob eine wirkliche Huldin sich aus
der Luft verdichtet hätte und mit warmem Blute in meinen
Armen läge.

Unser Reden war bereits ein leises Kosen geworden; nach
einem Weilchen flüsterte sie mir zu: „Und wie steht es denn
mit Ihnen? Sind Sie frei?"

„Leider ganz und gar seit Jahren!"

„Nun denn, so lassen Sie uns ganz still und gemächlich
eine Bekanntschaft anfangen und ruhig sehen, wohin sie uns
führt!"

Diese prosaisch gemeinen Gewohnheitsworte sagte sie aber
mit der Stimme und dem Ausdruck eines Mägdleins, das sein
erstes Geständnis preisgibt, oder gewissermaßen mit dem Tone
eines jener unsterblichen Wesen, das die Gestalt einer armen
Dienstmagd angenommen hat, um in ewiger Jugend und

Neuheit einen Liebeshandel zu eröffnen. Freilich lag hierin
auch die Sicherheit, daß sie über meinen Verlust eben so un-
beschädigt zur Tagesordnung gehen würde, wie über jeden
andern. Das fühlte ich deutlich und suchte dennoch ihre kleine
Hand und ihren Mund, der mir mit ambrosischer Frische entgegen kam, so rein und duftig wie eine aufgehende Rose.

„Nun wollen wir gehen!" sagte sie; „wenn Sie so gut
sein wollen, mich bis zu meiner Wohnung zu begleiten, so
sehen Sie das Haus. Sonnabends kommen Sie so um die neun
Uhr vor dasselbe und wir reden alsdann ab, was wir Sonntags
beginnen wollen. Die Woche durch aber schaffen wir still und
zufrieden drauf los! O wie lieb ist die Arbeit, wenn man
dabei an was Liebes zu denken hat und sicher ist, am Sonntag mit ihm zusammen zu sein. Und wenn wir erst so weit
sind, daß wir im Stübchen bleiben und uns zusammen thun,
so mag es regnen und stürmen, wir sitzen ruhig und lachen
den Himmel aus!"

„Aber woher weißt du denn, du gutes liebes Kind, daß
alles so erwünscht ausfallen und gehen wird, was mich betrifft? Woher kennst du mich denn?"

„Da sei ohne Sorge, ich kenne dich schon so ein wenig,
und etwas wagen muß das Herz und früh auf sein, wenn es
leben will! Wenn du wüßtest, was ich schon gesehen und erfahren habe! Und wenn es dir an Arbeit fehlen sollte, so
kann ich sie dir verschaffen, ich komme weit herum und höre
und sehe mehr als mancher glaubt!"

Sie hatte sich an meinen Arm gehängt und ging fest und
munter neben mir her, ein kleines Liebeslied summend und
immer dasselbe wiederholend. Ich traute meinen Sinnen kaum,
mitten in der Not und Bedrängnis, in die ich geraten war,
auf der vermeintlich dunkelsten Tiefe des Daseins so urplötzlich
vor einem Quell klarster Lebenswonne, einem reichen Schatze

golbenen Reizes zu ftehen, der wie unter Schutt und dürrem
Moofe verborgen hervor blinkte und schimmerte!

Den Teufel auch! dachte ich, das Völklein hat ja wahre
Hörfelberge unter fich eingerichtet, wo der prächtigfte Ritter
keine Vorftellung davon hat; wie es scheint, muß man felbft
arm werden, um die Herrlichkeit zu finden!

„Was ftudieren Sie denn fo fleißig?" fagte Hulda, ihr
Liedchen unterbrechend.

„Nun, ich betrachte mir eben das schöne Glück, das ich
fo unverhofft gefunden habe! Darüber darf man doch ein
bißchen erftaunt fein?"

„Ei, was find das für aufgeputzte Worte! Wie aus
einem Lefebuch! Aber wenn ich es bedenke, fo hab' ich schon
ein paar Mal gemeint, du redeft und thäteft nicht wie ein
richtiger Arbeitsgefell. Du haft vielleicht schon beffere Zeit
gehabt und eigentlich nicht ein Handwerker werden follen?"

„Ja, es ift fo was! Aber nun bin ich zufrieden, befonders heut!"

„Komm, komm!" fagte fie, umhalfte mich und küßte mich
mit füßefter Innigkeit, daß ich wie im Raufche weiter mit ihr
ging; denn unfer Weg war lang.

Ich hatte aber meine vorhinigen Worte nicht gelogen,
fondern fetzte fie in Gedanken fort:

„Warum follft du nicht untertauchen in diefe glückfelige
Verborgenheit, allem ideal- und ruhmfüchtigen Treiben ent-
fagend? Warum follteft du nicht gleich morgen wieder folcher
Arbeit nachgehen, wie du feit Wochen verrichtet haft, ein
Arbeiter unter Arbeitern fein, deines befcheidenen Brotes jeden
Tag gewiß und jeden Abend deine ftille Ruhe findend an
diefem zarten Bufen, der einer fo langen Jugend entgegen-
blüht? Schlichte Arbeit, goldene Liebe bei zufriedenem Brot,
was willft du mehr! Und kann am Ende nicht noch etwas

Befferes dabei herauskommen, infofern es irgend zu wün-
fchen ift?"

Als wir endlich vor der Hausthüre der Hulba anlangten,
war ich überzeugt, ein echtes und glückhaftes Abenteuer erlebt zu
haben, und verfprach, am nächften Samftag Abend unfehlbar
da zu fein. Andere fpät Heimkehrende verhinderten eine letzte
Abfchiedszärtlichkeit, und fie fchlüpfte nach einigen höflichen
Dankesworten fur die Begleitung rafch neben jenen hinein.

Der Mond näherte fich feinem Untergange. Ein ftarker
Wind bewegte die Taufende von Fahnen in den ftill gewordenen Straßen, daß es überall, in der Tiefe und auf der
Höhe der Häufer und Thürme wallte und flatterte, wie von
Geifterhänden bewegt. Aber auch in meinem Innern, durch
alle Adern wogte und raufchte erft jetzt die erwachte Leiden-
fchaft, wild und fanft, füß und frech zugleich, die Hoffnung,
ja Gewißheit, in wenigen Tagen von einem Schatze geheimer
Glücksgüter Befitz zu nehmen, die ich mir vor Stunden noch
nicht hätte träumen laffen.

So kehrte ich in meine verödete Wohnung zurück, die ich
feit der letzten Morgenfrühe nicht mehr betreten hatte.

Sechstes Kapitel.

Heimatsträume.

———

Der Tod war in dem Hause eingekehrt, in welchem ich
wohnte; ich mußte ihm sozusagen auf der Treppe begegnet sein.
Am Nachmittage war die Wirtin in die Wochen gekommen, und
nun lag sie mit zerstörtem Leben in der matt erleuchteten Stube
neben einem toten Kinde. Ich mußte an der offenen Thüre
vorübergehen; eine Wehmutter und eine Nachbarin räumten
auf und beschwichtigten die weinenden Kinder, die aus ihrer
Schlafkammer hervorgebrochen waren. Auf einem Stuhle saß
der kurz vor mir heimgekehrte Mann, der seit dem Mittage den
Aufzügen und Lustbarkeiten nachgegangen und erst kurz vor
mir angekommen, da man ihn an den gewohnten Orten nirgends hatte finden können. Er übte seinen Beruf außer dem
Hause auf mir unbekannte Art, und was er verdiente brauchte
er zum größten Teil für sich allein. Die tote Frau war der
Eckstein und die Erhalterin der Familie gewesen.

Nun saß der Mann wortlos, ratlos und bleich mitten in
dem Jammer; denn die Röte der herumschweifenden Heiterkeit
war gründlich aus seinem Gesichte gewichen, und statt den Schlaf
suchen zu können, mußte er wach bleiben, ohne zu nützen oder

zu helfen. Er betrachtete mit scheuem Blicke das in ein Tüchlein gewickelte undeutliche Wesen, welches in einem Getümmel
von Schmerzen und Leiden vergangen war, noch eh' es den
Tag gesehen. Er schüttelte schaudernd den Kopf und schaute
auf die Mutter; die lag starr und teilnahmslos, wie es einer
erfahrenen Toten geziemt; weder Mann, noch Kinder, noch
Nachbaren rührten sie; selbst das Kleine an ihrer Seite ging
sie nichts an, trotzdem sie vor kurzem noch ihr Leben für dasselbe geopfert hatte.

Die Kinder, welche während der Todesnot eingesperrt und
vernachlässigt worden, hungerten und schrieen mitten in ihren
erbärmlichen Klagen um die Mutter nach Nahrung, bis der
Mann sich aufraffte und mit gelähmten Gliedern herumtastete,
wo die Frau die letzte Speise mochte besorgt oder gelassen
haben. Er sah sich unfreiwillig nach ihr um, als ob sie rufen
müßte: dort geh' hin, da steht die Milch, dort liegt das Brot,
in der Mühle steckt noch Kaffee! Sie sagte aber nichts.

Erschüttert trat ich dem Jammer näher und fragte, ob ich
irgend etwas thun könne. Eine der Frauen sagte, die Ärzte
hätten die sofortige Überführung nach dem Leichenhause anbe-
fohlen; es wäre gut, wenn die Leichen gleich in der Frühe
geholt würden, allein niemand sei da, wenn der Mann nicht
hingehe, die Bestellung zu machen. Ich anerbot mich, die
Sache zu verrichten, und zog zehn Minuten später die Glocke
an der Wachstube des Todes. Nachdem ich dem Wächter das
Nötige mitgeteilt, blickte ich durch eine Glasthüre in den Saal,
wo sie von allen Ständen und Lebensaltern ausgestreckt lagen,
wie Marktleute, die den Morgen erwarten, oder Auswanderer,
die am Hafenplatz auf ihren Siebensachen schlafen. Darunter
sah ich auch ein junges Mädchen auf Blumen ruhen. Die
kaum erblühte Brust warf zwei blasse Schatten auf das Toten-
hemd; da erinnerte ich mich dessen, was ich in dieser Nacht

schon erlebt und mir vorgenommen, und eilte voll Zweifel und Unruhe, Schrecken und Müdigkeit, den Schlaf zu finden.

Derselbe war aber stürmisch bewegt und unerquicklich. Bald von den traurigen Vorgängen im Hause geweckt, bald von halbwachen Traumbildern umfangen, in denen Lebendiges und Grabfertiges, buhlende Liebesworte und Totenklagen sich unablässig vermischten, atmete ich auf, als es Tag wurde, und ich wenigstens meine Gedanken sammeln konnte.

Sie gerieten jedoch sofort miteinander in Streit; denn als ich mich aufrichtete und die Hand an der Stirne mich besann, was eigentlich geschehen und was ich zunächst thun wollte, schwankte ich, ob ich vor den ernsten Todesschatten, die mich gewarnt, zurückweichen oder dem Liebesbild dennoch folgen solle, das mich in Gestalt der arbeitenden Armut lockte. Die Verlockung blieb siegreich; es schien mir gerade das beste zu sein, an dem weichen Busen eines jungen Lebens Trost und Vertrauen und mich selbst wieder zu finden, und je ernster das Gewissen warnte, in solcher Lage den Liebeshandel anzufangen und ein so bedenkliches Bündnis einzugehen, desto reichlicher flossen die Gründe des Worthaltens, der Ehre und Tapferkeit für die Ausführung des Vorsatzes.

Ich beschloß sogar, das reizvolle Geschöpf schon am nächsten Abend aufzusuchen, statt erst zu Ende der Woche, vorher aber den alten Trödler zu beraten, ob er mir ferner dergleichen anspruchlose Beschäftigung zuzuwenden wisse, wie neulich.

So schritt ich mit lebensdurstigen Augen und Lippen aus der Trauerwohnung hinweg, aus welcher schon vor Stunden die Leiche der Mutter und ihres letzten Kindes fortgebracht worden. Ich achtete nicht der verlassenen Kleinen, die bei offener Thüre still an einem Häuflein saßen. Wie ich dann aus dem Hause trat und die Straße hinunter eilte, stieß ich

auf einen jungen Mann, der ein hübsches Frauenzimmer am
Arme führte. Beide waren wohl gekleidet in sauberer Reise-
tracht, augenscheinlich bemüht eine Hausnummer zu finden, die
sie auf einem Zettelchen vor sich hatten. Der Mann kam mir
bekannt vor, ohne daß ich in meiner Zerstreutheit etwas dabei
dachte; indem ich aber ausweichen wollte, sah er mich genauer
an und sagte in den Lauten des Heimatdialektes: „Da ist er
ja! Sind Sie nicht der Herr Heinrich Lee, den wir eben
suchen?"

Erfreut und erschrocken zugleich erkannte ich einen benach-
barten Handwerksmann unserer Stadt, der vor Jahren ungefähr um die gleiche Zeit mit mir in die Fremde gewandert,
längst zurückgekehrt und Meister geworden, sein väterliches Geschäft übernommen und ausgedehnt hatte und jetzt auf der
Hochzeitsreise begriffen war. Die machte er aber nicht ohne
klügliche Nebenzwecke, da die wohlhabende Bürgerstochter, die
er als Gattin am Arme führte, ihm die Mittel für alle er-
sprießlichen Unternehmungen zugebracht.

Er richtete mir nun die Grüße meiner Mutter aus, die
er zu diesem Zwecke vor der Abreise besucht hatte. Sie war
mit einiger Beschämung gezwungen gewesen, dem Nachbaren
zu gestehen, daß sie nicht einmal bestimmt wisse, wo ich sei
oder ob ich noch am alten Orte wohne; doch wünschte sie um
so sehnlicher Nachricht zu erhalten. Ich aber war eben so verlegen, viel nach ihr zu fragen, weil ich dadurch verriet, daß
ich nichts von ihr wisse; doch widerstand ich dem Bedürfnisse
nicht lang und fragte fleißig, was mich zu erfahren verlangte.

„Nun, wir sprechen noch von allem," sagte der Landsmann, indem er mich aufmerksamer betrachtete. „Ihr habt
Euch aber doch ziemlich verändert, nicht wahr, Frau? Du
hast doch den Herrn Heinrich früher auch gekannt?"

„Ich glaube mich zu erinnern, obgleich ich damals noch

ein Schulkind war!" erwiderte sie, während mir ihre ausge-
wachsene Fraulichkeit als vollkommen fremd erschien. Indessen
fühlte ich, wie ihr Auge die geringe Pracht meines Anzuges
überlief, der allerdings weder neu noch wohlgehalten war; zum
erstenmal fühlte ich die Demütigung, schlecht gekleidet dazustehen, und noch verlegener ward ich, als der Landsmann
fragte, ob wir nicht in meine Wohnung hinaufsteigen wollten?
Glücklicherweise diente mir der Todesfall zum Vorwand, daß
es jetzt dort nicht wirklich aussehe und ich selbst deswegen aus-
gegangen sei.

„So dürfen wir Sie einladen, den Tag mit uns zuzu-
bringen? Wir sind schon gestern angekommen; da hab' ich aber
Geschäfte besorgt. Morgen früh reisen wir weiter, so werden
Sie mit uns nicht eben viel Zeit verlieren; denn wir möchten
Sie in Ihren Arbeiten keineswegs aufhalten!"

Der gute Landsmann ahnte nicht, wie schmerzlich mich
diese Rede traf; ich versicherte ihn jedoch, es habe keine Gefahr und ich sei nicht so übermäßig fleißig. Nachdem ich
sodann das Reisepaar während einiger Stunden herumgeführt,
ging ich mit den Leutchen in das bürgerlich bescheidene Gasthaus, in welchem sie Quartier genommen, und teilte mit ihnen
das Mittagsmahl. Die langentbehrte Gewohnheit, in der
Mundart des Heimatlandes und von altvertrauten Dingen zu
reden, ließ mich die Gegenwart um so leichter vergessen, als
eine Flasche guten Rheinweines ihren Duft verbreitete. Das
ruhig freundliche Benehmen des Paares, das durch keinerlei
lästige Zärtlichkeiten seinen neuen Ehestand verriet, vermehrte
das Behagen, welches mich wie ein flüchtiger Sonnenblick überkam aus schwül bewegtem Wolkenhimmel.

Als nun der Landsmann eine zweite Flasche bestellte und
die übrigen Gäste die Wirtstafel verlassen hatten, zog sich die
junge Frau in ihr Zimmer zurück, um sich ein wenig auszu-

7*

ruhen, wie sie sagte. Wir andern wurden um so gesprächiger, bis der gute Nachbar sich selbst unterbrach und, nach wohlgemeinten Worten suchend, begann:

"Ich will es Ihnen nicht verhehlen, Herr Lee, daß Ihre Mutter sehr Ihrer Rückkunft bedarf, und ich würde Ihnen raten, sobald als möglich heim zu kommen; denn während die brave Frau den tiefsten Kummer und die Sehnsucht nach Ihnen zu verbergen sucht, sehen wir wohl, wie sie sich darin aufzehrt und Tag und Nacht nichts Anderes denkt. Ich weiß nicht, ob ich mich irre, aber es will mir fast scheinen, es stehe nicht zum besten mit Ihnen, und erachte ich, daß Sie in dem Stadium sind, wo die Herren Künstler allerlei durchmachen müssen, um endlich mit stattlichem Ansehen aus dem Kampfe hervorzugehen. Allein es hat alles sein Maß! Sie sollten eine Unterbrechung machen und einmal die Heimat wieder sehen, auch wenn Sie nicht als ein Sieger kommen. Die Dinge lassen sich da öfter von einer neuen Seite betrachten und anpacken."

Er ergriff sein Glas und stieß mit mir auf das Wohl von Heimat und Mutter an, besann sich ein weniges und fuhr fort:

"Vorlaute und unverständige Weibsen und auch eben solche Männer in unserer Stadt, wo es ruchbar geworden, daß Ihre Mutter gewisse Summen an Sie gewendet, und ihr eigenes Auskommen bedeutend dadurch geschmälert hat, ließen es sich einfallen, dieselbe hinter ihrem Rücken hart zu tadeln und auch ungefragt ihr ins Gesicht zu sagen, daß sie unrecht gethan und sowohl ihrem Sohne schlecht gedient, als sich selbst überhoben habe. Jeder, der die Frau kennt, weiß, daß alles eher als dieses der Fall ist; aber das unverständige Geschwätz hat sie vollends eingeschüchtert, daß sie fast mit niemand zusammenkommt und so in Einsamkeit und Selbstverleugnung dahinlebt.

„Sie sitzt den ganzen Tag am Fenster und spinnt; sie spinnt Jahr aus und ein, als ob sie sieben Töchter auszusteuern hätte, damit doch mittlerweile etwas angesammelt würde, wie sie sagt, und wenigstens der Sohn für sein Leben lang und für sein ganzes Haus genug Leinwand finde. Wie es scheint, glaubt sie durch diesen Vorrat weißen Tuches, das sie jedes Jahr weben läßt, Ihr Glück herbei zu locken, gleichsam wie in ein aufgespanntes Netz, damit es durch einen tüchtigen Hausstand ausgefüllt werde, wie die Gelehrten und Schriftsteller etwan durch ein Buch weißes Papier gereizt werden sollen, ein gutes Werk darauf zu schreiben, oder die Maler durch eine ausgespannte Leinwand, ein Bild darauf zn malen.“

Bei diesem letzteren Vergleich des wackern Redners konnte ich mich eines bittern Lächelns nicht enthalten. Das schien ihm wohl die Richtigkeit seiner Vermutungen zu bestätigen, und er fuhr fort:

„Zuweilen stützt sie ausruhend den Kopf auf die Hand und blickt unverwandt in das Feld hinaus, über die Dächer weg, oder in die Wolken; wenn es aber dämmert, so läßt sie das Rad stillstehen und bleibt so im Dunkeln sitzen, ohne Licht anzuzünden, und wenn der Mond oder ein fremder Lichtstrahl auf ihr Fenster fällt, so kann man alsdann unfehlbar ihre Gestalt in demselben sehen, wie sie immer gleicher Weise ins Weite schaut.

„Wahrhaft melancholisch aber ist es anzusehen, wenn sie die Betten sonnt; anstatt sie mit Hilfe anderer auf unseren Platz hin zu tragen, wo der große Brunnen steht, schleppt sie dieselben auf das hohe schwarze Dach Eures Hauses, breitet sie dort an der Sonnenseite aus, geht emsig auf dem abschüssigen Dache umher, ohne Schuhe zwar, aber bis an den Rand hin, klopft die Kissen und Pfühle aus, kehrt sie, schüttelt sie und hantiert so seelenallein in der Höhe unter dem offenen

Himmel, daß es höchst verwegen und sonderbar anzusehen ist, zumal wenn sie innehaltend die Hand über die Augen hält und droben in der Sonne stehend nach der Ferne hinausblickt. Ich konnt' es einst nicht länger ansehen von meinem Hofe aus, wo ich bei den Gesellen stand; ich ging hinüber, stieg bis unter das Dach hinauf und hielt unter der Lucke eine Anrede an sie, indem ich ihr die Gefahr ihres Thuns vorstellte. Sie lächelte aber nur und bedankte sich für die gute Meinung. Es ist daher meine Ansicht, daß Sie nach Haus reisen sollten je eher, je lieber! Kommen Sie gleich mit uns!"

Ich schüttelte aber den Kopf; denn ich konnte mich nicht entschließen, meinen Schiffbruch kund zu thun und so aus der Schule zu laufen. Ich gedachte das Uebel allein zu verwinden und mit geklärtem Schicksal, so oder anders, zur geeigneten Zeit zurückzukehren. Mit unbestimmten Reden, in denen ich weder ein zu großes Selbstvertrauen heuchelte, noch meine wirkliche Lage eingestand, behalf ich mir den übrigen Teil des Tages, bis ich am späten Abend von den Landsleuten Abschied nahm, die am frühen Morgen wegreisen wollten.

Dennoch hatte das Bild der in die Ferne schauenden Mutter ein starkes Gefühl von Heimweh wachgerufen, das mich bisher nur im Schlafe besuchte. Seit ich nämlich die Phantasie und ihr angewöhntes Gestaltungsvermögen nicht mehr am Tage beschäftigte, regten sich ihre Werkleute während des Schlafes mit selbständigem Gebaren und schufen mit anscheinender Vernunft und Folgerichtigkeit ein Traumgetümmel in den glühendsten Farben und buntesten Formen. Ganz wie es wiederum jener irrsinnige Meister und erfahrene Lehrer mir vorausgesagt, sah ich nun im Traume bald die Vaterstadt, bald das Dorf auf wunderbare Weise verklärt und verändert, ohne je hineingelangen zu können, oder wenn ich endlich dort war, mit einem plötzlichen freudelosen Erwachen. Ich durch-

.reiste die schönsten Gegenden des Vaterlandes, die ich in Wirk-
lichkeit nie gesehen, schaute Gebirge, Thäler und Ströme mit
unerhörten und doch wohlbekannten Namen, die wie Musik
klangen und doch etwas Lächerliches an sich hatten.

Ueber den Mittheilungen des Landsmannes waren mir
das Mädchen Hulda von gestern Abend und die heutigen
Morgenpläne aus dem Gedächtnisse geschwunden; ermüdet eilte
ich den Schlaf zu suchen und verfiel auch gleich wieder dem
geschäftigen Traumleben. Ich näherte mich der Stadt, worin
das Vaterhaus lag, auf merkwürdigen Wegen, am Rande
breiter Ströme, auf denen jede Welle einen schwimmenden
Rosenstock trug, so daß das Wasser kaum durch den ziehenden
Rosenwald funkelte. Am Ufer pflügte ein Landmann mit
milchweißen Ochsen und goldenem Pfluge, unter deren Tritten
große Kornblumen sproßten. Die Furche füllte sich mit goldenen
Körnern, welche der Bauer, indem er mit der einen Hand den
Pflug lenkte, mit der anderen aufschöpfte und weithin in die
Luft warf, worauf sie als ein goldener Regen auf mich nieder-
fielen. Ich fing ihrer mit dem Hute auf so viel ich konnte
und sah mit Vergnügen, daß sie sich in lauter goldene Schau-
münzen verwandelten, auf welchen ein alter Schweizer mit
langem Barte und zweihändigem Schwerte geprägt war. Ich
zählte sie eifrig und konnte sie doch nicht auszählen, füllte
aber alle Taschen damit; die ich nicht mehr hineinbrachte, warf
ich wieder in die Luft. Da verwandelte sich der Goldregen
in einen prächtigen Goldfuchs, der wiehernd an der Erde
scharrte, aus welcher dann der schönste Hafer hervorquoll, den
das Pferd mutwillig verschmähte. Jedes Haferkorn war ein süßer
Mandelkern, eine Rosine und ein neuer Pfennig, die zusammen
in rote Seide gewickelt und mit einem Endchen Schweinborste
eingebunden waren, welches das Pferd angenehm kitzelte, als
es sich darin wälzte, so daß es rief: der Hafer sticht mich!

Ich jagte aber den Goldfuchs auf, bestieg ihn, da er schön gesattelt war, ritt beschaulich am Ufer hin und sah, wie der Bauersmann in die schwimmenden Rosen hinein pflügte und mit seinem Gespann darin versank. Die Rosen nahmen ein Ende, zogen sich zu dichten Scharen zusammen und schwammen in die Ferne, am Horizonte eine Röte ausbreitend; der Fluß aber erschien jetzt als ein unermeßliches Band fließenden blauen Stahles. Der Pflug des Landmannes hatte sich inzwischen in ein Schiff verwandelt; darin fuhr derselbe, steuerte mit der goldenen Pflugschar, und sang: „Das Alpenglühen rückt aus und geht um das Vaterland herum!" Hierauf bohrte er ein Loch in den Schiffsboden; darein steckte er das Mundstück einer Posaune, sog kräftig daran, worauf es mächtig erklang gleich einem Harsthorn und einen glänzenden Wasserstrahl aus- stieß, der den herrlichsten Springbrunnen in dem fahrenden Schifflein bildete. Der Bauer nahm den Strahl, setzte sich auf den Rand des Schiffes und schmiedete auf seinen Knieen und mit der rechten Faust ein mächtiges Schwert daraus, daß die Funken stoben. Als das Schwert fertig war, prüfte er dessen Schärfe an einem ausgerissenen Barthaare und überreichte es höflich sich selbst, indem er sich plötzlich in den Wilhelm Tell verwandelte, welchen jener beleibte Wirt im Tellenspiel vorge- stellt hatte, zur Zeit meiner frühern Jugend. Dieser nahm das Schwert, schwang es und sang mächtig:

Heio, Heio! bin auch noch do
Und immer meines Schießens froh!
Heio, Heio! die Zeit ist weit,
Der Pfeil des Tellen fliegt noch heut!

Wo guckt ihr hin? Seht ihr ihn nicht?
Dort oben tanzt er hoch im Licht!
Man weiß nicht, wo er stecken bleibt,
Heio, s'ist immer, wie man's treibt!

Dann hieb der dicke Tell mit dem Schwerte von der Schiffswand, die nun eine Speckseite war, einen tüchtigen Span herunter und trat mit demselben feierlich in die Kajüte, einen Imbiß zu halten.

Indessen ritt ich auf dem Goldfuchs weiter und befand mich unversehens mitten in dem Dorfe, darin der Oheim gewohnt. Ich erkannte es kaum wieder, da fast alle Häuser neu gebaut waren. Die Bewohner saßen alle hinter den hellen Fenstern um die Tische herum und aßen und niemand blickte auf die menschenleere Straße. Dessen war ich aber höchlich froh; denn erst jetzt entdeckte ich, daß ich auf meinem glänzenden Pferde in alten anbrüchigen Kleidern saß. Ich bestrebte mich daher, ferner ungesehen hinter das Haus des Oheims zu gelangen, das ich fast nicht finden konnte. Zuletzt erkannte ich es, wie es über und über mit Epheu bewachsen und außerdem von den alten Nußbäumen überhangen, so daß weder Stein noch Ziegel zu sehen war und nur hie und da ein handgroßes Stückchen Fensterscheibe durch das Grüne blinkte. Ich sah, daß sich etwas dahinter bewegte, konnte aber nichts Deutliches wahrnehmen. Der Garten war von einer Wildnis wuchernder Feldblumen bedeckt, aus denen die aufgeschossenen Gartengewächse baumhoch emporragten, Rosmarin und Fenchelstauden, Sonnenblumen, Kürbisse und Johannisbeeren. Schwärme wildgewordener Bienen braußten auf der Blumenwildnis umher; im Bienenhause aber lag der alte Liebesbrief, den der Wind einst dahin getragen, verwittert und offen, ohne daß ihn die Jahre her jemand gefunden. Ich nahm ihn und wollte ihn einstecken, da wurde er mir aus der Hand gerissen, und als ich mich umsah, huschte Judith damit lachend hinter das Bienenhaus und küßte mich dabei durch die Luft, daß ich es auf meinem Munde fühlte. Der Kuß war aber eigentlich ein Stück Apfelkuchen, welches ich begierig aß. Da es jedoch den

Hunger, den ich im Schlafe empfand, nicht stillte, überlegte
ich, daß ich wahrscheinlich träume, und daß der Kuchen wohl
von den Aepfeln herrühre, die ich einst küssend mit der Judith
zusammen gegessen. Ich fand es also um ·so geratener, in
das Haus zu gehen, wo gewiß eine Mahlzeit bereit sein würde.
Ich packte einen schweren Mantelsack aus, der sich plötzlich auf
dem Pferde zeigte, als ich es an den zerfallenen Gartenzaun
band. Aus dem Mantelsack rollten die schönsten Kleider hervor
und ein feines neues Hembe, dessen Brust mit einer Stickerei
von Weinträubchen und Maiglöckchen verziert war. Wie ich
aber dies Staatshemd auseinander faltete, wurden zweie daraus,
aus den zweien vier, aus den vieren acht, kurz eine Menge
der schönsten Leibwäsche breitete sich aus, welche wieder in den
Mantelsack zu schieben ich mich vergeblich abmühte. Immer
wurden es mehr Hemden und Kleidungsstücke und bedeckten
den Boden umher; ich empfand die größte Angst, von meinen
Verwandten bei dem sonderbaren Geschäft überrascht zu werden.
In der Verzweiflung ergriff ich endlich eines von den Hemden,
um es anzuziehen, und stellte mich schamhaft hinter einen Nuß-
baum; allein man konnte aus dem Hause an diese Stelle
sehen und ich schlüpfte beschämt hinter einen andern, und so
immer fort von einem Baume zum andern, bis ich dicht an
das Haus und in den Epheu hinein gedrückt in Verwirrung
und Eile den Anzug wechselte, die schönen Kleider anzog und
doch fast nicht fertig werden konnte, und als ich es endlich
war, befand ich mich wieder in größter Not, wo ich das
traurige Bündel der alten Kleider bergen solle. Wohin ich es
auch trug, immer fiel ein zerlumptes Stück auf die Erde;
zuletzt gelang es mit saurer Mühe, das Zeug in den Bach
zu werfen, wo es aber durchaus nicht weiter schwimmen wollte,
sondern sich auf der gleichen Stelle gemächlich herumdrehte.
Ich erwischte eine vermorschte Bohnenstange und quälte mich,

die dämonischen Fetzen in die Strömung zu stoßen; aber die Stange brach und brach immer wieder bis auf das letzte Stümpfchen.

Da berührte ein Hauch meine Wangen, und Anna stand vor mir und führte mich in das Haus. Ich stieg Hand in Hand mit ihr die Treppe hinauf und trat in die Stube, wo der Oheim, die Tante, die Basen und Vettern sämtlich versammelt waren. Aufatmend sah ich mich um; die alte Stube war sonntäglich geputzt und so sonnenhell, daß ich nicht begriff, wo all das Licht durch den dichten Epheu hindurch herkomme. Oheim und Tante waren in ihren besten Jahren, die Bäschen und Vettern blühender als je, der Schulmeister ebenfalls ein schöner Mann und aufgeräumt wie ein Jüngling, und Anna sah ich als Mädchen von vierzehn Jahren im rotgeblümten Kleide mit der lieblichen Halskrause.

Was aber sehr sonderbar war, alle, Anna nicht ausgenommen, trugen lange irdene Pfeifen in den Händen und rauchten einen wohlriechenden Tabak, und ich desgleichen. Dabei standen sie, die Verstorbenen und die Lebendigen, keinen Augenblick still, sondern gingen mit freundlich frohen Mienen unablässig die Stube auf und nieder, hin und her, und dazwischen niedrig am Boden hin die Jagdhunde, das Reh, der zahme Marder, Falken und Tauben in friedlicher Eintracht, nur daß die Tiere den entgegengesetzten Strich der Menschen verfolgten und so ein wunderbares Gewebe durcheinander lief.

Der schwere Nußbaumtisch auf seinen gewundenen Füßen war mit einem weißen Damasttuche gedeckt und mit einem aufgerüsteten duftenden Hochzeitessen besetzt. Mir wässerte der Mund und ich sagte zum alten Oheim: „Ei, Ihr scheint Euch da recht wohl sein zu lassen!" „Versteht sich!" erwiderte er und alle wiederholten „Versteht sich!" mit angenehm klingenden Stimmen. Plötzlich befahl der Oheim, daß man zu Tische

sitze; alle stellten die Pfeifen pyramidenweise zusammen auf den
Boden, je drei und drei, wie Soldaten ihre Gewehre. Darauf
schienen sie schon wieder zu vergessen, daß sie essen gewollt;
denn sie gingen zu meinem Verdrusse nach wie vor umher und
fingen allmählich an zu singen:

> Wir träumen, wir träumen,
> Wir träumen und wir säumen,
> Wir eilen und wir weilen,
> Wir weilen und wir eilen,
> Sind da und sind doch dort,
> Wir gehen bleibend fort,
> Wem konveniert es nicht?
> Wie schön ist dies Gedicht!
> Halloh, halloh!
> Es lebe was auf Erden stolziert in grüner Tracht,
> Die Wälder und die Felder, die Jäger und die Jagd!

Weiber und Männer sangen mit rührender Harmonie
und Lust, und das Halloh stimmte der Oheim mit gewaltiger
Stimme an, daß die ganze Schar mir verstärktem Gesange
darein tönte und rauschte und zugleich blaß und blässer werdend
sich in einen wirren Nebel auflöste, während ich bitterlich weinte
und schluchzte. Ich erwachte in Thränen gebadet und auch das
Kopfkissen war davon benetzt. Als ich mich mit Mühe ge-
sammelt, war das erste, dessen ich mich erinnerte, der wohlge-
deckte Tisch; denn ich hatte nach den Eröffnungen des Landsmannes am Abend nichts mehr essen können und war erst im
Schlafe wieder hungrig geworden. Wie ich nun die Gier bedachte, mit welcher ich trotz des Schmuckes der unbeherrschten
Phantasie gezwungen war, schließlich immer nur von Geld und
Gut, Kleidern und Essen zu träumen, brach ich über diese Er-
niedrigung neuerdings in Thränen aus, bis ich abermals
einschlief.

Siebentes Kapitel.

Weiterträumen.

In einem großen Walde fand ich mich wieder und ging
auf einem wunderlichen schmalen Bretterstege, welcher sich hoch
durch die Aeste und Baumkronen wand, eine Art endlosen
hängenden Brückenbaues, indessen der bequeme Boden unten
nach richtiger Traumesart unbenutzt blieb. Aber es war schön
hinabzuschauen auf den Waldgrund, da er ganz aus grünem
Moose bestand, das in tiefer Dunkelheit lag. Auf dem Moose
wuchsen viele einzelne sternförmige Blumen auf schwankem
Stengel, und sie wendeten sich immer nach dem oben gehenden
Beschauer; bei jeder Blume stand ein kleines Erdmännchen
oder Moosweiblein, das mittelst eines in goldenem Laternchen
strahlenden Karfunkels die Blume beleuchtete, daß sie aus der
Tiefe herauf schimmerte wie ein blauer oder roter Stern, und
indem sich diese Blumengestirne, welche oft in schönen Bildern
zusammen standen, langsamer oder schneller drehten, gingen
die winzigen Leutchen mit ihren Laternchen um sie herum und
lenkten sorgfältig den Lichtstrahl auf die Kelche. So sah sich
das kreisende Leuchten in der Tiefe von dem hohen Balken-
oder Bretterwege wie ein unterirdischer Sternhimmel an, nur
daß er grün war und die Sterne in allen Farben strahlten.

Entzückt ging ich auf der Hängebrücke weiter und schlug
mich tapfer durch die Buchen- und Eichenkronen, da ich begriff,
ein so zierlicher Grund und Boden sei nicht dazu da, darauf
mit Füßen zu wandeln. Manchmal kam ich in eine Föhren-
gruppe hinein, welche etwas lichter war; das rote, von der
Sonne durchglühte starkduftende Holzwerk der Fichtenkronen
bot einen fabelhaften Anblick und Aufenthalt, weil es wie
künstlich bearbeitet, gezimmert und mit seltsamem Bildwerk verziert schien und doch ein natürliches Aestewesen war. Manchmal
führte der Steg auch ganz über die Bäume hinweg unter den
offenen Himmel und Sonnenschein, und ich stellte mich auf das
schwanke Geländer, um zu sehen, wo es eigentlich hinaus-
ginge; allein nichts war zu erblicken als ein endloses Meer
von grünen Baumwipfeln, soweit das Auge reichte, auf dem
ein heißer Sommertag flimmerte und Tausende von wilden
Tauben, Hähern, Mandelkrähen, Spechten und Weihen herum-
schwärmten, und das Wunderbare war nur, daß man auch die
allerfernsten Vögel deutlich erkannte und ihre Gestalt und
Farben unterscheiden konnte. Nachdem ich mich sattsam umgeschaut, blickte ich wieder in die dunkle Tiefe, wo ich jetzt eine
Felsschlucht entdeckte, die für sich allein von der Sonne erhellt
war. Auf dem tiefsten Grunde lag eine kleine Wiese an einem
klaren Bache; mitten auf derselben saß auf ihrem kleinen Stroh-
sessel meine Mutter in einem braunen Einsiedlerkleide und mit
eisgrauen Haaren. Sie war alt und gebeugt, und ich konnte
ungeachtet der fernen Tiefe jeden ihrer Züge genau erkennen.
Mit einer grünen Rute hütete sie eine kleine Heerde Silber-
fasanen, und wenn einer weglaufen wollte, schlug sie leise auf
seine Flügel, worauf einige glänzende Federn emporschwebten
und in der Sonne spielten. Am Bächlein aber stand ihr
Spinnrad, das rings mit Schaufeln versehen und eigentlich
ein kleines Mühlrad war und sich blitzschnell drehte. Sie spann

nur mit der einen Hand den glänzenden Faden, der sich nicht
auf die Spule wickelte, sondern kreuz und quer an dem Ab-
hange herumzog und sich da sofort zu großen Flächen blen-
dender Leinwand gestaltete. Diese stieg höher und höher
heran; plötzlich fühlte ich ein schweres Gewicht auf der Schulter
und merkte, daß ich den vergessenen Mantelsack trug, der von
den feinen Hemden ganz geschwollen war. Jetzt sah ich freilich, woher dieselben kamen. Während ich mich mühselig
damit schleppte, entdeckte ich, daß die Fasanen alles schöne
Bettstücke waren, welche die Mutter eifrig sonnte und aus-
klopfte. Dann raffte sie dieselben zusammen und trug sie ge-
schäftig herum und eines ums andere in den Berg hinein.
Wenn sie wieder herauskam, so schaute sie mit der Hand über
den Augen sich um und sang leise, was ich aber deutlich vernahm:

> Mein Sohn, mein Sohn,
> O schöner Ton!
> Wann kommt er bald,
> Geht durch den Wald?

Da ersah sie mich in der Höhe wie in der Luft schwebend
und sehnlich zu ihr hinabblickend. Sie stieß einen lauten
Freudenruf aus und huschte wie ein Geist davon über Fels
und Stein ohne zu gehen, daß sie mir immer ferner zu ent-
schwinden drohte, während ich vergeblich rufend nacheilte und
der Steg sich bog und krachte, die Baumkronen schwankten und
rauschten.

Da war der Wald aus und ich sah mich auf dem Berge
stehen, welcher der Heimatstadt gegenüber liegt; aber welchen
Anblick bot diese! Der Fluß war zehmal breiter als sonst und
glänzte wie ein Spiegel; die Häuser waren alle so groß, wie
sonst die Münsterkirche, von der fabelhaftesten Bauart, und
glänzten im Sonnenschein, die Fenster mit einer Fülle von

Blumen geziert, die schwer über die mit Bildwerken bedeckten
Mauern herabhingen. Die Linden stiegen unabsehbar in den
dunkelblauen durchsichtigen Himmel hinein, der ein einziger
Edelstein schien, und die riesigen Lindenwipfel wehten dran
hin und her, als ob sie ihn noch blanker fegen wollten, und
zuletzt wuchsen sie in die durchsichtige blaue Kryftallmasse hinein.

Zwischen den grünen Laubgebirgen der Linden stiegen die
Münsterthürme empor, während das ungeheure Steinschiff unter
Hügeln von Millionen herzförmiger Lindenblätter lag und nur
da oder dort eine purpurrote oder blaue Glasscheibe hervor-
funkelte, von einem verlorenen Sonnenstrahl durchschossen. Die
goldenen Kronen aber, welche die Thurmknöpfe bildeten, schim-
merten in der Himmelshöhe und waren voll junger Mädchen;
die streckten ihre Lockenköpfe rings durch den gotischen Zierrat
in die Welt hinaus. Obgleich ich jedes Lindenblatt scharf umrissen erkannte, vermochte ich doch nicht zu sehen, wer alle
diese Mädchen waren, und ich beeilte mich, hinüberzukommen,
da es mich sehr wunder nahm, wer alle diese Mitbürgerinnen
sein möchten.

Zur rechten Zeit sah ich den Goldfuchs neben mir stehen,
legte ihm den Mantelsack auf und begann den jähen Staffel-
weg hinunter zu reiten, der zur Brücke führte. Jede Staffel
war aber ein geschliffener Bergkryftall und darin eingeschlossen
lag ein spannelanges Weibchen gleichsam schlafend, von unbe-
schreiblichem Ebenmaß und Schönheit der Gliederchen. Während
der Goldfuchs den halsbrechenden Weg hinunterstieg und jeden
Augenblick seinen Reiter in die Tiefe zu stürzen drohte, bog
ich mich links und rechts vom Sattel und suchte mit sehnsuchts-
vollen Blicken in den Kern der Kryftallstufen zu bringen.

„Tausend noch einmal!“ rief ich lüftern vor mich hin,
„was mögen das nur für allerliebste Wesen sein in dieser ver-
wünschten Treppe?“

Ohne daß ich mich im geringsten wunderte, fing das Pferd plötzlich an zu sprechen, indem es den Kopf zurückwandte und antwortete: „Was wird's sein? Das sind nur die guten Dinge und Ideen, welche der Boden der Heimat in sich schließt, und die derjenige herausklopft, der im Lande bleibt und sich redlich nährt!"

„Zum Teufel!" rief ich, „ich werde gleich morgen hier herausgehen und mir einige Stufen aufschlagen!"

Und ich konnte meine Blicke nicht wegwenden von der langen Treppe, die sich schon glänzend hinter mir den Berg hinan schmiegte. Das Pferd aber sagte, das sei nur eine leichte Anschürfung, der ganze Boden stecke voll von solchen Sachen. Wir langten jetzt unten bei der Brücke an. Das war aber nicht mehr die alte Holzbrücke, sondern ein Marmorpalast, der in zwei Stockwerken eine endlose Säulenhalle bildete und so als eine niegesehene Prachtbrücke über den Fluß führte. „Was sich doch alles verändert und vorwärts schreitet, wenn man nur einige Jahre weg ist!" dachte ich, als ich gemächlich und neugierig in die weite Brückenhalle ritt. Während das Gebäude von außen nur in weißem, rötlichem und schwarzem Marmor glänzte, waren die Wände des Innern mit zahllosen Malereien bedeckt, welche die ganze Geschichte und alle Thätigkeiten des Landes darstellten. Das ganze abgeschiedene Volk war sozusagen bis auf den letzten Mann, der soeben gegangen, an die Wand gemalt und schien mit dem lebendigen, das auf der Brücke verkehrte, Eines zu sein; ja manche der gemalten Figuren traten aus den Bildern heraus und wirkten unter den Lebendigen mit, während von diesen manche unter die Gemalten gingen und an die Wand versetzt wurden. Beide Parteien bestanden aus Helden und Weibern, Pfaffen und Laien, Herren und Bauern, Ehrenleuten und Lumpenhunden; der Eingang und Ausgang der Brücke aber war offen und unbewacht, und

indem der Zug über dieselbe beständig im Gange blieb und
der Austausch zwischen dem gemalten und wirklichen Leben un-
ausgesetzt stattfand, schien auf dieser wunderbar belebten Brücke
Vergangenheit und Zukunft nur Ein Ding zu sein.

„Nun möcht' ich wohl wissen, was das für eine muntere
Sache ist!" summte ich in mich hinein, und das Pferd antwortete auf der Stelle:

„Dies nennt man die Identität der Nation!"

„Ei du bist ein sehr gelehrter Gaul!" rief ich, „der
Hafer muß dich wirklich stechen! Woher nimmst du derartige
Brocken?"

„Erinnere dich," sagte der Goldfuchs, „auf wem du
reitest! Bin ich nicht aus Gold entstanden? Gold aber ist
Reichtum und Reichtum ist Einsicht."

Bei diesen Worten merkte ich sogleich, daß mein Mantelsack statt mit Gewand jetzt gänzlich mit jenen goldenen Münzen
angefüllt war. Statt zu grübeln, woher sie so unvermutet
wieder gekommen, fühlte ich mich höchst zufrieden in ihrem
Besitze, und obschon ich dem weisen Gaule nicht mit gutem
Gewissen recht geben konnte, daß Reichtum Einsicht sei, fand
ich mich doch unvermutet so einsichtsvoll, daß ich wenigstens
nichts erwiderte und gemütlich weiter ritt.

„Nun sage mir, du weiser Salomo!" begann ich nach
einer Weile von neuem: „Heißt eigentlich die Brücke die Identität oder die Leute so darauf sind? Welches von beiden nennst
du so?"

„Beide zusammen sind die Identität, sonst spräche man
ja nicht davon!"

„Der Nation?"

„Der Nation, versteht sich!"

„Also ist die Brücke auch eine Nation?"

„Ei seit wann," rief das Pferd unwillig, „kann denn

ein Vehikel, so schön es ist, eine Nation sein? Nur Leute können eine sein, folglich sind es die Leute hier!"

„So! und doch sagtest du soeben, die Nation und die Brücke machen zusammen eine Identität aus!"

„Das sagt' ich auch und bleibe dabei!"

„Nun also?"

„Wisse," antwortete der Gaul bedächtig, indem er sich auf allen Vieren spreizte, „wisse, wer diese heikle Frage zu beantworten und den Widerspruch zu lösen versteht, der ist ein Meister und arbeitet an der Identität selber mit. Wenn ich die richtige Antwort, die mir wohl so im Munde herumläuft, rund zu formulieren verstände, so wäre ich nicht ein Pferd, sondern längst hier an die Wand gemalt. Uebrigens erinnere dich, daß ich nur ein von dir geträumtes Pferd bin und also unser ganzes Gespräch eine Ausgeburt und Grübelei deines eigenen Gehirnes ist. Mithin magst du fernere Fragen dir nur selbst beantworten aus der allererften Hand!"

„Ha! du widerspenftige Bestie!" schrie ich und stieß dem Tiere die Ferfen in die Weichen, „um so mehr, du undankbarer Klepper! bist du mir zu Red' und Antwort verpflichtet, da ich dich aus meinem so mühselig ergänzten Blute erzeugen und diesen Traum lang speifen und nähren muß!"

„Hat auch was Rechtes auf sich!" sagte das Pferd gelassen. „Dieses ganze Gespräch, überhaupt unsere ganze werte Bekanntschaft ist das Werk und die Dauer von kaum drei Sekunden und koftet dich kaum einen Hauch von deinem geehrten Körperlichen!"

„Wie, drei Sekunden? Ist es nicht schon wenigftens eine Stunde, seit wir auf dieser endlofen Brücke reiten?"

„Drei Sekunden dauert der Huffchlag des nächtlichen Reiters, der meine Erscheinung in dir hervorgerufen; mit ihm wird fie verschwinden und du kannst wieder zu Fuß gehen!"

8*

„Um des Himmels willen! So verliere keine weitere Zeit,
sonst geht der Augenblick vorüber, eh' ich über diese schöne
Brücke im reinen bin!"

„Es eilt gar nicht! Alles was wir für jetzt zu erleben
und zu erfahren haben, geht vollkommen in das Maß des
wackeren Pferdetrittes hinein, und wenn der richtig denkende
Psalmist den Herren seinen Gott anschrie: Tausend Jahre sind
vor dir wie ein Augenblick! so ist diese Hypothese von hinten
gelesen eine und dieselbe Wahrheit: Ein Augenblick ist wie
tausend Jahre! Wir könnten noch tausendmal mehr sehen und
hören während dieses Hufschlages, wenn wir nur das Zeug
dazu in uns hätten, lieber Mann! Alles Drängen oder Zögern
hilft da nichts, alles hat seine bequemliche Erfüllung und wir
können uns ganz gemächlich Zeit lassen mit unserm Traum,
er ist was er ist und nicht mehr noch minder!"

Ich hörte nicht länger auf die Rede des Pferdes, weil
ich bemerkte, daß ich von allen Seiten mit biederer Achtung
begrüßt wurde; denn schon mehr als einer der Vorübergehenden
hatte mit eigentümlichem Griffe meinen strotzenden Mantelsack
betastet, ungefähr wie die Metzger thun, wenn sie in den
Bauernställen oder auf Märkten ein Stück Rindvieh auf seine
Fettigkeit prüfen und ihm Kreuz und Lenden bekneifen.

„Das sind ja absonderliche Manieren!" sagte ich endlich;
„ich glaubte, es kenne mich kein Mensch hier!"

„Es gilt auch nicht dir," meinte der Goldfuchs, „sondern
deinem Quersack, deiner dicken Goldwurst, die mir das Kreuz
drückt!"

„So? also das ist die Lösung und das Geheimnis deiner
ganzen Identitätsfrage, das gemünzte Gold? denn du bist ja
aus gleichem Stoffe, ohne daß dich ein einziger betastet!"

„Hm!" machte das Pferd, „das ist nicht so genau zu
nehmen. Die Leute haben allerdings ihr Augenmerk darauf

gerichtet, ihre Identität, die sie in diesem Falle Unabhängigkeit nennen, zu behaupten und gegen jeglichen Angriff zu ver-
teidigen. Nun wissen sie aber, daß ein kampffähiger guter
Soldat wohlgenährt und ein Frühstück im Magen haben muß,
wenn er sich schlagen soll. Da dies aber nur durch allerhand
Gemünztes zu erreichen und zu sichern ist, so betrachten sie
jeden, der damit versehen, als einen gerüsteten Verteidiger und
Unterstützer der Identität und sehen ihn drum an. Da läuft
es denn freilich mit unter, daß sie ihre Privatsachen mit den
öffentlichen Dingen für identisch halten, wie man denn in der
Uebung jeglicher Energie nicht leicht zu viel thun kann, und
so gewinnt dieser oder jener das Ansehen eines habsüchtigen
Esels. Sei dem, wie ihm wolle, ich rate dir, dein Kapital
hier noch ein wenig in Umlauf zu setzen und zu vermehren.
Wenn die Meinung der Leute im allgemeinen auch eine irrige
ist, so steht es doch jedem frei, sie für sich zu einer Wahrheit
und so seine Stellung zu einer angenehmen zu machen."

Ich griff in den Sack und warf einige Hände voll Gold-
münzen in die Höhe, welche sogleich von hundert in der Luft
zappelnden Händen aufgefangen und weiter geworfen wurden,
nachdem jeder das Gold erst besehen und an seinem eigenen
Golde gerieben hatte, wodurch beide Stücke sich verdoppelten.
Bald kehrten alle meine Münzen in Gesellschaft von anderem
Golde zurück und hingen sich an das Pferd; es regnete förmlich Gold, welches sich klumpenweise an alle seine vier Beine
setzte gleich dem Blumenstaub, der den Bienen Höschen macht,
so daß es bald nicht mehr gehen konnte. Es bildeten sich aber
noch große Flügel an dem Tiere und es glich zuletzt einer
Riesenbiene und flog wie eine solche über die Köpfe des Volkes
weg. Erst jetzt schütteten wir zusammen einen rechten Goldregen nieder, so daß zuletzt ein ungeheures Gesindel von Gold-
hungrigen hinter uns her war. Alte und Junge, Weiber und

Männer purzelten übereinander, das Gold zu raffen. Diebe, die von Wächtern transportiert wurden, stürzten sich samt diesen in den Haufen; Bäckerlehrlinge warfen ihr Brot in das Wasser und füllten ihre Körbe mit Gold; Priester, die zur Kirche gingen, um zu predigen, schürzten ihre Talare, wie bohnen=pflückende Bäuerinnen die Röcke, und schöpften Gold hinein; Magistratspersonen, die vom Rathause kamen, schlichen herbei und schoben verschämt ein paar zur Seite rollende Stücklein in die Tasche; selbst aus einem an die Wand gemalten Ge=richte liefen die toten Richter vom Tische, ließen den Ange=klagten stehen und stiegen herunter, um hinter mir her zu streichen, und schließlich kam der gemalte Verbrecher auch noch gesprungen, um nach Gold zu schreien.

Ganz geschwollen vom Bewußtsein des Reichtums schwebte ich endlich aus der Brückenhalle hinaus und schwang mich auf dem goldenen Bienenpferde hochmütig in die Luft, wo ich hoch über den Münsterkronen kreiste wie ein Falke, mich bald wählig niederließ, bald wieder aufstieg und das kindische Traumver=gnügen des Fliegens und Reitens zugleich in vollen Zügen genoß. Aus den Kronen fingerten hundert weiße Hände nach meinem Golde empor, Augen und Wänglein blühten wie Ver=gißmeinnicht und Rosen im Sonnenschein. Das Pferd sagte: „Nun wähle, das sind die heiratsfähigen Mägdlein des Landes! das beste ist eine artige Frau!“ Ich äugelte auch richtig stolz und lüstern auf sie hinunter und gedachte, meine Irrfahrten und erlebten Kümmernisse mit einer konvenablen Heirat abzuschließen, als plötzlich eine harte Stimme erscholl, die rief: „Ist denn niemand da, den Landverderber aus der Luft herabzuholen?“

„Ich bin schon da!“ antwortete der dicke Wilhelm Tell, der in einer Lindenkrone verborgen saß, die Armbrust auf mich anlegte und mich mit seinem Pfeile herunter schoß. Ein neuer

Ikarus, stürzte ich samt dem Goldfuchs prasselnd aufs Kirchendach und rutschte von dort jämmerlich auf die Straße hinab,
woran ich erwachte und mich erschüttert fand, wie wenn ich
wirklich gefallen wäre. Der Kopf schmerzte mich fieberhaft,
während ich das Geträumte zusammen las. Diese verkehrte
Welt, in welcher das im Wachen müßige Gehirn bei nacht-
schlafender Zeit auf eigene Faust zusammenhängende Märchen
und buchgerechte Allegorieen nach irgendwo gelesenen Mustern,
mit Schulwörtern und satirischen Beziehungen ausheckte und
fortspann, begann mich zu ängstigen, wie der Vorbote einer
schweren Krankheit; ja es beschlich mich sogar wie ein Gespenst die Furcht, auf diese Art könnten meine dienstbaren
Organe mich, d. h. meinen Verstand, zuletzt ganz vor die
Thüre setzen und eine tolle Dienstbotenwirtschaft führen.

Als ich der Sache weiter nachdachte, empfand ich die Gefahr, die darin liegt, sich gegen Natur und Gewohnheit mit
dem völlig Geistlosen beschäftigen und nähren zu wollen, und
doch wußte ich nicht, wie aus dem Banne hinauszukommen
wäre. Darüber schlief ich wieder ein und das Träumen ging
neuerdings an; doch verlor sich das unheimliche Allegorieen-
wesen und das Gesetzlose regierte fort.

Ich trieb jetzt das halbzerbrochene und schwer mit Säcken
beladene Pferd eine bergige Straße hinauf nach dem Hause
der Mutter; es dauerte eine qualvolle Ewigkeit, bis ich endlich
anlangte. Da fiel das Tier zusammen und verwandelte sich
in die schönsten und reichsten Gegenstände und Merkwürdig-
keiten aller Art, von welchen sich auch die Säcke entleerten,
Dinge, wie man sie von großen Reisen als Geschenke mitzu-
bringen pflegt. Ich stand aber peinlich verlegen bei dem auf-
getürmten Haufen von Kostbarkeiten, der sich offen auf der
Straße ausbreitete, und ich suchte vergeblich den Drücker der
Hausthüre und den Glockenzug. Ratlos und ängstlich die

Reichtümer hütend, sah ich an dem Hause empor und bemerkte
erst jetzt, wie seltsam es sich darstellte. Es war gleich einem
alten edeln Schrank- und Täferwerke ganz von dunkelm Nuß-
baumholz gebaut mit unzähligen Gesimsen, Kassettierungen,
Füllungen und Galerien, alles auf das feinste gearbeitet und
spiegelhell poliert. Es war eigentlich das nach außen gekehrte
Innere eines Hauses. Auf den Gesimsen und Galerieen standen
altertümliche silberne Kannen und Becher, Porzellangefäße und
kleine Marmorbilder aufgereiht. Fensterscheiben von Krystall-
glas funkelten mit geheimnisvollem Glanze vor einem dunkeln
Hintergrunde zwischen gemaserten Zimmer- oder Schrankthüren,
in denen blanke Stahlschlüssel steckten. Ueber dieser seltsamen
Fassade wölbte sich der Himmel dunkelblau, und eine halb
nächtliche Sonne spiegelte sich in der dunkeln Pracht des
Nußbaumholzes, im Silber der Krüge und in den Fensterscheiben.

Endlich sah ich auch, daß reich geschnitzte Treppen zu den
Galerieen hinaufführten, und bestieg dieselben Einlaß suchend.
Wenn ich aber eine Thüre öffnete, so sah ich nichts als ein
Gelaß vor mir, welches mit Vorräten der verschiedensten Art
angefüllt war. Hier that sich eine Bücherei auf, deren Leder-
bände von Vergoldung strotzten; dort war Geräte und Geschirr
übereinander geschichtet, was man nur wünschen mochte zur
Annehmlichkeit des Lebens; dort wieder türmte sich ein Gebirge
feiner Leinwand oder ein duftender Schrank öffnete sich mit
hundert Kästchen voll Spezereien. Ich machte eine Thüre nach
der andern wieder zu, wohlzufrieden mit dem Gesehenen und
nur ängstlich, weil ich nirgends die Mutter fand, um mich in
dem trefflichen Heimwesen sofort einrichten zu können. Suchend
drückte ich mich an eines der Fenster und hielt die Hand an
die Schläfe, um die Spiegelung der Krystallscheibe aufzuheben;
da sah ich statt in ein Gemach hinein in einen reizenden

Garten hinaus, der im Sonnenlichte lag, und dort glaubte ich
zu sehen, wie die Mutter im Glanze der Jugend und Schönheit, angethan mit seidenen Gewändern, zwischen Blumenbeeten
wandelte. Ich wollte das Fenster aufmachen, ihr zurufen,
fand aber durchaus keinen Riegel oder Knopf, denn ich war
ja außerhalb des Hauses, obschon ich aus dem Innern nach
einem Garten hinausschaute. Am Ende stand ich nur an einer
reichgetäferten Wand auf einem schmalen Gesimse, das meinen
Füßen kaum genügenden Raum bot. Als ich mich hinausbog,
um zu sehen, wie ich von der gefährlichen Stelle hinuntersteigen
könne, sah ich auf der Gasse einen verkniffenen Knirps von
Knaben mit grauen verwelkten Haaren, der mit einem Stecken
meine Herrlichkeiten auseinander störte.

Sogleich erkannte ich den Jugendfeind, jenen vom Turme
gestürzten Knaben Meierlein, und kletterte eilig hinunter, ihn
zu verjagen. Der aber fing wütend an zu schelten und als
Kindswucherer und Gläubiger aufs neue, nach so viel Jahren,
seine Forderung geltend zu machen, indem er die Hand an den
vom Sturze zerschlagenen Kopf drückte. Er wolle mich jetzt
endlich auspfänden, rief er mit giftigen Worten, daß er zu
seiner verschriebenen Sache komme; seine Rechnung sei pünktlich
in Ordnung.

„Du lügst, du kleiner Schuft," schrie ich ihm zu „mach'
daß du fortkommst!" Da erhob er seinen Stock gegen mich,
wir gerieten einander in die Haare und rauften uns unbarm-
herzig. Der wütende Gegner riß mir alle die schönen Kleider,
die ich trug, in Fetzen, und erst als ich ihn keuchend und ver-
zweifelnd am Halse würgte, entschwand er mir unter den Händen
und ließ mich in der schattigen kalten Straße stehen. Ermattet
sah ich mich mit bloßen Füßen dastehen. Das Haus war aber
das wirkliche alte Haus, jedoch halb verfallen, mit zerbröckelndem
Mauerkalk, erblindeten Fenstern, in denen leere oder verdorrte

Blumenscherben standen, und mit Fensterläden, die im Winde klapperten und nur noch an einer Angel hingen.

Von meiner trefflichen Traumeshabe war nichts mehr zu sehen, als einige zertretene Reste auf dem Pflaster, welche von nichts Besonderem herzurühren schienen, und in der Hand hielt ich nichts, als den meinem bösen Feinde abgerungenen Stecken.

Ich trat entsetzt auf die andere Seite der Straße und blickte kummervoll nach den öden Fenstern empor, wo ich deutlich meine Mutter, alt und grau und bleich, hinter der dunkeln Scheibe sitzen sah, wie sie in tiefem Sinnen ihren Faden spann.

Ich streckte die Arme nach dem Fenster empor; als sich die Mutter aber leis bewegte, verbarg ich mich hinter einem Mauervorsprung und suchte bang aus der stillen dämmerigen Stadt zu entkommen, ohne gesehen zu werden. Ich drückte mich längs den Häusern hin und wanderte alsbald an meinem schlechten Stabe auf einer unabsehbaren Landstraße dahin zurück, woher ich gekommen war. Ich wanderte und wanderte rastlos und mühselig, ohne mich umzusehen. In der Ferne sah ich auf einer eben so langen Straße, die sich mit der meinigen kreuzte, meinen Vater vorüberwandern mit seinem schweren Felleisen auf dem Rücken.

Als ich erwachte, fiel mir ein Stein vom Herzen, so traurig war mir dieser letzte Teil der geträumten Abenteuer.

So ging es Nächte lang fort, obgleich zuweilen auch etwas mäßiger, so daß der erträumte Zustand an eine Art ruhiger Zufriedenheit grenzte. Einmal träumte mir, daß ich an dem Rande des Vaterlandes auf einem Berge säße, der von Wolkenschatten verdunkelt war, während das Land in hellem Scheine vor mir ausgebreitet lag. Auf den weißen Straßen, den grünen Fluren wallten und zogen Scharen von Volk und Leuten und sammelten sich zu heiteren Festen, zu verschiedenen Handlungen und Lebensübungen, was alles ich aufmerksam beobachtete. Wenn aber solche Scharen oder Aufzüge nah an mir vorübergingen und ich von den Leuten erkannt wurde, schalten sie mich im Vorbeigehen, wie ich, teilnahmlos in Trauer verharrend, nicht sehe, was um mich her geschehe, und sie forderten mich auf, ihnen zu folgen. Ich verteidigte mich aber freundlich und rief ihnen zu, ich sähe alles genau, was sie bewege, und nehme teil daran. Nur sollten sie sich jetzt nicht um mich kümmern, so sei mir wohler.

Diese Vorstellung hatten meine emsigen Traumgeister offenbar folgenden Versen eines Unbekannten entwendet, die ich am Abend vorher in einigen zerrissenen Druckblättern gelesen:

Klagt mich nicht an, daß ich vor Leid
Mein eigen Bild nur könne sehen!
Ich seh' durch meines Leides Flor
Wohl euere Gestalten gehen.

Und durch den starken Wellenschlag
Der See, die gegen mich verschworen,
Geht mir von euerem Gesang,
Wenn auch gedämpft, kein Ton verloren.

Und wie die müde Danaide wohl,
Das Sieb gesenkt, neugierig um sich blicket,
So schau' ich euch verwundert nach,
Besorgt, wie ihr euch fügt und schicket!

Achtes Kapitel.

Der wandernde Schädel.

So ging es in den Nächten zu. Wie ich die Tage damals verbracht, weiß ich mir kaum mehr vorzustellen; es war die verwunderlichste Uebung der Geduld mit dem Schicksal, das will sagen mit sich selbst. Und wie ich vorahnend gedacht, löste sich der Ausgang auf diese Weise am leichtesten von den Dingen. Es dauerte nicht viele Tage, so zeigte es sich, daß mein verwitweter Hauswirt ohne seine Frau nicht bestehen konnte und sich genötigt sah, die Haushaltung aufzulösen, die Kinder einstweilen den Eltern der Verstorbenen zuzuschicken und die Wohnung zu räumen. Schon waren die Kleinen fort, als der Mann mir mürrisch und gleichgültig anzeigte, ich habe eine andere Unterkunft zu suchen, da er selbst am nächsten Tage ausziehe.

Ich hatte nun alle die Jahre her in dem Hause gewohnt, und da ein übles Geschick meine fahrende kleine Habe auseinandergeblasen, so beschloß ich auf der Stelle, nach der Heimat zu gehen, statt einen bettelhaften Einzug in eine neue Wohnung zu halten. Ich änderte auch den Entschluß nicht, als mir nach Abtrag dessen, was ich dem Manne und andern noch

etwa schuldig war, von dem bei Herrn Josef Schmalhöfer
erworbenen Reichtum nicht soviel übrig blieb, womit ich hätte
fahren können. Es reichte vielmehr zur Not für eine Fuß=
wanderung hin, wenn ich das Geld genau einteilte, Tag
und Nacht im Freien blieb und nur wenig Nahrung genoß.

Um nun aber in den abgetragenen Kleidern nicht völlig
einem Landfahrer ähnlich zu sehen, griff ich zum letzten Hilfs=
mittel, nämlich zu den Bildchen, die ich bei dem jüdischen
Kunstschneider hängen hatte. Ohne Zeit zu verlieren, ging ich
zu ihm, nahm auch jenes etwas größere auf der Ausstellung
verunglückte Stück mit und frug ihn, ob er mich für die drei
Malereien neu und gut kleiden, und was er noch an barem
Gelde herauszahlen wolle.

Zu letzterem war er natürlich nicht zu bewegen; dafür
fiel der Anzug leiblich gut aus, den zu liefern er nach seiner
Geschäftsmaxime gleich bereit war; er ließ sich sogar zur Leistung
eines festen stattlichen Hutes herbei, dessen Rand den Hals
gegen den Regen zu schützen versprach. Ich fand mich bei
alledem wohl bedient und beraten und schied zufrieden von
dem Rothelfer, nachdem ich in einer Hinterstube die Kleider ge=
wechselt und ihm den abgelegten Habit als Zeichen meiner
Erkenntlichkeit für menschenfreundliche Behandlung überlassen.

Auf dem Rückwege schwankte ich, ob ich nicht den alten
Schmalhöfer noch aufsuchen und von ihm Abschied nehmen
solle. Ich besorgte jedoch, er könnte mich von neuem zu einem
nichts entscheidenden und geisttötenden Arbeitsgewinne ver=
locken; also vermied ich sein Haus, holte bei der Behörde noch
meine Ausweispapiere und eilte, da der Abend nahte, nach
Hause; denn ich wollte mit angebrochener Nacht unverweilt
die Wanderschaft antreten.

Das war auch geraten, da der Wirt bereits den sämt=
lichen Hausrat fortgebracht und auch mein Bett weggeräumt

hatte, unbekümmert, wo ich diese letzte Nacht noch schlafen
möge Ich fand ihn, wie er ganz allein in der stillen Wohnung stand, die von unsern Tritten und Worten einen unge-
wohnten Widerhall hören ließ, weil sie gänzlich leer war.
Nur etwas Kleider und kleines Geräte lagen noch bei einander,
was er nicht zusammen zu packen wußte, da es ihm an einer
Kiste fehlte. Ich sagte ihm, er könne sich meines großen
Koffers bedienen, den ich zunächst nicht brauche. Das nahm
er ohne Dank an, wofür ich ihm auch einen Streich spielte.
Denn als ich nun in meine zwei Zimmer ging, in eine Reisetasche ein Restchen Wäsche und meine schön gebundene Jugendgeschichte gesteckt hatte und mich umsah, was etwa noch zu
thun wäre, entdeckte ich zu meinem Schrecken noch den
Schädel des Albertus Zwiehan, der allein unversorgt zu-
rückblieb.

Erschüttert nahm ich das unselige Sphäroid, das nicht
zur Ruhe kommen konnte, in die Hand, und fühlte Gewissens-
bisse. „Armer Zwiehan!" dachte ich, „du bist einst von Ost-
indien nach der Schweiz gereist, von da nach Grönland und
wieder zurück, dann hierher, und nun mag Gott wissen, was
aus dir wird, den ich so leichtfertig vom Friedhofe genommen habe!"

Aber das half nun nichts; ich hob den Deckel meines
leeren Koffers und legte den alten Schädel hinein, die weitere
Fürsorge dem auf dem Sprunge stehenden Hauswirt über-
lassend, der sich in seinem Unstern so wenig liebenswürdig
gegen mich benahm, obgleich ich seit länger als fünf Jahren
an den Unterhalt seiner Familie so manchen guten Thaler bei-
getragen.

Dann trat ich mit umgehängter Tasche aus meiner be-
sonderen Trauerwohnung in die allgemeine hinaus, gab dem
Manne rasch die Hand und stieg die Treppe hinunter. Kaum

war ich aber auf dem Flur angelangt, so rief der Unhold
von oben her meinen Namen und schrie: „Da, nehmen's Den
auch mit, der gehört Ihnen!" Gleichzeitig rollerte und polterte
der Totenkopf die lange hölzerne Treppe herunter und schlug
mir gar unsanft an die Fersen.

Ich hob ihn auf; in der vorgerückten Dämmerung ließ
er erbärmlich den Unterkiefer fallen, der in Drähten hing, und
schien so zu bitten, ihn nicht zurückzulassen.

„So komm' mit," sagte ich, „wir wollen wieder zusammen
heimgehen! Es war eine merkwürdige Reise!"

Ich zwängte den Schädel mit Mühe in die Wandertasche,
wodurch diese ein unförmliches Aussehen gewann, wie wenn
ein Kommißbrot oder ein Kohlkopf darin steckte.

Nun hatte ich noch ein einziges Geschäft zu verrichten,
das mir nicht leicht fiel. Seit dem sonderbaren und unverhofften Liebesabenteuer mit Hulda war ein Sonnabend von
mir unbenutzt verstrichen und jetzt eben der zweite da. Durch
die Nachrichten des hochzeitreisenden Landsmannes, sowie durch
die erfahrenen Traumgesichte waren mir Mut und Lust zur
Verwirklichung der tannhäuserlichen Glückspläne vergangen;
und doch drängte mich jetzt ein Gefühl warmer Dankbarkeit,
selbst von zärtlicher Zuneigung und Erinnerung, nicht ohne
ein Wort des Abschiedes, der Verständigung davon zu gehen.
Ich hoffte, das süße und ehrenwerte Geschöpf mit dem Geständnisse, daß ich kein Handwerksgeselle, sondern ein verarmter
Künstler sei, der nicht wisse, was noch aus ihm werden solle
und vorerst das Land verlassen müsse, unschwer von seinen
Gedanken abzubringen, über den abermaligen Verlust eines
Liebhabers zu trösten und so im Frieden zu scheiden. Mit
Tasche und Stab schon auf der Wanderschaft, schlug ich die
Richtung nach der Straße ein, wo sie wohnte. Da es noch
etwas zu früh war, trat ich in ein Gasthaus, um ein letztes

Abendbrot in dieser Stadt zu mir zu nehmen. Dann fand ich bald im Laternenlichte das Haus und setzte mich im Schatten einer gegenüberstehenden Brunnensäule auf ein kleines Bänklein. Nun kam die anmutige Gestalt geschritten, im Werkeltagsgewande, aber nicht allein; ein schlanker junger Mensch begleitete sie, dem Anscheine nach ein Studierender oder Künstler, der eindringlich zu ihr redete. In der Nähe der Hausthüre ging sie etwas langsamer, und ich vernahm, da sie jetzt zu sprechen anfing, die mir bekannte liebliche und offenherzige Stimme, die nur etwas trauriger oder weicher klang, als an jenem Abend.

„Die Lieb' ist eine ernstliche Sache," sagte sie, „selbst im Scherze! Aber es gibt wenig Treu und Ehrlichkeit in der Welt. Nun wir wollen die Bekanntschaft probieren, wenn Sie mich morgen anf den Tanz führen mögen; es wundert mein Herz, wie es ist, wenn es mit einem Herrn geht!"

Der neue Sponsierer antwortete mit leiser Flüsterstimme etwas, was ich nicht verstand; ich hörte einen leisen Kuß, ein „gute Nacht!" worauf das Mädchen hinter der Hausthüre verschwand und dieselbe zuschlug, der junge Mann aber raschen Schrittes seiner Wege ging.

„Das ist auch eine Freisprechung!" dachte ich und erhob mich mit erleichtertem Gewissen, jedoch mit einer sehr krausen Empfindung. Ohne mich indessen weiter umzusehen oder eine Minute länger in der Stadt aufzuhalten, eilte ich dem Thore zu und wanderte wenige Zeit später auf der nächtlichen Heerstraße in der Richtung meines Heimatlandes fort.

Zufrieden mit der klaren und fertigen Form, welche mein Geschick nun angenommen hatte, setzte ich ohne Hast und ohne Aufenthalt Fuß für Fuß, als einziges Ziel im Auge, unter das Dach der Mutter zu treten, gleichviel ob arm oder reich. Stundenlang ging es so weiter; ich beachtete nicht, daß ich auf einem Kreuzungspunkte war und von der Hauptstraße auf eine unmerklich schmälere Seitenstraße geriet, daß sich eine solche Abzweigung nochmals wiederholte, bis ich mich auf einem ländlichen Fahrweg befand. Da ich aber nach dem Stande der Gestirne ungefähr nach der richtigen Himmelsgegend zog, so kam es mir nicht so sehr darauf an, ich rechnete eine etwelche Abirrung zu den nötigen Erlebnissen eines Landfahrers. Ich ging durch Gehölze, über Feld= und Wiesenfluren, an Dörfern vorbei, deren schwache Umrisse oder verlorene Lichter weit vom Wege lagen. Die tiefste Einsamkeit waltete auf Erden, als es Mitternacht wurde und ich über weite Feldgemarkungen ging; um so belebter waren die mit den langsam rückenden Sternbildern durchwirkten Lüfte, denn die unsichtbaren Schwärme der Zugvögel rauschten und lärmten in der Höhe. Noch nie hatte ich diesen herbstlichen Nachtverkehr des Himmels so deutlich wahrgenommen.

Ich kam in einen großen Forst und die Dunkelheit wurde vollkommen. Still huschte der Kauz an meinem Gesichte vorüber und aus der Tiefe schrie der Uhu. Als ich aber durchfröstelt und ermüdet war, stieß ich in einer Waldlichtung auf einen rauchenden Kohlenmeiler, dessen Hüter in seiner Erdhütte lag und schlief. Ich setzte mich still an den heißen Meiler, wärmte mich und schlief ein, bis ein Flug hellschreiender Wanderfalken, deren silberblaue Flügel und weiße Brüste im ersten Frührot blitzten, über den Wald flog und mich weckte. Wie ich mich ermunterte, begann der Köhler aus der Hütte zu kriechen, die Füße voran; vor ihm stehend wie ein eben angekommener Wandersmann, wünschte ich ihm einen guten Morgen und fragte nach der Gegend und der rechten Straße. Er wußte nicht viel zu sagen, als daß ich mehr westwärts zu gehen habe.

Der Wald nahm ein Ende und ich trat in eine weite

deutſche Herbſtmorgenlandſchaft hinaus. Waldige und dunkle
Gebirgszüge ſtreckten ſich am Horizont; durch das Land wand
ſich ein rötlicher Fluß, weil der halbe Himmel im Morgenrot
flammte und die purpurn angeglühten Wolkenſchichten über
Feldern, Höhen, Dörfern und einer betürmten Stadt hingen.
Die Nebel rauchten an den Waldhängen und zu Füßen der
ſchwarzblauen Berge. Schlöſſer, Stadtthore und Kirchtürme
glänzten rot; dazu entrollte ſich ein hallender Jagdlärm in den
Wäldern, Hörner tönten, Hunde muſizierten fern uud nah, und
ein ſchöner Hirſch ſprang an mir vorüber als ich eben den
Forſt verließ.

Das Morgenrot verkündete freilich ein naſſes Abendbrot
und gab mir keine gute Ausſicht. Wenn ich meinen Wander-
plan innehalten wollte, ſo durfte ich nicht daran denken, ein
Nachtlager zu ſuchen, weil das mich für einen Tag der Nahrung berauben konnte. Ich dachte daher mit einigem Schrecken
an die kommenden Fluten und daß ich durchnäßt die zweite Nacht
hindurch wandern müſſe. Die Näſſe und der Schmutz beſiegeln
jeglichen ſchlechten Humor des Schickſals und nehmen dem Ver-
laſſenen noch den letzten Troſt, ſich etwa auf die mütterliche
Erde zu werfen, wo es niemand ſieht. Überall kältet ihm die
unerbittliche Feuchte entgegen und er iſt genötigt, aufrecht zu
bleiben.

In wenigen Stunden verhüllte auch ein graues Nebeltuch
alles Licht und das Tuch begann ſich langſam in naſſe Fäden
zu entfaſern, bis ein gleichmäßiger ſtarker Regen weit und breit
hernieder fuhr, der den ganzen Tag anhielt. Nur manchmal
wechſelte das naßkalte Einerlei mit noch kräftigeren Regengüſſen,
die vom Winde gepeitſcht einen bewegteren Rhythmus in das
Waſſerleben brachten, das Land und Wege überſchwemmte.
Ich ſchritt unverdroſſen durch die Fluten, froh daß ich meinen
neuen Anzug von tüchtigem Stoffe gewählt, der etwas aushielt.

Erst zur Mittagszeit, dann aber pünktlich, kehrte ich in einem
Dorfe ein und aß eine warme Suppe mit etwas Fleisch und
Gemüse, nebst einem Stück Brot. Auch ruhte ich eine Stunde
und ging darauf wieder in den Regen hinaus. Denn wenn
ich in acht Tagen, welche ich mindestens brauchte, nach Hause
gelangen wollte, so mußte ich mich genau in jeder Hinsicht an
die vorgesteckte Ordnung halten und durfte dabei nicht einmal
erschöpft oder gar krank werden. Nur so blieb ich bis zuletzt
Meister meiner selbst und hatte niemanden zu fürchten.

Nach einigen Stunden ging ich abermals auf einem Wald-
wege, immer bestrebt, die große Hauptstraße zu erreichen, mit
deren Längsachse, meine Richtung allmählich wieder zusammen-
fallen mußte. Als ich abseits vom Wege eine große Buche
sah, deren gelbes Laub noch genügend dicht saß, ging ich hin
und fand auf einer ihrer aus dem Boden ragenden Wurzeln
eine ziemlich geschützte Ruhestelle und ließ mich nieder. Da
kam ein altes Mütterchen daher getrippelt, welches mit der
einen Hand ein elendes Bündelchen kurzen Reisigs auf dem grauen
Kopfe trug, dessen Haare so rauh und zerzaust waren, wie das
Gestrüppe darauf; mit der andern Hand schleppte sie mühselig
ein abgebrochenes kleines Birkenbäumchen hinter sich her. Mit
zitternden Schrittchen zerrte sie emsig und keuchend, viele ängst-
liche Seufzer ausstoßend, den widerspenstigen Busch über alle
Hindernisse weg, gleich der Ameise, die einen zu schweren Halm
nach dem Bau schafft. Ich sah dem armen Weibe voll Mitleid
zu und mußte mir gestehen, daß es dieser Kreatur wohl noch
schlimmer ging, als mir, und sie doch nicht rastete, sich zu
wehren. Und doch war ich wiederum elend genug daran, da
ich ihr nicht einmal irgend etwas helfen oder geben konnte.
Wie ich über diese Ohnmacht beschämt hinstarrte, kam soeben
ein Waldhüter des Weges, wohl so alt wie das Weib, aber
mit rotem Gesicht, großem Schnurrbart, kleinen Ringen in den

Ohren und thöricht rollenden Augen. Der machte sich sogleich
über die Frau her, welche den Busch erschrocken fahren ließ,
und schrie:

„Haſt wieder Holz geſtohlen, du Strolchin?"

Bei allen Heiligen beteuerte die Alte, daß ſie das Birkenbäumchen alſo geknickt auf dem Wege gefunden habe. Er
rief aber:

„Lügen thuſt du auch noch? Wart', ich will dir's aus-
treiben!"

Und der alte Mann nahm die alte Graue beim vertrock-
neten Ohr, das unter einem verſchobenen Kattunkäppchen her-
vorguckte, zerrte ſie daran und wollte ſie dergeſtalt mit ſich
fortſchleppen, daß es unnatürlich anzuſehen war. Durch einen
plötzlichen Einfall erleuchtet, holte ich meinen Totenkopf aus
der Reiſetaſche, ſtülpte ihn auf den Stock und ſtreckte ihn durch
das Laubwerk des Unterholzes, hinter welchem ich ſelbſt verborgen war. Zugleich rief ich mit zorniger Stimme:

„Laß das Weib gehen, du ſchlechter Kerl!" und ſchüttelte
den Schädel ein wenig, daß die Zähne zuſammen klappten und
das Laub raſchelte, aus welchem er hinausguckte. Es mußte
für die Leutchen draußen ausſehen, wie wenn der Tod in dem
Buſch wäre.

Der Waldhüter blickte nach dem Orte hin, woher die
Stimme erſcholl, erſtarrte förmlich, wurde fahl wie ſchlecht ge-
backenes Brot, und ließ das Ohr des Mütterchens fahren. Ich
zog das Geſpenſt ſachte zurück; der Waldhüter ſtarrte bewe-
gungslos her; als ich es aber weiter oben aus dem Gebüſche
tauchen ließ, irrten ſeine rundlichen Augen ihm dorthin nach,
worauf er, ſo ſchnell ihn die ſchlotternden Beine tragen wollten,
ſich davon machte, ohne einen Laut von ſich zu geben. Erſt
in bedeutender Entfernung, wo der Weg ſich abbog, blieb er
einen Augenblick ſtehen und ſchaute behutſam zurück. Da ließ

ich den Schädel etwas wackeln, und sogleich verschwand der
Flüchtling um die Ecke und war nicht mehr zu sehen. Er
hatte freilich durchaus keinen Grund anzunehmen, daß bei diesem
Wetter und zu gunsten des armen Weibchens ein bloßer Hokus-
pokus im tiefen Wald aufgeführt werde, und überdies zeigten
die Ohrringe genugsam an, daß er ein abergläubischer Mensch
war. Das alte Mütterchen, das in seinem Schrecken nichts
als die Flucht des Peinigers gesehen, wußte nicht wie ihm
geschah, ließ alles liegen und machte sich ebenfalls aus dem
Staube; mit den zitternden Händen ruderte sie eifrig in der
Luft und redete vor sich hin.

Meinesteils packte ich das alte gelbliche Kopfgeräte wieder
ein, das so gute Dienste geleistet. Ich war von dem Scherze
ordentlich erwärmt worden und ruhte noch ein Weilchen aus,
wie ein Sieger auf dem Kampfplatz, mit dem erquicklichen
Gefühle, das selten einer so übel daran sei, der nicht durch
irgend eine kleine Wendung über die Dinge gestellt werden
könne. Ich betrachtete in Gedanken den aus dem Felde ge-
schlagenen Unhold und bemühte mich, die Grundlage seines
bestialischen Wesens aufzufinden. Ich sah die rund glänzenden
Augen, die hochroten Gesichtspolster, den grauen, trefflich ge-
pflegten Schnurrbart, die blanken Knöpfe seines Dienstrockes,
und glaubte zu fühlen, daß das Fundament all des anmaßlich
brutalen Gebauches eine grenzenlose Eitelkeit sei, die sich als
einem dumm rohen Menschen innewohnend nicht anders als
in solcher Weise zu äußern mußte.

Dieser Kerl, dachte ich, welcher vielleicht der sorglichste
Vater und Gatte ist und ein guter Gesell unter seinesgleichen,
insofern er nur nicht im Prahlen und Ausbreiten seiner Art
behindert wird, dieser Kerl gefiel sich ausnehmend wohl und
hielt sich nach Maßgabe seiner Dummheit für einen Helden,
als er das schwache Weib am Ohr zerrte. Nicht daß er etwa

in der Kirche oder im Beichtstuhle nicht zuweilen einsähe, daß
er fehlbar sei; der Rausch der Eitelkeit und Selbstgefälligkeit
ist es, der ihn alle Augenblicke fortreißt und seinem Götzen
fröhnen läßt. Um so genauer sieht er das Laster an seinem
Vorgesetzten, dieser an dem seinigen, und so stufenweise fort,
indem einer es am andern gar wohl bemerkt, aber nie unter-
läßt, der eigenen Unart voll Wut den Zügel schießen zu lassen,
um nicht zu kurz zu kommen und sich herrlich darzustellen.
Alle die tausend von einander Abhängigen, die sich gegenseitig
so erziehen, streichen ihre grauen Schnurrbärte und lassen die
Augen rollen, nicht aus Bosheit, sondern aus kindischer Eitelkeit. Sie sind eitel im Befehlen und im Gehorchen, eitel im
Stolz und in der Demut; sie lügen aus Eitelkeit und sagen
die Wahrheit nicht um ihrer selbst willen, sondern weil sie
ihnen für diesmal gut ansteht. Neid, Habsucht, Hartherzigkeit,
Verleumdungssucht, Trägheit, alle diese Laster lassen sich bändigen oder einschläfern; nur die Eitelkeit ist immer wach und
verstrickt den Menschen unaufhörlich in tausend lügenhafte oder
wenigstens unnötige Dinge, Brutalitäten und kleinere oder
größere Gefahren, die alle zuletzt ein ganz anderes Wesen aus
ihm machen, als er eigentlich zu sein wünscht. Das ist dann
die Folge, eine krankhafte Abirrung von seinem Selbst, statt
der angestrebten Befestigung desselben.

Das ist aber nur die gröbere Hälfte, die Schar der
Armen im Geiste. Die feinere Hälfte, die Schar der Be-
gabten und Gebildeten irrt nicht von sich ab, die hat einen
Zaubersegen, der heißt: Wir wissen es und wollen es sein,
nämlich eitel! „Die unschuldige Eitelkeit, sie ist die gutartige
Verzierung des Daseins! Das goldene Hausmittelchen der
Menschlichkeit und das Gegengift für die grobe, bösartige
Eitelkeit! Die schöne Eitelkeit, als die zierliche Vervollkommnung
und Ausrundung des eigenen Wesens, bringt alle Keimlein

zum Blühen, die uns brauchbar und annehmlich machen für
die Welt; sie ist zugleich der feinste Richter und Regulator
ihrer selbst, und treibt uns an, das Gute und Wahre, das
sonst verborgen bliebe, in edler Gestalt an den Tag zu bringen.
Selbst Christus war ein bißchen eitel, denn er hielt Haar und
Bart gelockt und ließ sich die Füße salben!"

So klingt dieses schöne Lied, und diese Eitelkeit ist erst
der wahre Moloch, dessen gelindes Feuer Menschen und Kiesel-
steine frißt. Er bleibt stets er selbst, der Moloch, und fürchtet
sich nicht und lächelt sein ehernes Lächeln, während sein heiß-
hungriger Bauch glüht. An ihm versengen sich Freundschaft,
Liebe, Freiheit und Vaterland und alle guten Dinge, und
wenn er nichts mehr zu fressen hat, wird er ein kalter Ofen
voll Asche.

Während dieser eifrigen Predigt, die ich mir selber hielt,
war ich weiter gewandert, und da mir das Gedankenspinnen
die kühle Zeit vertrieb, so setzte ich es fort. Ich prüfte nun
mich selber und meine Manieren und untersuchte ·für den Fall,
daß ich von dem Laster mäßig frei sein sollte oder je würde,
die Stellung, in welcher man sich der eitlen Welt gegenüber
befindet. Gewiß ist, dachte ich, daß die Eiteln die Sklaven
der Freien sind, um deren Beifall sie buhlen; aber Sklaven
empören sich und werden grausam wie die Neger von St. Do-
mingo. In beiden Fällen gilt es, durch sie hindurch zu gehen
und mit ihnen auszukommen, ohne Schaden an der Seele oder
am Leibe zu nehmen. Aber warum soll man sich denn von
ihnen unterscheiden, sich über sie erheben? Um auf dieses Er-
hobensein selbst wieder eitel zu werden?

Hier befand ich mich in einer Sackgasse, und indem ich
den Ausgang suchte, wurde die Grübelei von einem Windstoße
unterbrochen, der einen Baum so gewaltig schüttelte, daß dieser
seine aufgesammelten Wasser mir jählings auf Schultern und

Rücken warf. Ich schüttelte mich ebenfalls und sah mich nach
einer Zuflucht um, die aber nicht vorhanden und mir auch nicht
gestattet war. Dennoch verlangte mich nach irgend einer Erleichterung; zuletzt fand ich dieselbe in dem Zwiehansschädel,
der mehr seiner unbequemlichen Form als seines Gewichtes
wegen mich zu drücken begann. Allein im Begriff, ihn seitwärts in einem Dickicht sachte niederzulegen, überkam mich
plötzlich der Wunsch und das Bedürfnis, in meiner Zwangs=
lage etwas Freiwilliges zu thun und mich dadurch, wenn auch
nur eines Daumens hoch, über dieselbe emporzuheben. Also
packte ich den ascetischen Gegenstand wieder auf und setzte die
mühselige Wanderschaft fort, die mich zum Ueberfluß noch auf
allerlei verlorene und schwierige Pfade brachte.

Neuntes Kapitel.

Das Grafenschloß.

———

So ging es bis zur Abenddämmerung, wo die Ermüdung, Frost und jegliche Schwäche so überhand nahmen, daß ein moralischer Zusammenbruch nur durch die ärgerliche Betrachtung verhindert wurde: es könne ja keine Rede davon sein, etwa umzukommen oder unterzugehen, und das schlechte Abenteuer wäre also als bloße Vexation durchaus entbehrlich. Ich raffte mich nochmals zusammen und bekam wieder die Oberhand.

Endlich trat ich aus den Forsten heraus und sah ein breites Thal vor mir, in welchem ein großes Herrengut zu liegen schien; denn schöne Parkbäume zeigten sich anstatt des Waldes und umgaben eine Dächergruppe, und weiterhin lag zwischen Feldern und Weidegründen eine weitläufige Dorfschaft zerstreut. Zunächst vor mir sah ich eine kleine Kirche stehen, deren Thüren geöffnet waren.

Ich ging hinein, wo es schon ziemlich dunkel war und das ewige Licht wie ein trübrötlicher Stern vor dem Altare schwebte. Die Kirche war offenbar sehr alt, die Fenster zum Teil noch aus gemalten Scheiben bestehend und Wand und Boden mit Grabsteinen und Mälern bedeckt.

„Hier will ich die Nacht zubringen," sagte ich zu mir selbst, „und mich im Schatten dieses Tempels ausruhen!"

Ich setzte mich in einen schrankartigen Beichtstuhl, in welchem ein dickes Kissen lag, und wollte eben das Vorhängelchen zuziehen, um augenblicklich einzuschlafen, als eine Hand das grüne Seidenfähnchen festhielt, und der Küster, der mir in weichen Hausschuhen nachgegangen, vor mir stand und sagte:

„Wollt Ihr etwa hier übernachten, guter Freund? Ihr könnt nicht da bleiben!"

„Warum nicht?" sagte ich.

„Weil ich sogleich die Kirche schließen werde! Geht nur hinaus!" erwiderte der Küster.

„Ich kann nicht gehen," sagte ich, „laßt mich hier sitzen, nur einige Stunden, die Mutter Gottes wird es Euch nicht übel nehmen!"

„Geht jetzt sogleich!" rief er, „Ihr könnet durchaus nicht hier bleiben!"

Ich schlich also trübselig aus der Kirche, und der wachsame Seilzieher machte sich daran, die Thüren zu verschließen. Ich stand jetzt auf dem Kirchhofe, welcher einem wohlgepflegten Garten glich; jedes Grab war für sich oder mit andern zusammen ein Blumenbeet, in freier Anordnung; besonders die Kindergräblein waren anmutig verteilt, bald als eine kleine Versammlung auf einer Raseninsel, bald einsam in einem lieblichen Schmollwinkel unter einem Baume, bald zwischen Gräbern der Alten, gleich Kindern, die den Müttern an der Schürze hangen. Die Wege waren mit Kies bedeckt und sorgfältig gerechet und führten ohne Scheidemauer unter die dunkeln Bäume eines Lustwaldes, Ahorne, Ulmen und Eschen. Der Regen hatte nachgelassen; doch fielen noch zahlreiche Tropfen, indes im Westen ein Streifen feurigen Abendrotes lag und einen schwachen Schein auf die Leichensteine warf. Ich ließ

mich unwillkürlich auf eine Gartenbank nieder, die mitten in
den Gräbern stand.

Da kam ein schlankes weibliches Wesen aus dem tiefen
Schatten der Bäume hervor, mit raschen Schritten, welches
reiche dunkle Locken im Winde schüttelte und mit der einen
Hand eine Mantille über der Brust zusammenhielt, während
die andere einen leichten Regenschirm trug, der aber nicht auf-
gespannt war. Diese sehr anmutige Gestalt eilte gar wohlgemut zwischen den Gräbern herum und schien dieselben aufmerksam zu besichtigen, ob die Gewächse von Sturm und Regen
nicht gelitten hätten. Hie und da kauerte sie nieder, warf den
leichten Schirm auf den Kiesweg und band eine flatternde
Spätrose frisch auf oder schnitt mit einem glänzenden Scherchen
eine Aster oder dergleichen ab, worauf sie weiter eilte. Erschöpft wie ich war, sah ich die schöne Erscheinung vor mir
hinschweben und dachte nicht viel dabei, als der Küster wieder
zum Vorschein kam.

„Hier könnt Ihr auch nicht bleiben, guter Freund!"
redete er mich abermals an; „dieser Gottesacker gehört gewissermaßen zu den herrschaftlichen Gärten, und kein Fremder
darf sich da zur Nachtzeit herumtreiben."

Ich antwortete gar nichts, sondern sah ratlos vor mich
hin; denn ich konnte mich beinah nicht entschließen aufzustehen.

„Nun, hört Ihr nicht? Auf! Steht in Gottes Namen
auf!" rief er etwas lauter und rüttelte mich an der Schulter,
wie man einen auf der Wirtsbank Eingeschlafenen aufmuntert.

In diesem Augenblicke kam die Dame in die Nähe und
hielt ihren sorglosen Gang an, um dem Handel zuzuschauen.
Ihre Neugierde war von so kindlich anmutiger Gebärde und
die Person so schönäugig, soviel in der Dämmerung zu sehen,
von so unverhohlener natürlicher Freundlichkeit, daß ich für
den Augenblick neu belebt mich erhob und mit dem Hut in

der Hand vor ihr stand. Ich schlug jedoch verlegen die Augen
nieder, als sie mich in meinem durchnäßten und beschmutzten
Aufzuge aufmerksam betrachtete.

Inzwischen sagte sie zu dem Kirchendiener:

„Was gibt es hier mit diesem Manne?"

„Ei, gnädiges Fräulein!" antwortete der Küster, „Gott
weiß, was das für ein Mensch mag sein! Er will durchaus
hier einschlafen; das kann doch nicht geschehen, und wenn er
ein armer Vagabund ist, so schläft er gewiß besser im Dorf
in irgend einer Scheuer!"

Die junge Dame sagte freundlich, zu mir gewendet:
„Warum wollen Sie denn hier schlafen? Lieben Sie die Toten
so sehr?"

„Ach, mein Fräulein," erwiderte ich aufblickend, „ich hielt
sie für die eigentlichen Inhaber und Gastwirte der Erde, die
keinen Müden abweisen; aber wie ich sehe, sind sie nicht viel
vermögend und wird ihre Intention ausgelegt, wie es denen
gefällt, die über ihren Köpfen einhergehen!"

„Das sollen Sie nicht sagen," versetzte lächelnd das Fräulein, „daß wir hier zu Lande schlimmer gesinnt seien, als die
Toten! Wenn Sie sich nur erst ein bißchen ausweisen wollen
und sagen, wie es Ihnen geht, so werden Sie uns Lebendige
hier schon als leidliche Leute finden!"

„Darf ich Ihnen zum Anfang meine Schriften vorweisen?"

„Die können falsch sein! Verfahren Sie lieber mündlich!"

„Nun, ich bin guter Leute Kind und eben im Begriff, so
sehr ich kann zu laufen, woher ich gekommen bin! Leider geht
es nicht unaufgehalten, wie es scheint!"

„Und woher kamen Sie denn?"

„Aus der Schweiz. Seit einigen Jahren lebte ich als
Künstler in Ihrer Hauptstadt, um zu entdecken, daß ich keiner
sei. So bin ich nun ohne bequeme Reisemittel auf dem Heim-

wege und glaubte, ohne jemandem läftig zu fallen, nur fo
durchlaufen zu können. Das hat der Regen verhindert; darum
hoffte ich ungefehen die Nacht in diefer Kirche zuzubringen und
in aller Frühe ftill weiter zu ziehen. Wenn hier ganz in der
Nähe ein Vordach oder ein offener Schuppen ift, denn weiter
kann ich nicht mehr, fo befehlen Sie großmütig, daß man mich
dort ruhen läßt und thut, als ob ich gar nicht da wäre,
und am Morgen werde ich dankbar wieder verfchwunden fein!"

„Sie follen ein befferes Quartier haben, kommen Sie
jetzt mit mir, ich will es vorläufig über mich nehmen, bis
mein Vater erfcheint, der bald von feiner Jagdpartie zurückkehren wird."

Obfchon ich vor kalter Näffe fchlotterte, feit ich daftand,
zögerte ich doch, ihr zu folgen. Als das Fräulein mich
wartend anfah, bat ich um Entfchuldigung, ich fei trotz meiner
wunderlichen Lage kein Bettler, und ihr Anerbieten kreuze
meinen Plan, ohne fremde Hilfe nach Haufe zu gelangen.

„Sie find aber ja ganz durchnäßt und frieren, wie ein
Pudel, mein ftolzer Herr! Wenn Sie im Freien bleiben, fo
können Sie bis zum Morgen das fchönfte Fieber haben und
find dann erft recht verhindert, ohne Hilfe und Pflege weiter
zu kommen. Sie follen fich vorderhand auch nur in einem
Gartenhaufe aufhalten, wo ich den Tag zugebracht habe und
ein warmes Feuer brennt. So fperren Sie fich denn nicht
länger, damit wir Sie nach Ihrem Wunfche am ficherften und
aufs bäldefte wieder los werden! Und Ihr, Küfter, folgt uns
als dienftbare Begleitung zur Strafe dafür, daß Ihr diefen
frommen Pilgrim fo ungaftlich behandelt habt!"

„Und was würde man mir fagen, gnädigftes Fräulein,"
brummte der Küfter ganz unwirfch, „was würde man mit mir
anfangen, wenn ich nachts die Kirche offen ließe oder einen
Fremden darin einfchlöffe? Hat man noch nie von nächtlichem

Kirchenraub gehört? Wurden noch keine Leuchter, Kelche und Patenen gestohlen?"

Hier mußte ich lachen und sagte: „Haltet Ihr mich für einen Shakespeare'schen Bardolph, der in Frankreich wegen der gestohlenen Monstranz gehenkt wurde?"

„Nachdem er schon in England einen Lautenkasten entwendet, zwölf Stunden weit getragen und für drei Kreuzer verkauft hatte?" fügte das vortreffliche Frauenzimmer bei, indem sie mit einem hellen Antwortlachen mich anblickte. Da versetzte ich meinerseits:

„Wenn Sie im Gebrauch gemeinschädlicher Citate so schlagfertig sind, darf ich es doch wagen, Ihnen zu folgen; denn wir gehören ja einem öffentlichen Geheimorden an, der sein Dasein billig durch gegenseitiges Wohlthun nützlich machen mag."

„Sehen Sie, so hat alles in der Welt seine gute Seite!" sagte sie und schritt vorwärts; ich ging mit und der Küster folgte uns verblüfft und mißtrauisch durch den dunkeln Park. Bald leuchteten durch die Bäume die erhellten Fenster eines geräumigen Gartenhauses, das in einiger Entfernung vom Wohngebäude stehen mochte. Wir traten in einen kleinen Saal, der nur durch eine Glasthüre vom Parke getrennt war; ein schönes Feuer brannte im Kamin, die Dame rückte einen Lehnstuhl von Rohrgeflecht herbei und forderte mich auf, nunmehr auszuruhen. Ohne Säumen setzte ich mich in den Stuhl, fand mich aber durch meine unförmige Reisetasche einigermaßen belästigt.

„So legen Sie doch die Tasche ab!" sagte die Herrschaftstochter, „oder tragen Sie wirklich einen gestohlenen Lautenkasten darin herum, weil Sie sich nicht davon trennen können?"

„Es ist so was!" meinte ich dagegen, entledigte mich

aber des von dem Schädel geschwollenen Umhängſels, welches
der Küſter auf einen Wink des Fräuleins mir abnahm und
in einen Winkel lehnte. Mit der Fußſpitze befühlte er dabei
faſt unmerklich die rundliche Erhöhung, ob nicht wenigſtens
eine geraubte Melone dahinter ſtecke, da er aus dem Lauten-
kaſten nicht klug wurde.

Das Fräulein, das inzwiſchen ſich zu ſchaffen gemacht,
kam jetzt wieder, ſtellte ſich vor mich hin und frug mitleidig:
„Wie heißen Sie denn? Oder wollen Sie ganz inkognito
reiſen?“

„Heinrich Lee,“ ſagte ich.

„Herr Lee, geht es Ihnen durchaus ſchlecht? Ich habe
keinen rechten Begriff davon. Sie ſind doch am Ende nicht
ſo arm, daß Sie auch nichts zu eſſen haben?“

„Es hat nichts zu bedeuten, aber im Augenblicke iſt es
allerdings ſo; denn wenn ich mehr als einmal im Tag eſſe,
ſo reicht meine Kriegskaſſe nicht aus, bis ich nach Hauſe
komme.“

„Aber warum thun Sie das? Wie kann man ſich ſo
der Not ausſetzen?“

„Nun, mit Abſicht habe ich es gerade nicht gethan; da
es aber einmal ſo iſt, ſo nehme ich es ſogar dankbar hin;
inſoweit der Zwang einen Dank verdient. Man lernt an
allem etwas. Für Frauen ſind dergleichen Uebungen nicht
notwendig, da ſie immer nur thun, was ſie nicht laſſen
können; für unſereinen ſind ſo recht handgreifliche Exerzitien
gut; denn was wir nicht ſehen und fühlen, ſind wir ſelten zu
glauben geneigt oder halten es für unvernünftig und nicht
der Beachtung wert!“

Sogleich holte ſie mit Hilfe des Küſters einen kleinen
Tiſch herbei, auf welchem ein paar Teller mit einigem Eſſen
ſtanden.

„Hier ist zum Glück gerade mein Abendbrot. Nehmen
Sie vorläufig etwas zu sich, bis Papa nach Haus kommt und
für Sie sorgt. Geht schnell ins Haus hinüber, Küster, und
laßt Euch von der Haushälterin eine Flasche Wein geben,
hört Ihr? Trinken Sie lieber weißen oder Rotwein, Herr
Lee?"

„Roten!" sagte ich unhöflich, weil ich jetzt wieder verlegen
war, in diesem Zustande zwischen einem hilfsbedürftigen und
unbekannten Landfahrer und einem gut behandelten Ange-
hörigen der Gesellschaft das rechte Wort zu treffen.

„So soll man Euch von unserm roten Tischwein geben!"
rief sie dem abgehenden Küster nach und zog dann an einer
Klingelschnur, worauf ein ländlich gekleidetes Mädchen herbei-
gelaufen kam, welches von meinem Anblick überrascht stehen
blieb und mich mit Erstaunen betrachtete. Es war die Tochter
eines Gärtners, der unter dem gleichen Dache seine Wohnung
hatte; wie sich mit der Zeit ergab, stellte sie die Dienerin und
Vertraute des Fräuleins in einer Person vor und stand mit
der Herrentochter auf du und du.

„Wo steckst du, Röschen?" rief die letztere, „hurtig zünde
Licht an, wir haben eine Heimsuchung und bleiben vorerst
noch hier!"

Ich unterdessen hatte Gabel und Messer ergriffen, um
einer Schnitte kalten Bratens zuzusprechen, war aber neuerdings
verlegen. Das silberne Werkzeug war ein offenbar lange ge-
brauchtes Kinderbesteck; auf der kleinen Gabel war in gotischer
Schrift der Name „Dorothea" sauber eingegraben, und da das
neu angekommene Röschen die Herrin soeben Dortchen nannte,
hielt ich unzweifelhaft ihr eigenes Eßgeräte in der Hand. Ich
legte dasselbe nieder; Röschen bemerkte gleichzeitig den Umstand
und rief: „Was machst du denn, Dortchen? Du hast ja dem
Manne dein eigenes Besteck gegeben!"

Leicht errötend sagte das sogenannte Fräulein Dortchen; „Wahrhaftig, so geht es, wenn man zerstreut ist! Entschuldigen Sie, daß ich Sie mit meinen Kinderwaffen versehen habe! Sollten Sie indessen nicht davor ekeln, so dürften Sie nur ruhig fortfahren, und ich selbst gewänne das Ansehen einer heiligen Elisabeth, welche die Armen aus ihrem eigenen Teller speist."

Auf diesen artigen Scherz wußte ich nichts mehr einzuwenden. Doch wollte es mit dem Essen nicht recht gehen; ich empfand auf einmal keinen Appetit, vielmehr bedrückte mich ein Gefühl, als ob ich am unrechten Orte wäre, und wünschte, draußen auf der Landstraße und in der Freiheit zu sein, mußte aber freilich, daß es nicht gut gehen würde. Es wurde mir etwas behaglicher zu Mute, als ich ein Glas Wein ausgetrunken, das mir Röschen eingeschenkt, mich mit kritischen Aeuglein musternd. Dann lehnte ich mich zurück und sah dem Treiben der beiden Personen zu. Das Fräulein hatte sich inmitten des Saales an einen großen runden Tisch gesetzt und die Gärtnerstochter stand neben ihr. Auf dem Tische befanden sich allerlei Gläser und Krügelchen mit Blumen und bunten Waldsachen, wie sie der Herbst zu bringen pflegt, rote und schwarze Beerenbüschel. Dazwischen lag merkwürdiges, purpurrotes oder goldgelbes Blattwerk, gefiedert und herzförmig, glänzend grüne Epheublätter von besonderer Schönheit, Schilf, alles bereit, zu einem Strauße vereinigt zu werden oder auch so zur Augenweide zu dienen. Die Blumen schienen von dem Kirchhofe zu kommen, wie ich denn sah, daß das Fräulein auch die heute gepflückten eben in ein Glas mit frischem Wasser stellte. Einige Sträußchen waren frisch, andere verwelkt oder halb verwelkt, was anzuzeigen schien, daß die Schöne eine liebevolle Freundin und Pflegerin der Toten sein müsse. Das erinnerte mich an die Sage von der heiligen Elisabeth, die als

Kind mit ihren Genossen gern auf Gräbern gespielt und von den
Toten gesprochen hatte, und da diese Dorothea selbst in jenen
Legenden bewandert war, so verlieh dies alles ihrem Wesen den
Goldglanz einer tieferen Gemütsart, während ihr freies und ent-
schiedenes Benehmen die Voraussetzung einer kirchlichen Bigot-
terie nicht aufkommen ließ.

Ich blickte mit einer Art einschläfernden Wohlgefallens
nach dem Tische hin, sah und hörte mit halboffenen Augen
und Ohren noch eine Weile, was sie thaten und sprachen,
ohne darauf zu merken, bis ich wirklich einschlief. Auf einem
Stuhle neben sich hatte das Fräulein eine umfangreiche Mappe
stehen, aus welcher sie größere und kleinere Blätter nahm, die
auf Bogen starken Papieres zu heften sie beschäftigt war, daß
die Blätter geschützt und mit einem breiten Rande versehen wurden.
Das bewerkstelligte sie mit kleinen Papierstreifchen und etwas
arabischem Gummi, und Röschen hielt ihr diese Dinge bereit.

„Nun müssen wir wieder Papier zuschneiden," sagte sie,
als der Vorrat der Unterlagen soeben zu Ende ging. Sie
schoben die hindernde Unordnung des Tisches eifrig zur Seite,
um Raum zu gewinnen, legten neue Bogen auf und begannen
mit ihren Arbeitsscheren darin zu wirtschaften, wie wenn sie
Leinwand vor sich hätten und Handtücher zuschnitten. Da das
Papier keine leitenden Fäden besaß, so schrumpfte es stellen-
weise auf der Klinge zusammen, oder die Scheren fuhren ins
Krumme, und die Mädchen erlitten allerhand kleinen Verdruß,
den sie sich scherzend vorwarfen.

„Ei, Kind," rief Dorothea, „du machst ja lauter ge-
franzte Ränder, Papa wird unsere Arbeit gewiß kassieren,
wenn er sie sieht, und sich endlich selbst dahinter machen!"

„Und du mit deinem Augenmaß! Sieh wie schief die
Landkarte dort sitzt! Da machen wirs besser, der Vater und
ich, wenn wir die Gemüsebeete abteilen!"

„So schweig doch, ich weiß es ja schon! Es sind aber auch gar zu große Dinger darunter, man kann sie gar nicht ordentlich übersehen! Da haben wir im Institut vernünftigeres Format gehabt, wenn wir unsere Blumenbildchen malten; nun, der Papa bringt die Sachen nachher schon mit Lineal und Bleistift in die Richte. Die Hauptsache ist, daß wir kein Blatt zu klein schneiden; denn er will alle von der gleichen Größe haben. Er hat schon einen Kasten dafür machen lassen, worin sie liegen sollen, wie in Abrahams Schoß; auch ein paar hölzerne Rahmen mit Gläsern hat er für sein Studierzimmer bestellt, um abwechselnd dies oder jenes Blatt darin aufzuhängen, das ihm besonders gefällt. Diese Rahmen werden auf der Rückseite mit bequemen Schiebern versehen sein."

„Was nur an diesen Sachen zu gucken ist? Zu was braucht man sie denn?"

„Ei, du Närrchen, zum Vergnügen! Man muß sie kennen oder verstehen, das ist das Vergnügen! Siehst du denn nicht, wie lustig dies aussieht, alle diese Bäume, wie das kribbelt und krabbelt von Zweigen und Blättern und wie die Sonne darauf spielt? Und alles das hat einer lernen müssen, um es hervorzubringen!"

Röschen legte die Arme auf den Tisch, neigte das Näschen gegen ein Blatt und sagte: „Wahrhaftig, ja, ich seh's! Wie meines Vaters grüne Sonntagsweste! Ist das hier ein See?"

„Warum nicht gar ein See, du Heuschreck! Das ist ja der blaue Himmel, der über den Bäumen steht! Seit wann sind denn die Bäume unten und das Wasser oben?"

„Geh doch, der Himmel ist ja rund und gewölbt und das Blaue hier ist flach und viereckig, wie unser großer Teich, wo der Herr die jungen Linden drum hat pflanzen lassen. Gewiß hast du das Bild verkehrt aufgeklebt! Wend' es einmal um, dann ist Wasser unten und die Bäume sind ordentlich oben!"

„Ja, auf dem Kopf stehend! Das ist ja nur ein Stück vom Himmel, du Kind! Guck durchs Fenster, so siehst du auch nur ein solches Viereck, du Viereck!"

„Und du Fünfeck!" sagte Röschen und schlug der Herrin mit der flachen Hand sanft auf den Rücken.

Ich schlief über dem Mädchengezwitscher, das sich bis hieher ohne meine Teilnahme mir ins Gehör geschmeichelt, wirklich ein, erwachte aber einige Minuten später über einer ganz nah vor mir stattfindenden wohllautenden Ausrufung meines Namens. Die Gärtnerin hatte nämlich nach einem Weilchen, indem sie das aufgezogene Blatt weglegte, in einer Ecke desselben Namen und Jahreszahl zufällig bemerkt und gesagt: „Was steht denn hier geschrieben?"

„Was wird da stehen!" hatte Dorothea erwidert, „der Name des Künstlers, der die Studien gemacht hat; denn das nennt man Studien, Landschaftsstudien! Heinrich Lee heißt er, alles in dieser Mappe ist von ihm!" Dann hatte sie sich plötzlich selbst unterbrochen, nach mir hergesehen und gerufen: „Wie kann man so gedankenlos sein! Das sind ja meistens Schweizerlandschaften, wie Papa sagt!"

Als ich jetzt die Augen aufschlug, stand sie dicht vor mir und hielt einen großen Bogen, zierlich an den obern Ecken gefaßt, vor der Brust, wie eine Kirchenstandarte, den schönen Mund noch geöffnet von dem Ausrufe: „Herr Heinrich Lee!"

Ich war aber schon so schlaftrunken, daß ich die ersten Augenblicke nicht wußte, wo ich mich befand. Ich sah nur ein reizendes Wesen vor mir stehen, das mit freundlichen Augensternen über ein Bild herblickte. Voll traumhafter Neugierde beugte ich mich vor und starrte auf das Bild, bis mir erst die Waldlandschaft als bekannt erschien und ich mich dann auch meiner Jugendarbeit erinnerte. Es war ein über-höhtes Bild, welches zwischen schlanken Stämmen eine helve-

tische Schneefirne schimmern ließ. Ich erkannte es besonders
auch an einer großen, breit wuchernden Schierlingspflanze,
deren weiße auf tiefem Helldunkel schwebende Blütenbüschel
hell vom Lichte gestreift wurden. Diese malerische Pflanze
hatte mir in jenen vergangenen Tagen so viel Freude gemacht,
daß ich sie mit glücklicherem Fleiße, als gewöhnlich, nachge-
bildet, und sie war auch so reichhaltig und gelungen in ihren
speziellen Stengel- und Blätterkünsten, daß ich nie einer zweiten
Schierlingsstudie bedurfte, so lang ich dieses Blatt besaß. Auch
hatte ich ihr ein wehmütiges Fahrewohl gesagt, als ich mich
davon trennte.

Aber von dem Bilde weg blickte ich in das Gesicht hinauf,
welches darüber lächelte, und auch dieses erschien mir in dieser
Nähe und der glänzenden Beleuchtung des Feuers plötzlich
als alt vertraut; und doch wußte ich nicht, wo ich es schon
gesehen. Ich sann und sann, denn die Erscheinung reichte
über diesen Tag, dessen Erlebnisse mir übrigens auch nicht
gleich gegenwärtig waren, in das Vergangene zurück. Unversehens erkannte ich an einem grüßenden Winken der Augen
und der geöffneten Lippen das schöne Frauenzimmer, welches
einst bei dem alten Trödler ins Fenster geschaut und nach
chinesischen Tassen gefragt hatte; und nun zweifelte ich nicht
länger, daß ich noch in einem jener Träume von der mißlungenen Heimkehr begriffen sei, und hielt demnach die ganze
Erscheinung für ein neckendes Traumbild und meine Gedanken
hierüber für das scheinbare Bewußtwerden des Träumenden,
der zu erwachen und sich im alten Elende zu finden fürchtet.
Da ich aber in der That erwacht war und mit lebendigem
Verstande arbeitete, so empfand ich alles um so deutlicher und
stärker, und als ich den Blick wieder auf die unschuldige
Landschaft wandte, in welcher ich jeden bunten Stein und jedes
Gras wieder zu erkennen mir bewußt war, wurden mir die

Augen naß und ich drehte den Kopf zur Seite, um das Traum=
bild verschwinden zu lassen.

Nach Jahren noch entnehme ich dieser kleinen Begeben=
heit, daß das Erlebte zuweilen doch so schön ist, wie das Ge=
träumte, und dabei vernünftiger; und auf die Dauer kommt
es ja nicht an.

Dorothea war verstummt und sah mit Rührung und
Teilnahme meinem Verhalten zu; sie vermochte sich nicht zu
bewegen und verharrte daher eine Minute in ihrer anmut=
vollen Stellung.

Endlich rief sie wiederholt meinen Namen und sagte:
„So sprechen Sie doch! Sind Sie es, der dies gemacht hat?“

Von dem vollen Ton ihrer Stimme ermuntert, stand ich
auf, ergriff den Bogen und nahm denselben prüfend in meine
Hände. „Gewiß hab ich das gemacht,“ sagte ich; „wie kommen
Sie dazu?“ Zugleich wurde ich nachträglich auch der übrigen
Sachen vollständig gewahr, mit denen ich die Frauenzimmer
im Halbwachen hatte hantieren sehen; ich ging zum Tische
hin, nahm einige Blätter in die Hand, störte auch mit ein
paar Griffen in der Mappe herum, alle waren es meine
Zeichnungen und Studien; nichts schien zu fehlen, sie lagen
beieinander, wie sie einst in meinem Besitz gethan.

„Welch ein Abenteuer!“ rief ich nun selbst voll Ver=
wunderung; „wer würde glauben, dergleichen zu erfahren!“

Dann blickte ich wieder auf das Fräulein, das meinen
Bewegungen mit ebenso gespannter als erfreuter Neugierde
und offenen Auges folgte; und ich sagte: „Aber auch Sie
hab’ ich schon gesehen, und ich weiß jetzt, wo Sie die Sachen
geholt haben; Haben Sie nicht eines Tages dem alten Josef
Schmalhöfer ins Fenster gesehen und nach alten Tassen ge=
fragt, als einer dort auf der Flöte blies?“

„Freilich, freilich!“ rief sie; „aber lassen Sie mal sehen!“

Ohne sich zu scheuen, schaute sie mich genau an, indem sie die Hände auf meine Schultern legte.

„Wo hab ich heute nur meine Gedanken?" sagte sie mit neuem Erstaunen; „es ist so! Ich habe dies Gesicht gesehen in der Höhle des Hexentröblers, wie ihn der Vater nennt. Und ob die Wolke sie verhülle, haben Sie geflötet, nicht wahr, Herr Heinrich — Herr Heinrich Lee? Wie heißt es nur weiter?"

„Die Sonne bleibt am Himmelszelt! es waltet dort ein heil'ger Wille, nicht blindem Zufall dient die Welt! Was soll ich nun davon denken?"

„Nun, wenn wir durchaus Mythologie treiben wollen, so mag die allerliebste Gottheit des Zufalls herrschen, so lange sie so artige Streiche macht! Man sollte ihr nur junge Rosen und Mandelmilch opfern, damit sie immer so leicht, so leis und so wohlthätig regiert! Jetzt aber sollen Sie auch in aller Ordnung aufgenommen sein, wie es der denkwürdigen Begebenheit und den Umständen gemäß ist! Im Hause hier ist ein einfaches Gastzimmer. Ich will sogleich die nötige Vorkehr treffen, daß Sie sich vorderhand umkleiden können. Bleibe so lang hier, Röschen, daß dem ärmsten Herrn Lee niemand etwas thut!" Worauf sie forteilte.

Ich wußte nicht, ob ich diese neue Wendung für ein Glück erachten sollte, und beschaute seufzend meine Zeichnungen, die ich so unerwartet wieder gefunden, um sie abermals zu verlieren. Das Mädchen Rosine, welches sich schnell in die gute Laune der Herrin gefunden und mich für schüchtern halten mochte, sagte freundlich: „Machen Sie sich gar nichts daraus! Der Herr Graf und das Fräulein thun immer, was ihnen beliebt und was recht ist. Und wie sie es thun, so meinen sie es auch und kümmern sich nicht um das, was andere Herrschaften sagen."

„Also bin ich gar noch bei einem Grafen?“ versetzte ich
mehr erschrocken als angenehm überrascht.

„Das wissen Sie nicht? Beim Grafen Dietrich zu
W . . . berg.

Da kam nun nach allem noch die Unkunde hinzu, mit
Leuten mir gänzlich fremder Rangklassen umzugehen; ich hatte
in meinem Leben nie mit einem sogenannten Grafen verkehrt
und hegte abenteuerliche Vorstellungen von den persönlichen
Lebensarten und Ansprüchen solcher Herren, die meinen ange-
borenen bürgerlichen Gleichheitssinn beeinträchtigten. Bedachte
ich aber, daß ich, selbst wenn der Hausherr ein Bauer wäre,
in meinen Schuhen schon nicht mehr auf gleichen Füßen mit
ihm stände, so geriet ich in neue Verwirrung über die Wendung, die meine Wanderschaft genommen. Das Mädchen fuhr
jedoch gutmütig fort, mir Mut einzuflößen.

„Der Herr wird sich ganz gewiß verwundern und freuen,
Sie so unvermutet zu finden; denn als er seiner Zeit die
ersten Bilder aus der Residenz gebracht und später immer noch
welche anlangten, hat die Herrschaft sie alle Tage betrachtet
und die Mappe mußte immer bereit stehen.“

Nach einiger Zeit kam Dortchen zurück. „Thun Sie mir
nun den Gefallen und gehen Sie eine Treppe höher!“ sagte
sie; „Röschen wird Ihnen hinaufleuchten und ihr Vater die
weitere Handreichung thun. Machen Sie sich so bequem, als
es in der Schnelligkeit möglich ist, damit Sie in guter Verfassung noch den Papa begrüßen können und ich keinen Ver-
weis wegen versäumter Menschenpflichten erhalte!“

Ich ergriff meine Reisetasche, welche mir Röschen jedoch
abnahm und nebst einem Leuchter vorantrug, und so wanderte
ich in Gottes Namen in den oberen Stock des Gartenhauses
und in die Wohnstube des Gärtners. Dieser saß mit dem
Küster beim Abendtrunk und empfing mich schon als einen

Ankömmling, bei dem alles in Ordnung ist; auch der Küster betrachtete mich jetzt als einen Gast, der wohl empfohlen und erwartet wurde, sich aber offenbar mit der Art seines Auftretens einen eigentümlichen Scherz gemacht hat. Der Gärtner führte mich noch einige Stufen höher, wo auf der dem Schlosse zugewendeten Rückseite des Gartenhauses ein auf hölzernen Säulen ruhendes Sälchen hinausgebaut war. Dies angehängte Lustgebäudchen war außen von den Säulenfüßen bis zum Dache mit purpurrotem Geißblatt bekleidet; inwendig enthielt das Gemach ein Bett und anderes Geräte in so genügender Wahl, daß man nicht nur Nächte, sondern auch Tage darin wohnen konnte.

Auf Stühlen lagen schon bequemliche Kleidungsstücke bereit, deren mich zu bedienen der Gärtner die Einladung ergehen ließ. Um sie nicht anziehen zu müssen, zog ich jedoch vor, mich gleich zu Bette zu legen, zumal ich die Augen zu schließen wünschte, und bat den Gärtner, meine nassen Kleider zu holen, sobald jenes geschehen sei, damit sie getrocknet und gereinigt würden. Als ich nach allem diesem endlich im Dunkeln lag, hörte ich Geräusch von Pferden und Wagen, auch Gebell von Hunden. Das war ohne Zweifel der heimkehrende vornehme Herr, vor welchen heute nicht mehr hintreten zu müssen, ich als schätzbaren Aufschub betrachtete.

Zehntes Kapitel.

Glückswandel.

Der Schlaf war so feſt und andauernd, daß ich erſt um die Mitte des Vormittags munter wurde. Meine Kleider waren in gutem Zuſtande längſt geräuſchlos in das Zimmer gebracht worden; als ich ſie erblickte, pries ich den Handel, den ich mit dem freundlichen Hebräer abgeſchloſſen. So giebt der Augenblick den Dingen ſtets ihren beſondern Wert. Der geringe Ertrag meiner Arbeit erſchien mir jetzt in Geſtalt eines anſtändigen Kleides willkommener, als mir die doppelte oder vierfache Summe zu anderer Zeit geweſen wäre.

Während ich mit dem Anziehen beſchäftigt war, klopfte jemand an der Thüre. Auf mein Herein öffnete ſich dieſelbe weit, und ein großer ſchöner Mann ſtand darin, die Klinke in der Hand, das Gemach ſamt ſeinem Inſaſſen aufmerkſam überſchauend. Er trug einen damals noch ungewöhnlichen Vollbart, der wie das Haupthaar leicht angegraut war, und einen grauen kurzen Jagdrock mit Knöpfen von Hirſchhorn.

„Guten Tag! laſſen Sie ſich nicht ſtören!“ ſagte er mit friſchem kräftigem Klang der Stimme; „ich will nur ſehen, wie es meinem Gaſte geht!“

„Es geht mir ja sehr wohl, Herr Graf, insofern ich die Ehre habe, in Ihnen wirklich den Herrn des Hauses zu begrüßen!" antwortete ich etwas verlegen, indem ich den Kamm weglegte, den ich gerade handhabte, und mich verbeugte, so gut ich es verstand.

„Bitte, fahren Sie fort in Ihrem Geschäfte und thun Sie nicht anders, als wenn Sie zu Haus wären! Zuerst aber seien Sie mir willkommen!"

Er trat mit diesen Worten vollends in das Zimmer und schüttelte mir die Hand, und von dem Augenblick an verlor ich ihm gegenüber jede Befangenheit, denn in seiner Hand, seinem Blicke und seiner Stimme kündigte sich der freie Mensch an, der über den zufälligen Dingen steht.

„Nun sagen Sie aber," rief er lebhaft, indem er sich aus offene Fenster setzte, um mir Raum zu lassen, „sind Sie in der That unser Mann, unser Heinrich Lee, der auf den Zeichnungen überall geschrieben steht? Ihre Bestätigung würde mir das größte Vergnügen machen. Ich habe nämlich in früheren Jahren selbst dergleichen getrieben, gab es aber wegen zu großer Ungeschicklichkeit auf; dagegen freute ich mich jedesmal, wenn es mir gelang, das eine und andere nach der Natur geschaffene Blatt zu erwerben, was indessen nicht oft vorkommt. Nichts konnte mir daher willkommener sein, als der Besitz sozusagen eines ganzen derartigen Vermögens, das die vollständige Entwicklung eines redlich Strebenden und zugleich eine Menge reeller Gegenstände in sich begreift. Als wir die Gelegenheit bei dem schnurrigen Winkelmäcenaten aufstöberten, sorgte ich sogleich dafür, daß alles in meine Hand gelange, suchte auch die Quelle direkt zu erfahren; allein der Alte wußte sie beharrlich geheim zu halten!"

Ich hatte aus meiner Reisetasche ein Päcklein hervorgesucht, das neben den Briefen der Mutter meinen Reisepaß enthielt. Denselben entfaltend hielt ich dem Grafen die Urkunde hin, welche meinen Namen und Stand amtlich bezeichnete.

„Es ist nicht anders, Herr Graf!" sagte ich wohlgemut lachend; „ein romantisches Geschick vergönnt mir, die bescheidenen Früchte meiner Jugendjahre nochmals zu sehen und gut verwahrt zu wissen, eh' ich dahin zurückkehre, wo sie entstanden sind."

Der Graf nahm den Paß und las ihn aufmerksam, um sich die Thatsache recht einzuprägen und nicht aus Zweifel an meinen Worten, wie er sich ausdrückte.

„Es ist ein köstlicher Zufall," setzte er hinzu; „nun kann aber zunächst von Weiterreisen keine Rede sein, wenn wir ihm die gebührende Ehre anthun wollen! Mich wundert, wie Sie in Ihre mißliche Lage geraten sind und wie sich ein solches Leben gestaltet, was Sie ferner zu thun gedenken, und alles ist vergnüglich zu besprechen, während Sie sich bei uns so viel als nötig ist erholen —"

Plötzlich blickte er mit großen Augen auf den Tisch, von dem ich achtlos ein Handtuch weggenommen, um die Hände zu trocknen, die ich inzwischen gewaschen. Dieses Tuch hatte ich vorhin rasch über den Inhalt meiner Wandertasche geworfen, als an der Thüre geklopft wurde, und nun lagen der Schädel und das eingebundene Manuskriptum meiner Jugendgeschichte offen da.

„Das ist ja ein mysteriöses Reisegepäck!" rief er, an den Tisch herantretend, „ein Totenschädel und ein grünseidener Quartant mit goldenem Schloß! Sind Sie ein Geisterbeschwörer und Schatzgräber?"

„Leider nicht, wie Sie sehen!" erwiderte ich und gab in wenigen Zügen die verdrießliche Geschichte mit dem Schädel zum besten, und da das bißchen Sonnenschein mich schon fröhlicher und redseliger machte, so erzählte ich auch noch den gestrigen Scherz, den ich mit dem Waldhüter vorgehabt. Mit seinen ruhig leuchtenden Augen sah mich der Graf durchdringend an.

„Und das Buch, was ist's mit dem?"

„Das hab' ich geschrieben, als ich nichts mehr zu thun und zu leben wußte; es enthält einfach die Beschreibung meiner jungen Jahre, mit welcher ich mir eine Selbstprüfung auferlegte; es ist dann aber ein bloßes Erinnerungsvergnügen daraus geworden. An dem tollen Einband bin ich nicht schuld."

Ich erzählte, wie ich durch das Mißverständnis des Buchbinders um meine letzten Gulden gekommen, alsdann den Hunger kennen gelernt habe und durch das Flötenwunder zu dem Tröbler geraten sei.

„Also das ist die Geschichte, wo Dorothea Sie die Flöte blasen hörte?" rief der Graf mit herzlichem Lachen; „aber weiter! Was ist seither geschehen?"

Ich fügte noch das Abenteuer mit den Fahnenstangen hinzu, und die stille Befriedigung die mir dasselbe gebracht, sowie den Tod der Hauswirtin u. s. w. bis zum Schädelwurf des Wirtes, den ich schon erzählt hatte. Die kurze Begegnung mit Hulda und das übrige verschwieg ich.

Der Graf ergriff das Buch. „Darf man es aufmachen oder gar darin lesen?" frug er, und ich bejahte es gern, wenn es ihm nicht zu langweilig sei.

„So wollen wir jetzt hinübergehen und etwas frühstücken, denn wir essen erst in drei Stunden."

Er nahm das Buch unter den einen Arm, mich unter den andern und wir begaben uns nach dem Schlosse, wie das Hauptgebäude genannt wurde, das zu Anfang des vorigen Jahrhunderts erbaut sein mochte. Der Graf führte mich in seine Zimmer im Erdgeschosse, deren Mittelpunkt ein heller Bibliotheksaal mit geräumigen Arbeitstischen bildete. Auf einem

derfelben ftand ein Frühftück bereit und daneben lag auch
fchon die Mappe mit meinen Studien. Während Graf Dietrich
kameradfchaftlich die Erfrifchung mit mir theilte, fchlug er die
Mappe auf.

„Sie müffen mir die Sachen ordnen," fagte er, „und
können fich zunächft die Zeit damit vertreiben. Viele der
Blätter tragen kein Datum, während die Manieren und Fertig-
keiten, Sorgfältiges und Nachläffiges, glücklich Gelungenes und
Mißratenes, alles zugleich mit ungleicher Sicherheit oder Un-
ficherheit begleitet, fo durcheinander gehen, daß ich die ge-
wünfchte Einordnung nach der Zeitfolge nicht recht zuftande
bringe. Ich weiß nicht, ob Sie mich verftehen! Hier ift ein
Blatt, welches bei unentwickeltem Können, das offenbar auf
frühere Anfänge zurückweift, dennoch den Nagel auf den Kopf
getroffen hat und mit anmutigem naivem Gelingen gekrönt
ift; dort paart eines mit vorgefchrittener Sicherheit des Mach-
werks ein fichtliches Fiasko des Gewollten, kurz, alles dies ift
mir intereffant und ich wünfchte die Sammlung fo chrono-
logifch genau als möglich geordnet zu fehen, das heißt, dasjenige vorbehalten, was wir überhaupt darüber noch be-
fchließen werden. Ich habe heut früh fchon in diefer Hinficht
nachgedacht!"

Ich war überrafcht von dem richtigen Verftändnis, mit
welchem er durch hervorgezogene Beifpiele fein Urteil belegte.
Doch holte er aus einem Schranke noch einige Hefte herbei.

„Hier ift aber noch ein Fall, aus dem ich nicht recht
klug werde; find diefe Gebilde wirklich auch von Ihnen? Ich
fehe, daß es zerfchnittene Sachen find, weiß fie aber nicht zu-
fammenzubringen."

Es waren meine gewefenen Kartonkompofitionen. Das
Tröbelmännchen hatte aber die Blätter der verfchiedenen Hefte
durcheinander geworfen, bunte und grau in grau gehaltene,

größere und kleine jedem Hefte zugeteilt und so nach seiner Meinung einen gleichmäßigeren Wert der Mannigfaltigkeit in die tolle Sammlung gelegt. Auch mochte der Graf dieselbe noch nicht gründlich untersucht haben, und ich begriff, daß auf diese Weise es schwierig war, einen Zusammenhang herauszufinden. Ich begann, die vielen Blätter rasch auszusondern, wählte eine hinlänglich freie Fläche des Zimmerbodens und fügte dort den altgermanischen Eichenhain zusammen.

Der Graf betrachtete das große Wesen stillschweigend, bis er sagte: „Also dergleichen haben Sie getrieben? Warum ist es denn zerschnitten?"

„Weil ich es nur auf diese Art dem Alten aufbinden konnte; denn er hätte mir für diesen ganzen bunten Karton kaum mehr gegeben, als ich dann für die einzelnen Bruchstücke erhielt. Auch hätte ich offen gestanden nicht gewünscht, daß die ungeheuerlichen Fahnen in seiner Unglücksspelunke gesehen und von da weiß Gott wohin verschlagen worden wären. Es konnte ja einem Bierwirt einfallen, seine Kegelbahn damit zu tapezieren, und ich wäre, da das Vorhandensein dieser Versuche in der Künstlerschaft nicht unbekannt geblieben ist, auf eine melancholische Weise sprichwörtlich geworden! So aber war es weniger wahrscheinlich!"

Ich nahm die Blätter wieder auf und legte die Urstierjagd hin, dann die mittelalterliche Stadt und die übrigen Erfindungen.

„Nun weiß ich doch, was Sie gewollt haben!" sagte der Graf; „Sie sind aber ein Barbar, denn wie können wir die Schilderei wieder herstellen ohne Verderbnis?"

„Man läßt beim nächsten Schreiner leichte Blendrahmen von Tannenholz anfertigen, bespannt diese mit einem billigen Gewebe und leimt einfach die Blätter darauf, wie sie gewesen sind; es wird ein Netz von feinen Fugen sichtbar bleiben, das nichts schadet. Aber was in aller Welt wollen Sie damit anfangen?"

„Ueber den Bücherschränken hier sollen sie hängen. Dunkelfarbig eingerahmt und übrigens teilweise nicht ganz fertig, wie sie sind, werden sie als Denkmale des Studiums und der Arbeit an ihrem Platze und für mich, zumal der Urheber selbst in diesem Hause gewohnt hat, ein stattliches Konkretum sein "

In der That boten die Wände des hohen Zimmers oberhalb der eichenen Schränke noch hinlänglichen Raum; wenn ich mir die seltsamen Früchte meiner Arbeit dort aufbewahrt vorstellte, so mußte ich mich des freundlichen Geschickes erfreuen, das ihnen doch noch vergönnt war. Denn über ihnen erhob sich feierlich die halb gewölbte Decke des Saales, und einige antike Büsten, Globen u. dgl, die auf den Eichenschränken standen, zierten und schmückten die Bilder eher, als daß sie dieselben verbargen oder verunstalteten.

Der Graf jedoch fuhr fort: „Ihre Frage muß ich Ihnen zurückgeben: Was gedenken Sie denn mit sich selbst jetzt anzufangen?"

„Das ist mir in diesem Augenblicke zum Teil klar geworden, insoweit ich jetzt mit äußerlichen Ehren, sozusagen mit versöhntem Herzen der Halbheit, die ich betrieben, Valet sagen und mich in letzter Stunde einem Leben zuwenden kann, das mir besser ziemt, wenn es auch bescheidener ist. Was es sein wird, weiß ich freilich noch nicht; doch werde ich nicht lange zaudern."

„Entscheiden Sie sich nicht zu früh, obgleich ich Ihre Stimmung zu verstehen glaube! Vor allem wollen wir, fällt mir ein, das Geschäft bereinigen! Wollen Sie die Studien wieder haben, und wenn nicht, unter welchen Bedingungen wollen Sie mir dieselben lassen?"

„Sie sind ja Ihr Eigentum!" sagte ich verwundert.

„Was Eigentum! Sie werden doch nicht glauben, daß ich, nun ich Sie kenne und in meinem Hause habe, Ihre Mappe um das geringe Geld behalten will; denn denken Sie nicht etwa, daß ich dem Kauze viel habe bezahlen müssen; er hat sich mit einem höchst bescheidenen Gewinne begnügt. Oder wollen Sie mich etwa schon beschenken?"

„Ich meine, daß die Mappe ihr Schicksal erfüllt und ihren Dienst geleistet hat. Sie hat mir zur Zeit der Not das Leben gefristet; jeder Groschen, den sie mir eintrug, hatte für mich den Wert eines Thalers, und so habe ich mich ihrer zu Recht bestehend entäußert. Was hin ist, soll man fahren lassen!"

„Dies würde mir gefallen, wenn die Umstände anders beschaffen wären. So aber ist es eine Ziererei, die wir lassen wollen. Ich bin reich und würde die Sammlung um jeden annehmbaren Preis kaufen, auch wenn Sie selber gar nichts davon bekämen, also ohne Rücksicht auf Sie. Lernen Sie auf Ihrem Rechte bestehen, wenn es niemand drückt und ängstigt, auch wenn es nur ein moralisches ist, und nehmen Sie den Wert, der Ihnen gebührt, ohne Scheu; nachher können Sie damit thun was Sie wollen! Also nennen Sie einen Preis, wie er Ihnen gut dünkt, und ich werde froh sein, die Sachen zu behalten!"

„Gut denn," erwiderte ich lächelnd und nicht ohne geheime Lust, meine Umstände so schnell gebessert zu sehen, „so wollen wir den Handel gründlich abschließen! Es müssen ungefähr achtzig ausgeführtere gute Blätter sein, die durchschnittlich in einem ordentlichen Verkehre, bei gerechter Schätzung, jedes seine zwei Louisdors gelten dürften, einzelne mehr, andere weniger; dann werden gegen hundert geringere Abschnitzel und Skizzen da sein, die teilweise bis zur Wertlosigkeit herabreichen. Diese rechnen wir zu einem Gulden in einander, und von der

Summe, welche sich ergibt, ziehen Sie diejenige ab, die Sie
dem Herrn Schmalhöfer im ganzen bezahlt haben!"

„Sehen Sie," sagte der Graf, „das ist vernünftig gesprochen! Ich kann Ihnen gleich sagen, daß ich dem Tröbler
für die Sachen, die Kartons mit eingeschlossen, dreihundert
und zweiundfünfzig Gulden und achtundvierzig Kreuzer bezahlt habe."

„Dann hat er wirklich nicht so viel verdient, wie ich gedacht," versetzte ich, „da ich ungefähr die Hälfte dieser Summe
erhalten habe."

„Das macht, er hat sich eben auf diesen Zweig seines
blühenden Geschäftes nicht sonderlich verstanden! Um aber auf
die Kartons zurückzukommen, die Sie beinah vernichtet haben,
so verhandeln wir dieselben später, wann sie wieder hergestellt
sind. Jetzt zählen wir den Inhalt der Mappe ab, damit Sie,
wenn wir zu Tisch sitzen, Ihr Vermögen kennen und der Sorge
dieses Tages ledig sind!"

Ich errichtete nun zwei Haufen für die leichtere und
schwerere Ware und warf die Blätter nach ihrer Beschaffenheit
ohne langes Besinnen auf einen derselben. Der Graf rettete
mehrmals ein zu leicht erfundenes Blatt und legte es auf die
bessere Seite. Am Ende wurden beide Haufen gezählt und
berechnet, worauf der Mann sich in ein inneres Zimmer begab
und mit der Summe, die über anderthalbtausend Gulden an-
stieg, zurückkehrte. Er legte sie in Gold aufgezählt vor mich
hin; ich dankte ihm mit freudeheißem Gesicht, zog mein Leder-
beutelchen hervor, in welchem das kümmerliche Reisegeldchen
weilte, nahm dieses heraus und that das Gold hinein, von
dem der Beutel ganz rund anschwellte. Ich mußte nun, daß
ich in bessern Umständen nach Hause gehen und der Mutter
einen Teil des für mich Geopferten wiederbringen konnte.

„Wie ist Ihnen jetzt zu Mut?" sagte der Graf, als er

meine frohe Zufriedenheit bemerkte, da ich eine wirkliche Handvoll jenes Traumgoldes in der Tasche barg; „fühlen Sie nicht
die Luft, abermals umzukehren und die Sache doch noch ein
Weilchen fortzusetzen? Denn nach diesem Anfang, den herbeizuführen mir vergönnt ist, kann ja die Wendung zum beſſern
leicht ihren Fortgang haben!"

„Nein, das wird sie nicht! Dazu trägt mir das ganze
Abenteuer zu sehr das Gepräge einer Einzigkeit, die sich nicht
wiederholt. Auch liegt mein Entschluß bereits in einer tieferen
Schicht, als in derjenigen des leiblichen Fortkommens; ich habe
beſſere Leute geſehen, als ich bin, die ihn ausgeführt haben,
mitten in lohnender Thätigkeit, weil ihre Seele eben nicht recht
dabei war."

Ich erzählte ihm die Geschichte von Erikson und Lys.
Er schüttelte aber den Kopf und meinte: „Diese Fälle sind ja
unter sich verschieden und beide wieder von dem Ihrigen!
Allerdings sind auch Sie nicht einfach ein dummer Pfuscher,
und wären Sie ein solcher, so hätte das Verlaſſen des Berufes
gar keine Bedeutung und könnte uns hier nicht weiter beschäftigen. Allerdings, ich gestehe es, gefällt es mir unter Umständen sehr wohl und erscheint mir als ein Zug geistiger
Kraft, ein Handwerk, das man versteht, durchschaut und
empfindet, wegzuwerfen, weil es uns nicht zu erfüllen vermag.
Allein Sie haben sich, wie mich dünkt, noch nicht genug geprüft. Gerade weil Sie die äußere Höhe, die Sicherheit jener
beiden Männer noch nicht erreicht haben, scheinen Sie mir noch
nicht berechtigt zu sein, den stolzen Schritt der Resignation
zu thun!"

Ich lachte, indem ich an die Kostspieligkeit eines derartigen
Verfahrens für meine Umstände dachte, sagte aber hievon
nichts, sondern bemerkte bloß: „Sie täuschen sich, Herr Graf!
Ich habe meinen bescheidenen Höhepunkt erreicht und kann

11*

wirklich nichts besseres machen; ich würde auch unter günstigeren
Verhältnissen höchstens ein bilettantischer Akademist werden, der
etwas Absonderliches vorstellen will und nicht in Welt und
Zeit paßt!"

„Nicht so! Ich sage Ihnen, es war nur Ihr guter In=
stinkt, der Sie nicht das Gewünschte zuweg bringen ließ. Ein
Mensch der zum bessern taugt, macht das Schlechtere immer
schlecht, so lang er es gezwungen macht. Denn nur das
Höchste, was er überhaupt hervorbringen kann, macht der Un=
befangene recht; in allem andern macht er Unsinn und Dumm=
heiten. Ein anderes ist es, wenn er aus purem Uebermut
das Beschränktere wieder vornimmt, da mag es ihm spielend
gelingen. Und dies wollen wir, denk' ich, noch versuchen!
Sie müssen nicht so jämmerlich davonlaufen, sondern mit gutem
Anstand von dem Handwerk Ihrer Jugend scheiden, daß keiner
Ihnen ein schiefes Gesicht nachschneiden kann! Auch was wir
aufgeben, müssen wir mit freier Wahl aufgeben, nicht wie der
Fuchs die Trauben!"

Zu diesen Worten schüttelte ich meinerseits den Kopf, nur
darauf bedacht, mit meiner unverhofften Beute die Heimat so
bald als möglich zu erreichen. Doch wurde das Gespräch durch
die Ankunft eines geistlichen Herren, des Ortskaplanes, unter=
brochen, der, durch den Küster von dem Erscheinen des aben=
teuerlichen Gastes unterrichtet, von seinem Rechte, sich nach
Gefallen etwa zur Tafel einzufinden, Gebrauch machte, um die
Neugierde zu stillen. Die Beine in hohe glänzende Stiefel
gestellt, im wohlgebürsteten schwarzen Rocke, Hut und Stock in
der einen Hand, schwenkte er die andere im Bogen und stellte
sich mit humoristisch tiefen Verbeugungen als den Abgesandten
der Schloßdame dar. Sie ließ sagen, daß der Tisch gedeckt
sei und sie uns auf der Gartenterrasse erwarte. „Denn,"
sagte er scherzend, „ich ermüde nicht, ihre Ketten so lang

zu tragen, bis ich sie daran in den Himmel hinauf gezogen habe!"

Ich wurde vorerst dem Herren bekannt gemacht, worauf wir uns nach dem bezeichneten Orte begaben. Das Fräulein spazierte auf der Terrasse in dem milden Sonnenscheine, der heut auf dem Lande lag. Sie begrüßte mich freundlich, sagte, wir hätten uns ja eine Ewigkeit nicht gesehen, und frug, wie es mir gehe. Statt aber die Antwort abzuwarten, forderte sie den Kaplan auf, ihr den Arm zu geben, was derselbe mit einer sich immer gleich bleibenden spaßhaften Umständlichkeit that, und so schritt sie dem Grafen und mir voran in das Haus und die breite Treppe hinauf, bis wir in das Speise-zimmer gelangten. Schon dieser kleine Aufzug durch das stattliche Treppenhaus und die langen Korridore ließ mich an den Pfad der Mühsal denken, den ich vor kaum vierundzwanzig Stunden gewandelt, und als wir vier Personen nun um den runden Tisch saßen, von einem schwarz gekleideten stillen Manne bedient, der weiße Handschuhe trug, war ich ganz betreten von dem wunderlichen Schicksalswechsel, der doch wiederum mit meiner Hände Arbeit und den entschwundenen eigenen Lebens-jahren zusammenhing. Das Mittagsmahl war indessen so wenig prunkhaft und weitläufig und der Ton so frei und un-befangen, daß ich mich bald dem ruhigsten Behagen hingab und den lieben Gott einen guten Mann sein ließ. Der Kaplan trug hauptsächlich die Kosten der Unterhaltung, indem er mit dem Fräulein zahlreiche Witzworte wechselte, deren Bedeutung mir nicht klar wurde.

„Sie müssen nämlich wissen," wandte er sich unversehens zu mir, „daß unsere Gnädigste mich zu ihrem lustigen Rat, zu deutsch zu ihrem geistlichen Hofnarren erkoren hat, und daß ich mich diesem schwierigen Amte nur unterziehe, um doch noch dero ungläubige Seele zu erretten, was keineswegs ausbleiben wird!"

„Glauben Sie's nicht!" sagte Dorothea; „Se. Ehrwürden spielen im Gegenteil mit mir, deren Seele sie ohnehin für verloren halten, wie ein mutwilliges Kätzlein einen Schmetterling zerpflückt!"

„Laßt euch nicht zu stark auf mit eueren Witzen, Leutchen!" warf der Graf dazwischen; „unser Freund hat's auch hinter den Ohren und führt ebenfalls einen Schalksnarren mit sich, mit dem er sich sogar in die Weltregierung einmischt."

Er teilte den Tischgenossen den Vorfall mit dem Waldhüter und dem Totenkopfe mit. Die Verwunderung und der Beifall, welchen die Begebenheit fand, verlockten mich, nun die eigentliche Geschichte des Albertus Zwiehan, wie sie mir ein für allemal als fable convenue galt, vorzubringen, namentlich wie er durch die beiden Schönen, Cornelie und Afra, oder vielmehr durch das Schwanken zwischen ihnen um Erbe und Leben gekommen sei. Dorothea hörte mit halbgeöffnetem Munde zu, während die blühenden Lippen ein Lächeln umspielte und in der Kehle kleine abgebrochene Glockentöne ein wirkliches Lachen verrieten, das sie aber nicht aufkommen ließ.

„Dem ist aber recht geschehen!" rief sie aus, „der war ja ein schändlicher Patron!"

„Ich möchte ihn nicht so grausam verurteilen," wagte ich zu antworten; „nach Herkommen und Erziehung war er ja ein halber Wilder und tappte mit dem Egoismus eines Kindes nach jeder Flamme, die vor ihm aufleuchtete, ohne zu wissen, was Liebe ist und daß die Dinger brennen!"

Über diesen kennerhaften Ausspruch wurde ich jedoch selbst ganz heiß im Gesicht und bereute sogleich, ihn zum besten gegeben zu haben; nicht nur bemerkte ich, daß der Kaplan mit seiner von einem studentischen Säbelhiebe eingedrückten Nase ein humoristisches Gesicht gegen das Fräulein machte, sondern ich fühlte auch die Schwäche meiner eigenen Lebensgeschichten,

ohne welche ich ja nicht hierher verschlagen worden wäre. Ich
nahm mir im stillen vor, den Stab so bald als möglich
weiter zu setzen, und als nach Tisch davon die Rede war, wie
der Rest des Tages zuzubringen sei, drückte ich den Wunsch
aus, vor allem einen Handwerker zu finden, der die Blend=
rahmen für die wiederherzustellenden Kartons anfertigen könne.
Der Kaplan anerbot sich, mich zum Dorfschreiner zu bringen,
welcher der einfachen Arbeit ohne Zweifel gewachsen sei. Als
man nun auch der Unterlage für die zusammenzufügenden
Fragmente gedachte, zeigte es sich, daß in der Pfarrwohnung,
deren Unterhaltungspflicht dem Grafen als Patronatsherrn
oblag, soeben ein Tapezierer aus der Nachbarschaft beschäftigt
war, die Wohnstube des Kaplans mit einem frischen Wand=
schmucke zu versehen.

„Er hat genug Papierwerk bei sich, um die Rahmen zu
beziehen," sagte der Geistliche, „langes Maschinenpapier, das
er unter die Tapete legt, damit ich hübsch warm bekomme!"

„Das genügt mir nicht," versetzte der Graf, „es muß ein
festes Tuch sein, damit es vorhält. Da der Mann zugleich Ma=
tratzen macht, so wird er dergleichen wohl beibringen können.
Indessen macht ihm Herr Lee vorläufig die nötige Bestellung.'
Dann mögen beide, der Tischler und der Tapezierer, jener mit
den gehobelten Leisten, dieser mit dem Tuche, hierher kommen
und die Rahmen unter Aufsicht nach den genauen Maßen zu=
schneiden und fertig machen!"

Der Bethätigung froh begab ich mich mit dem Kaplan
auf den Weg nach dem sehr ansehnlichen Dorfe, in welchem die
Hauptkirche von neuerer Bauart stand. Den Namen führte
es gemeinschaftlich mit dem Grafen= oder früheren Freiherren=
geschlecht, und der Kaplan, der mich fortwährend kurzweilig
unterhielt, zeigte mir auf einem Bergrücken die grauen Trümmer
des ursprünglichen Stammsitzes. Vergnüglich besorgte ich unter

seiner Führung das kleine Geschäft und kehrte nach einem langen Spaziergange, den ich für mich allein unternahm, in das Schloß zurück.

Der Graf war ausgeritten; nach dem Fräulein zu fragen hielt ich nicht für schicklich. Ich verweilte daher einsam auf der Terrasse und besah mir die Abendwolken, diese freundlichen Begleiter, die sich unermüdlich auflösen und wieder bilden, um zu tausenden von Malen die irrenden Augen an sich zu ziehen und auf sich ruhen zu lassen. Welch' ein Haushalt, dachte ich, drin das unentbehrlichste Existenzmittel zugleich einen unerschöpflichen Überfluß an Schaugebilden schafft für arm und reich, jung und alt, in allen Lagen ein Spiegel des Gemütes und sein stiller Richter, der alles sieht!

Aus dieser sanftmütigen Betrachtung weckte mich Dorotheas elastischer Schritt, der mir bereits nicht mehr unbekannt war. Sie stieg rasch die Stufen der Terrasse herauf, mein schönes grünes Buch in der Hand.

„So allein läßt man Sie?" rief sie mir entgegen; „wissen Sie, wo ich herkomme? Von dem Kirchhof, dort habe ich in Ihrem Schreibbuche gelesen, die Geschichte von der kleinen Meret, die nicht beten wollte! Durfte ich es auch und darf ich mehr darin lesen? Papa hat ein paar Stunden heute Nachmittag darüber zugebracht und mir dann das Buch gegeben, damit ich die Geschichte lese. Sehen Sie, hier hab' ich ein Epheublatt von einem Kindergrabe hinein gelegt! Aber nun müssen Sie unsereinem auch die Hand geben, wenn man sich begegnet; denn nun sind Sie uns schon näher bekannt!"

Elftes Kapitel.

Dortchen Schönfund.

___

Nach einigen Tagen war ich mit dem Ordnen der
Studienblätter und der Wiederherstellung der größeren und
kleineren Kartonlandschaften zu Ende. Die letzteren waren
vorläufig, bis die aus der Hauptstadt zu beziehenden Ein-
faffungen anlangten, an die ihnen bestimmten Orte gehängt
worden, wo der Graf sie abwechselnd mit Zufriedenheit betrachtete. Ohne einen größeren Wert beanspruchen zu können,
erhöhten sie in der That den malerisch ernsten Anblick des
Bibliotheksaales und verschafften mir das wohlthuende Gefühl,
sie als Zeugnisse ehrlichen Wollens an solcher Stelle gerettet
zu wissen, wie ich schon bemerkt habe. Dazu ließ es der
Graf nicht an aufrichtenden Aeußerungen fehlen.

„Mögen Sie die künstlerische Laufbahn fortsetzen oder
nicht," sagte er, „so werden mir die Bilder fast gleich wert
bleiben, im ersten Falle als Wegezeichen eines Entwicklungs-
ganges, im andern als Illustration oder Ergänzung Ihrer
Jugendgeschichte, die ich nun durchgelesen habe. Jeder braucht
Liebhabereien; die meinigen dehne ich nun aus auf das Wahrnehmen eines Lebensganges, wie der Ihrige sich darbietet.
Sie sind ein wesentlicher Mensch, aber Sie leben in Symbolen,

sozusagen, und das ist ein gefährliches Handwerk, besonders wenn es in so naiver Weise geschieht! Doch wollen wir darüber uns jetzt keine grauen Haare wachsen lassen, wenigstens nicht Sie; denn was mich betrifft, so kann ich dies Sprichwort leider nicht mehr gut anwenden. Was mir zunächst obliegt, ist die Vergütung, die ich Ihnen für diesen Schmuck meines Büchersaales zu leisten habe!"

„Das haben Sie ja schon gethan!" sagte ich fast er=
schrocken, daß ich schon wieder Geld erhalten solle, so verdächtig war mir dies ungewohnte Glück; und doch zierte ich mich eher, als daß es mir Ernst war, ohne doch die Ziererei zu beab=
sichtigen. Denn der Graf dauerte mich in meine eigene Armut hinein ob so starken Ausgaben.

Er rief aber: „Machen Sie keine Umstände, mein Lieber!
Es soll nicht ein Kaufpreis sein, denn ich weiß wohl, das solche Sachen nicht leicht an Mann zu bringen und für jeder=
mann brauchbar wären; es ist vielmehr eine Diskretionsfrage für mich und für Sie eine Notwendigkeit. Da das also so zusammentrifft und außerdem zur Durchführung unseres unge=
wöhnlichen Abenteuers beiträgt, warum sollten wir demselben die Ehre nicht anthun?"

Hiemit schob er mir eine Papierhülle voll Banknoten in die Brusttasche; es war, wie ich später fand, eine gleiche Summe, wie er mir schon ausbezahlt, so daß ich also schon doppelt so reich dastand, als nur vor einigen Tagen.

„Nun," fuhr er fort," „sprechen wir von der Hauptsache, davon nämlich, was Sie beginnen wollen? Ich fühle auch, daß Sie umsatteln sollten; für einen biedern Landschafter ist Ihre Einrichtung zu weitläufig, zu winkelig, zu irrgänglich und unruhig, da muß ein anderer Hausmeister hinein! aber nicht so trübselig und unfreiwillig muß es geschehen, sondern,

wie wir schon gesagt, mit dem Anstand eines freien Ent=
schlusses, der allenfalls auch anders zu fassen war!"

„Dem Anstand ist ja schon Genüge gethan durch die Auf=
nahme, welche Sie meinen zweifelhaften Erzeugnissen gewähren!"

„Nein, in meinem Sinne nicht! Sie müssen sich selbst
noch den Beweis leisten, daß Sie wenn auch nicht glänzend
doch mit Ehren bestehen könnten bei dem Berufe, den Sie ge=
wählt; dann erst mögen Sie sich bedanken und daran vorbei=
gehen! Malen Sie bei uns ein fertiges Bild, mit gesammelter
Kraft, aber leichten Herzens, keck und ohne Sorgen, und ich
will wetten, wir verkaufen es!"

Ich schüttelte abermals den Kopf, da ich an die Monate
dachte, welche ein solches Unterfangen noch kosten würde.

„Diese That," sagte ich, selbst wenn sie gelänge, würde
ja wieder nichts anderes als eines der Symbole sein, von
denen Sie sagen, Herr Graf, daß ich in ihnen lebe, und in
diesem Falle eines, das mir doch zu kostspielig wäre! Auch
haben Sie selbst mit Ihrer Großmut dahin gewirkt, daß die
Heimreise mir nun in den Gliedern liegt!"

„Hören Sie an!" versetzte er, „wir wollen ohne längeres
Zaudern vorgehen! Aber eine Nacht müssen Sie die Frage
noch beschlafen. Machen Sie sich auf morgen früh reisefertig,
der Wagen soll bereit stehen; dann bringe ich Sie je nach
Ihrem letzten Worte entweder zur Station der nach der Schweiz
durchgehenden Post oder wir fahren zusammen nach der Haupt=
stadt, wo ich ohnedies zu thun habe und Sie die für Ihre
Arbeit nötigen Einkäufe besorgen. Soll es gelten?"

Ich schlug ein, zweifelte aber nicht, daß ich den Weg in
die Heimat wählen werde.

Diesen Tag sollte das Essen in dem sogenannten Ritter=
saale eingenommen werden, einem in den oberen Stockwerken
liegenden und mir noch unbekannten Raume. Dorothea kam

in die Bibliothek, uns das zu verkünden. Es sei dort vermöge
der Sonnenseite heute eine so milde Temperatur, daß der Saal
nicht brauche geheizt zu werden und der schöne Herbsttag zu
den Fenstern hereinspazieren könne. Sie selber sah, wie ich
mit stillem Erstaunen wahrnahm, einem hellen Junitage gleich;
auch der Graf betrachtete sie überrascht einen Augenblick. Sie
war in schwarzen Atlas gekleidet, trug um Hals und Brust eine
vornehme Spitzenzierde, und in dieser verlor sich eine Perlen-
schnur. Die dunkle Lockenlast aber war heut mit besonderem
Schwunge nach dem Nacken zurückgeworfen, während die hierdurch zu Tage tretenden lichten Felder der Schläfengegend dem
Kopfe einen Ausdruck von Freiheit, wo nicht von Stolz ver-
liehen.

„Was hast du denn vor, daß du dich so aufgeputzt?"
sagte der Graf, „erwartest du Gäste, von denen ich nichts
weiß?"

„Nichts weiter hab' ich vor," erwiderte sie, „als daß ich
dem schönen Wetter und dem Saale zu Ehren ein bißchen
Staat machen will. Dazu hoff ich, durch das Ensemble aller
dieser Dinge unserm Freunde, dem Herren Lee, einen bunten
Eindruck zu verschaffen; vielleicht, wenn er seine Geschichten
fortsetzt, beschreibt er es einst auf einer halben Seite, und mit
dem Saale schmuggelt sich meine fragwürdige Figur zugleich
in das Buch hinein! Heut steht überdies Narzissus im katho-
lischen und im protestantischen Kalender, und da dürfen wir
uns allerseits ein wenig der Eitelkeit hingeben, nicht so, Herr
Heinrich?"

Obgleich sie diese Rede in einer halb wehmütig ernsten,
halb anmutig lächelnden Weise vorbrachte, welche keine bösliche
Absicht verriet, so schien mir doch das Wort Narziß eine
Stichelei auf die Selbstbespiegelung meines Schreibbuches zu
sein, zumal mir nicht recht wohl dabei war, es aus der Hand

gegeben zu haben. Aus welcher Tiefe, sei es des Urteils oder des bloßen Scherzes, solche Stichelei aufsteigen mochte, sie dünkte mich gleichermaßen beschämend und ich fühlte die Röte im Gesicht, ohne ein Wort der Erwiderung zu finden. Sie beachtete das aber nicht und merkte nichts davon, so daß ich ihr wohl zu viel Absicht zugetraut haben mochte.

Der erwähnte Saal war wirklich bunt genug, aber mit Würde und Feierlichkeit. Ein scharlachroter Teppich spannte sich über den ganzen Fußboden; der Plafond war in seiner Länge und Breite von einem einzigen Freskogemälde bedeckt, der Wandraum zwischen demselben und der etwa mannshohen dunkeln Holzbekleidung durchaus mit den Bildnissen der Vorfahren behangen. Ueber einem schwarzen Marmorkamine türmten sich alte Waffen und Rüstungen empor; andere feinere Waffen glänzten in Glasschränken, besonders kostbare Degen und Schwerter, deren Abbilder man auf manchem Bildnisse ihrer ehemaligen Träger wieder erkannte. Aber es waren auch Waffenstücke aus Jahrhunderten da, in welche keine Bilder zurückreichten. So zeigte ein kleiner dreieckiger Schild noch kaum erkennbar das älteste einfache Wappenschild des Geschlechts, das nur eines von den zwanzig Feldern des jetzigen Wappenschildes ist, auf dessen oberem Rande vier gekrönte Helme sitzen wie vier Hähne auf einer Stange.

Ich konnte mich nicht enthalten, eifrig umher zu gehen und die Augen an all' den schönen Dingen zu weiden; der Graf erklärte mir ein und anderes, Dorothea brachte Schlüssel herbei und öffnete die wohlverwahrten Schränklein eines großen Buffets, in welchen ein altertümlicher Silberschatz schimmerte. Andere Schränke waren in das Holzgetäfer der Wände eingelassen und enthielten Handschriften auf Pergament mit glänzenden Miniaturen, viele Urkunden mit hängenden Siegeln in Holz- oder Silberkapseln, auch ohne Kapseln und halb zer-

bröckelt. Der Graf zog ein paar solcher Urkunden hervor und
entfaltete sie; ich konnte sie aber nicht lesen, denn sie stammten
aus dem zwölften oder gar elften Jahrhundert und waren
kaiserliche Briefe, die sich auf den Fleck Landes bezogen, auf
welchem wir standen Als ich meine Verwunderung über so
reiche Erinnerungen und Denkmäler bezeugte, dergleichen ich
noch nie gesehen, bemerkte der Graf, er habe eben den ganzen
Familienkram in diesem Saale aufgestapelt, wo derselbe sein
Dasein genießen möge, ohne die Lebenden auf Schritt und
Tritt zu behelligen. Seine Freude daran sei nur eine mäßige
und nicht größer, als sie etwa jeder Sammler auch empfinde.

„Ei," sagte ich, „solche Anschaulichkeit und Durchsichtig=
keit einer langen Vergangenheit, die sich auf uns selbst bezieht,
läßt sich doch nicht willkürlich vergessen und verwischen, und
man sollte sich ihrer freuen können, ohne sie unfreisinnig zu
mißbrauchen!"

„Man sollte es denken; wer aber die Erfahrung davon
hat, weiß, daß man unter Umständen der sechs oder sieben
Jahrhunderte müde werden kann. Ich habe mir auch schon
gewünscht, in einem freien Rechtsstaate einer erhaltenden Aristo=
kratie anzugehören vermöge der Abkunft, das Wort Aristokratie
natürlich nur im Sinne erhöhter freiwilliger Leistungen ver=
standen. Allein das sind Träume, aus verschiedenen Gründen,
und so bleibt einem Adelsmüden nur der Ausweg, gelegentlich
im allgemeinen Volkstume aufzugehen. Das hat aber auch
seine Schwierigkeiten und ist ohne glückliche Ereignisse nicht so
leicht auszuführen, und so läßt sich auch hier das Schicksal
weniger lenken, als man glauben sollte. Mein Vater, der
lediglich durch seine Geburt ein Reiterführer war, ist in der
Heeresfolge des französischen Revolutionswesens in Rußland
elend ums Leben gekommen Mein älterer Bruder, der für
einen Querkopf galt, ging nach Südamerika, um in seiner Art

ein neues Leben zu beginnen; allein da fiel er erst recht
dem unvernünftigen Zufall anheim und verlor frühzeitig in
dortigen Händeln das Leben. Von einer iberischen Adelsdame,
mit der er sich kurz vorher ehelich verbunden haben soll, ist
uns niemals eine weitere Nachricht zugekommen. Nun bin ich
der Majoratsherr und die ganze Herrlichkeit steht auf meinen
zwei Augen, da ich absolut der letzte unserer Linie bin. Hätte
ich einen Sohn, so wäre ich schon mit ihm nach der neuen
Welt gegangen, um in der verjüngenden Volksflut unterzu=
tauchen. Für mich allein lohnt es nicht mehr der Mühe,
sintemal ich im übrigen mich mit dem Leben nicht unzufrieden
fühle! Doch setzen wir uns zu Tisch, da es unserer Dame
einmal gefällt die Ahnfrau zu spielen!"

„Das thu' ich! Mir gefällt es einstweilen recht wohl in
diesem Saale, der nicht zu unterschätzen ist!" ließ sich Dorothea
mit einiger Gemessenheit vernehmen, die mich wieder verlegen
machte, weil ich diese neue Laune nicht verstand und sie weder
tadeln noch bewundern konnte. Indessen war der Aufenthalt
in der That feierlich sowohl durch die hereinflutende sonnige
Luft als durch den Duft eines feinen Räucherwerkes, das vor=
her in dem Raum verbrannt worden war. Die Farbenpracht,
die uns umgab, schien hierdurch noch an Kraft und Tiefe zu
gewinnen.

Nachdem wir eine Weile in mehr abgebrochener flüchtiger
Unterhaltung gesessen, wendete sich Dorothea mit freundlich
herablassendem, jedoch halb gleichgültigem Wesen, ganz wie
eine große Dame an mich und sagte: „Nun, Herr Lee, auch
Sie sind ja nicht unempfindlich für ein gutes Herkommen, und
in Ihrem bürgerlichen Stande freuen Sie sich Ihrer wackern
Eltern und versichern sich beim Beginn Ihrer Aufzeichnungen,
daß Sie wohl auch zweiunddreißig brave Ahnen besitzen; wenn
auch unbekannter Weise?"

„Allerdings," gab ich mit Selbstzufriedenheit und ge-
lindem Trotze zur Antwort, „allerdings bin ich auch nicht auf
der Straße gefunden!"

Da klatschte sie plötzlich jubelnd in die Hände, indem sie
ihre gewöhnliche natürliche Art wieder aufnahm, und rief
fröhlich: „Nun hab' ich Sie gefangen, mein wohlgeborner
Herr! Ich bin nämlich auf der Straße gefunden, wie Sie
mich da sehen!"

Ich sah sie verblüfft an und wußte nicht, was das heißen
sollte, indessen sie fortfuhr sich zu freuen und sagte: „Ja ja,
mein gestrenger Herr von braver Abkunft! Ich bin das
richtigste Findelkind und heiße mit Namen Dortchen Schönfund
und nicht anders, so hat mich mein lieber Pflegevater getauft!"

Nun blickte ich verwundert den Grafen an, der lachte:
„Ist das also nun das Ziel deines Witzes? Wir mußten
nämlich dieser Tage lachen, als wir Ihre Worte lasen: wenn
Sie sich selbst bei der Nase nehmen, so seien Sie sattsam
überzeugt, daß Sie zweiunddreißig Ahnen besitzen. Als wir
dann weiter lasen, wie Sie sich doch nicht enthalten können
über die Vorfahren einige Betrachtungen anzustellen, schmollte
unser Kind hier und klagte, daß alle, Adelige wie Bürger
und Bauern, sich ihrer Abkunft freuen und nur sie allein sich
schämen müsse und gar keine Herkunft habe. Denn ich habe
sie wirklich auf der Straße gefunden und sie ist meine brave
und kluge Pflegetochter!"

Er strich ihr liebevoll die Locken zurück, die aus ihrer
Verbannung im wohlgebauten Nacken an den gebührenden
Platz neben den errötenden Wangen zurückstrebten. Betroffen
und gerührt bat ich um Verzeihung für die unbewußte Ver-
letzung ihrer Gefühle, die ich begangen. Meine eigene Beschämung, fügte ich bei, habe ich verdient, da ich mich ver-
locken ließ, die vermeintliche stolze Gräfin abtrumpfen zu wollen,

anstatt sie in ihrer Art und Weise ungeschoren zu laffen. Uebrigens sei ihr Herkommen doch noch das vornehmste, denn sie komme so recht unmittelbar aus Gottes Hand und man könne sich ja die höchsten und wunderbarsten Dinge darunter denken!

„Nein," versetzte der Graf, „wir wollen keine verwunschene Prinzeffin aus ihr machen. Der einfache Hergang ist hier jedermann bekannt, und was jedes Kind weiß, dürfen Sie auch erfahren. Vor zwanzig Jahren, als meine Frau, die einzige, gestorben war, trieb ich mich schmerzlich und trostlos im Lande herum. Eines Abends stieg ich an der österreichischen Donau in einem unserer Stadthäuser ab, das die Geliebte gern und häufig bewohnt hatte. Als ich ins Haus ging, sah ich ein schönes zwei- bis dreijähriges Kind still auf der Steinbank neben dem Portale sitzen, ohne seiner zu achten. Ich ging nochmals aus, um das Abendrot über dem breiten Strome zu sehen, das die Verstorbene so oft aufgesucht; das Kind schlief nun. Als ich eine halbe Stunde später zurückkam, weinte es leise und furchtsam. Ich rief jetzt den Hausmeister herbei, der in seiner Teilnahmlosigkeit von nichts wissen wollte, als daß ein Haufen Auswanderer die Stadt durchschwärmt habe, denen das Kind wohl angehöre. Ich befahl, es ins Haus zu nehmen und zu pflegen, und da die Sache langsam und widerwillig von statten ging, nahm ich es zu mir und gab ihm von meinem eigenen Essen. Die Auswanderer waren allerdings da gewesen, aber schon auf Flößen und Schiffen die Donau hinuntergefahren. Laut den erhobenen polizeilichen Nachforschungen kamen sie aus Schwaben und gingen nach dem südlichen Rußland; allein weder in ihrer alten noch in der neuen Heimat wollte jemand etwas von dem Kinde wiffen; nirgends wurde ein solches vermißt, nirgends war es in Büchern oder Schriften der Ausgewanderten eingetragen.

Eine Bande Zigeuner, die in der Nähe der Stadt erschien, gab Anlaß zu neuen Untersuchungen. Aber auch da kam nichts heraus. Kurz, das Kind verblieb mir als Findelkind schönster Sorte, wie Sie's da vor sich sehen! Ich verschaffte ihm eine schöne gesicherte Findlingsexistenz, erklärte meine tote Frau zu seiner Patin und nannte es mit ihrem Namen Dorothea. Den Zunamen Schönfund ließ ich durch Amtsgewalt festsetzen, und als die Person sich später gar so gut anließ und ich sie an Kindesstatt in aller Form Rechtens adoptierte, ließ ich noch den hiesigen Orts- und Hausnamen dranhängen. So heißt sie nun Schönfund-W . . . berg. Zu einer Gräfin konnt' ich sie freilich nicht machen, es ist auch nicht nötig!"

"Bin ich nun mehr zu bemitleiden oder zu beneiden?" fragte mich das schöne Wesen mit leicht geneigtem Haupte.

"Gewiß nur zu beneiden," sagte ich, aus meiner gerührten Verwunderung erwachend; "Sie gleichen einfach einem Stern, der aus der Tiefe des Himmels neu erschienen ist und dem man einen Namen gegeben hat. Ein Stern kann aber wieder verschwinden, während die unsterbliche Seele, die jetzt Ihren Namen trägt, nie mehr vergeht."

Sie bewegte aber den Kopf leise wie zu einem Nein und sagte: "Mit diesem Trost wollen wir uns nicht stark brüsten! Der Findling wird sich so still wieder drücken, wie er gekommen ist!"

Als ich diese Worte nicht recht zu deuten wußte, weil ich die eigene Rede, die sie hervorgerufen, über ihrem Anblicke schon vergessen hatte, sagte der Graf zu mir: "Sie müssen nämlich wissen, es ist Dortchens Wahrzeichen, daß sie ganz auf eigene Faust nicht an Unsterblichkeit glaubt, und zwar nicht etwa infolge eingeschulter Dinge oder durch fremden Einfluß, sondern auf ursprüngliche Weise, sozusagen von Kindsbeinen auf!"

Dorothea schämte sich wie über ein verratenes Herzens-
geheimnis; sie drückte das errötende Gesicht auf den Damast
des Tischtuches, daß die Locken sich auf dessen Fläche aus-
breiteten. Auf mich aber machte der Vorgang einen Eindruck,
welcher dem uns befallenden sanften Schreck oder Schauder
gleicht, wenn ein Wesen, das uns bereits mit Wohlgefallen
umsponnen hat, mit irgend einer entschiedenen Eigenschaft
plötzlich dicht an die Seele herantritt.

„Da ich nun ganz erkannt bin und durchschaut werde,“
sagte sie unversehens sich mit holdem Lächeln aufrichtend,
„will ich mich zurückziehen und sorgen, daß wir einen traulichen Winkel für unsern Kaffee finden.“

Als ich später den Grafen auf seinen Geschäftsgängen
begleitete, da er die Hauptaufsicht über seine Güter selber
führte, befrug ich ihn um das Nähere.

„Es ist in der That so,“ antwortete er, „seit sie ihr
Urteil nur ein wenig rühren konnte und diese Dinge nennen
hörte, wir wissen die Zeit kaum anzugeben, sagte sie mit aller
Unbefangenheit, aus dem kindlichsten und reinsten Herzen heraus, daß sie gar nicht absehen und glauben könne, wie die
Menschen unsterblich sein sollten. Es kommt allerdings nicht
selten vor, daß rechtliche Leute aus allen Ständen dies ursprüngliche schlichte Vergänglichkeitsgefühl ohne weiteres aus
der Mutter Natur schöpfen und ohne skeptischer oder kritischer
Art zu sein, dasselbe unbekümmert bewahren wie eine harm-
lose Selbstverständlichkeit. Aber so lieblich und natürlich, wie
bei diesem Kinde, ist mir die Erscheinung noch nie vorgekom-
men, und ihre unschuldige Ueberzeugung veranlaßte mich, der
ich Gott und Unsterblichkeit hatte liegen lassen, wie sie lagen,
meinen philosophischen Bildungsgang noch einmal vorzunehmen,
und als ich auf dem Wege des Denkens und der Bücher
wieder da anlangte, wo das Mädchen von Hause aus gewesen,

12*

und Dortchen mir über die Schultern mit in die Bücher
guckte, da war es erst merkwürdig, wie sich das gedanklich
bestärkte Gefühl in ihr gestaltete. Wer sagt, daß es ohne
Unsterblichkeitsglauben weder Poesie noch Lebensweihe in der
Welt gebe, der hätte sie sehen müssen; nicht nur Natur und
Leben um sie herum, sondern sie selbst wurde wie verklärt.
Das Licht der Sonne schien ihr tausendmal schöner, als
andern Menschen, das Dasein aller Dinge wurde ihr heilig
und ebenso der Tod, den sie sehr ernsthaft nimmt, ohne ihn
zu fürchten. Sie gewöhnte sich, zu jeder Stunde an ihn zu
denken, mitten in der heiteren Freude und im Glücksgefühl,
und daß wir einst ohne allen Spaß und für immer abscheiden
müssen. Das ganze vorübergehende Dasein unserer Persön-
lichkeit und ihr Begegnen mit den anderen vergänglichen, belebten und unbelebten Dingen, unser aufblitzendes und ver-
schwindendes Tanzen im Weltlichte hat für sie einen zarten
leichten Anhauch bald von milder Trauer, bald von zierlicher
Fröhlichkeit, welche den Druck der schwerfälligen Ansprüche des
Einzelnen nicht aufkommen läßt, während das Gesamtwesen
doch besteht. Und welche Pietät und Teilnahme hegt sie für
die Sterbenden und Toten! Ihnen, welche ihren Lohn dahin
haben und abziehen mußten, wie sie sagt, schmückt sie die
Gräber, und es vergeht kein Tag, an welchem sie nicht eine
Stunde auf dem Kirchhofe zubringt. Dieser ist ihr Lustgarten
und ihr Schmollwinkel, und bald kehrt sie fröhlich und übermütig, bald still und nachdenklich davon zurück."

Solch' anmutige Art eignete sich freilich einstweilen nur
für ein so sorgloses, leidenfreies und feingebildetes Leben und
für die gesunde Jugendkraft; dennoch vermehrte die Schilderung
derselben meine Teilnahme und Befangenheit.

„Glaubt sie denn auch nicht an Gott?" fragte ich.

„Schulgerecht," erwiderte der Graf, „sind allerdings beide

Fragen unzertrennlich; nach Frauenart macht sie sich jedoch
nicht viel aus der Logik, da sie hier mit ihren Begriffen nicht
fertig ist. Du lieber Gott, sagt sie, was kann ich ärmstes
Ding wissen! Bei Gott ist alles möglich, auch daß er existiert!
Weiter geht sie aber mit so drolligen Wendungen nicht, vielmehr verursacht ihr in Gespräch und Lektüre eine zu große
Freiheit oder Frechheit im Ausdrucke nur Mißbehagen, und
allzu grobe Ausfälle duldet sie nicht. Sie sehe nicht ein, sagt
sie, warum man gegen den lieben Gott, auch wenn man von
seiner Abwesenheit überzeugt sei und ihn nicht fürchte, brauche
grob und unverschämt zu sein. Das erscheine ihr mehr als
eine schäbige, denn tapfere Manier."

Nach der Rückkehr von unserem Gange suchte ich mein
idyllisches Quartier im Gartenhaus auf, wo ich mich zu lassen
gebeten hatte, als ich nach dem Schlosse übersiedeln sollte.
Ich fand jedoch das kleine Gemach bewohnt; denn Dorothea,
die sich nach ihrer Uebung wieder einmal im untern Saale auf-
gehalten, war mit der Gärtnerstochter hinaufgestiegen, um nach-
zusehen, ob es an nichts fehle. Als ich eintrat, sah ich, daß
zwei prachtvolle hohe Schilfrohre mit ihren Blütenbüscheln
kreuzweise hinter den Spiegel gesteckt waren. Unter dem
Spiegel, der in einem verblichenen Rahmen von versilbertem
getriebenem Kupfer steckte, lag der Zwiehanschädel auf der
Kommode, auf einem Postamente von grünem Moose weich gebettet, und um den Scheitel wand sich ein Kränzlein von
Immergrün. Mit den Ellbogen auf das bauchig geschweifte
Möbel gestützt, stand Röschen übergelehnt und betrachtete den
Kopf aufmerksam mit gerümpftem Näschen und possierlich ge-
spitztem Munde. Etwas zurück stand die Herrin, die Hände
auf dem Rücken verschränkt, wie es schien in ernsthaften Gedanken das Werk ihrer Hände gleichfalls beschauend.

„Bewundern Sie unsre Tapezierkünste!" wandte sie sich

zu mir, „wir haben Ihrem stummen Reisekameraden den
Aufenthalt etwas verschönert und Sie dabei mitgemeint. Soeben bedenke ich aber, daß Sie sich des Gefährten entledigen
und ihm die Ruhe gönnen sollten. Wir wollen ihn gelegentlich auf unsern Gottesacker begraben, ich habe just eine wohl-
geborgene kleine Kopfstelle unter den Bäumen für ihn ausge-
dacht, die niemals umgegraben wird."

Dieses „gelegentlich", das wie ein Rosenblatt ohne alles
Gewicht von ihren Lippen fiel, erklang so gastfreundlich, daß
es mir sogleich das Herz erfreute. Doch erwiderte ich, der
Schädel müsse nach meinem Vorsatze mit mir in die Heimat
zurück, und dort wolle ich ihn endlich wieder der Erde übergeben,
wenn das auch als eine leere und unnütze Handlung erscheine.

„Wann gehen Sie denn?" sagte Dortchen.

„Ich denke morgen, wie ausgemacht!"

„Sie gehen nicht, sondern thun, was der Papa rät!
Kommen Sie, ich zeig' Ihnen was Hübsches!" Sie öffnete
ein altes eingelegtes Schränkchen, das in der Ecke stand, und
nahm einige sehr bunte feine und echte chinesische Täßchen
aus demselben hervor. Sehen Sie, die hab' ich von Ihrem
und unserm Tröbelmännchen erwischt; er hat mir noch mehrere
in Aussicht gestellt, aber nicht Wort gehalten bis jetzt. Wir
haben sie hierher gebracht, damit Sie uns einmal zum Kaffee
bei sich einladen können oder unten im Saal, und damit auch
etwas Artiges in Ihrem Zimmer ist! Schau auf, Röschen,
so hat Herr Lee Flöte gespielt, als ich ihn zuerst gesehen!"

Sie nahm meinen Stock, hielt ihn wie eine Flöte an den
Mund und sang dazu ein paar Zeilen der Freischütz-Arie
„Und ob die Wolke sie verhülle", und den Stock weglegend
sang sie in beschleunigtem Tempo, sie übermütig abhaspelnd,
die Schlußverzierung mit einer Schönheit und Sicherheit der
Stimme, die mich in neues Erstaunen versetzte. Sie sang aber

keine Note länger, als sich mit einer kurzen Aufwallung guter Laune vertrug, und das Lied verklang ebenso unerwartet, wie es begonnen. Plötzlich sah sie den Kaplan über den Platz gehen und rief ihm aus dem Fenster zu: „Ehrwürden! kommen Sie ein bischen zu uns herauf, wir schwatzen hier, bis wir zum Thee wandern, und machen unserm herrlichen Dulder Odysseus den Hof. Röschen stellt die Nausikaa vor, Sie die heilige Macht Alkinoos, des edlen Phäakenbeherrschers, und ich die Mama Arete, Tochter des göttergleichen Rexenor!"

„Da wären Sie ja meine Gemahlin, gnädigste Heidin!" sagte der geistliche Herr schnaufend, als er in der That herangestiegen kam.

„Merken Sie was, o geschorner Diener der heiligen Jungfrau," lachte sie, „welche den Aether beherrscht und thronet auf goldnen Altären?"

„Diese Unterhaltung geht über meinen Horizont!" rief Röschen, nachdem sie dem Kaplan einen der wenigen Stühle zugerückt hatte, und zog sich zurück, indessen jener ein lustiges Plaudern begann und den Krieg mit dem Fräulein fortführte. Schließlich kam noch der Graf um zu sehen, wo wir alle blieben, und nahm an dem Geplauder teil, bis es dunkelte und der Mond über den Parkbäumen stand, der seinen Schein in das Zimmer hereinsandte. An seiner Gestalt erkannte ich, daß nun vier Wochen verflossen seien, seit ich mit den Arbeitermädchen unter den Silberpappeln am Flusse gesessen, und wunderte mich über den Wechsel der Dinge in einem so einfachen Lebenslauf.

Im Schlosse saß die kleine Gesellschaft dann noch lange beisammen. Im Anfange schien Dortchen noch aufgeregt fröhlich; allmählich wurde sie stiller und begnügte sich, zuweilen an dem großen Flügel kurze Sätze anzuschlagen; zuletzt verschwand sie ohne Abschied.

Ich konnte in jener Nacht keinen Schlaf finden, bis der Morgen graute, ohne daß ich mich deswegen übel befand. Kaum hatte ich eine kurze Zeit geschlafen, so wurde ich geweckt, weil die Stunde der Abreise da war. Verwirrt und in Uebereilung kleidete ich mich an und lief hinüber, wo der Graf schon beim Frühstücke saß, der Wagen vor der Thüre stand und der Kutscher bei den Pferden. Als wir eingestiegen waren, sagte der Graf: „Nun, wohin soll's gehen?" Keine Dorothea ließ sich sehen und doch wagte ich weder nach ihr zu fragen, da ich die Unbefangenheit allbereits eingebüßt, noch vermochte ich ohne Abschied aus dem Lande zu gehen. Ich sagte daher, nachdem ich mich eine Minute besonnen, im letzten Augenblicke, ich wolle dem Vorschlage des Herrn Grafen folgen.

„Gut so!" erwiderte er und ließ die Richtung nach der Stadt einschlagen, von welcher ich hergekommen.

Zwölftes Kapitel.

Der gefrorne Christ.

Auf der Nordseite des Schlosses bezeichnete ein höheres
Fenster den Raum, in welchem die Hauskapelle eingebaut war.
In diesem Jahrhundert hatte sie schwerlich noch einen Gottes=
dienst gesehen; doch war kirchlicher Zier= und Hausrat noch
an den Wänden vorhanden, das Gewölbe noch bemalt und
nur der Fliesenboden längst von der Bestuhlung geräumt.
Dafür stand jetzt in der Mitte desselben ein eiserner Ofen,
der den Raum mit seinem Körper und seinen Rohren sattsam
erwärmte, und auf einer großen Strohmatte eine Staffelei, vor
welcher ich saß und ziemlich rührig arbeitete, während ein
leichter Schnee auf der Landschaft lag.

Die lange Unterbrechung, die Erlebnisse, der Beschluß der
Entsagung hatten ohne Zweifel eine Freiheit des Blickes und
eine Neuheit der Dinge in mir bewirkt oder vielmehr aus
dem Schlafe gerufen, die mir jetzt zu statten kamen. Schon
während des letzten Aufenthaltes in der Residenz hatte ich
alte und neue Bilder gewissermaßen mit neuen Augen ange=
sehen; es war mir wie Schuppen von denselben gefallen und
fiel so noch fort, da ich jetzt eifrig und kühl, stürmisch, sorg=
los und vorsichtig zugleich arbeitete, indem bei jedem Zug ich

an den folgenden dachte, ohne durch Zögern den Fluß er-
starren zu laffen. Die Erscheinung, daß man später etwas
kann, und zwar ohne Zwischenübung, was man früher nicht
zu stande gebracht, sei es durch bloße Ruhe der Geisteskräfte,
sei es durch Geschickeswechsel, mag wohl öfter vorkommen, als
man annimmt. Hier war es der Fall, natürlich innerhalb
der Grenzen, die mir überhaupt gezogen find.

Ich hatte zwei Bilder zugleich begonnen, welche auf diese
Weise ordentlich vorwärts schritten, von einer nachhaltig erhellten und erwärmten Stimmung getragen. Das eigentliche
schaffende Feuer jedoch war die erwachte Neigung, Liebe oder
Verliebtheit oder wie man den Zustand nennen mag, der erst
zu nennen, wenn er durch die Zeit zum Austrag gekommen,
stets aber eine alltägliche Erscheinung ist, wie alle großen
Notwendigkeiten. Ich hatte meiner Zeit das Herz auch einen
Muskel und ein mechanisches Pumpwerk nennen gelernt; nun
unterlag ich dennoch der Täuschung, daß es das Wohnhaus
der Bewegungen sei, die von den Liebeshändeln ausgehen; und
trotz der üblichen Scherze über seine heraldische Form auf den
Lebkuchen, Spielkarten und andern Volkssymbolen behauptete
es sein altes Ansehen, als Dorotheas Gestalt mit dem Nimbus
ihrer dunkeln Geburt, ihrer eigentümlichen Weltanschauung,
Schönheit und Bildung den Einzug scheinbar in das Herz
und nicht in den Kopf hielt; oder wenigstens verrichtete dieser
in seinen offenen Licht- und Schallstübchen einen bloßen Pförtner-
und Wahrnehmungsdienst, um das Wahrgenommene in die
dunkle Purpurmühle der Leidenschaft hinunterzusenden.

Selbst die Vernunft leistete ihr Frohndienste und that ein
übriges, ihr gerecht zu werden. Die Vergänglichkeit und Un-
wiederbringlichkeit des Lebens, durch Dortchens Augen gesehen,
ließ mir die Welt bald ebenso in einem stärkeren und tieferen
Glanze erscheinen, wie es bei ihr der Fall war; ein sehnsüch-

tiges Glücksgefühl durchschauerte mich, wenn ich mir nur die
Möglichkeit dachte, für das kurze Leben mit ihr in dieser
schönen Welt zusammen zu sein. Ich hörte daher ohne alle
Bedenklichkeit, vom Sein oder Nichtsein jener Dinge sprechen
und fühlte ohne Freude oder Schmerz, ohne Spott und ohne
Schwere die anerzogenen Gedanken von Gott und Unsterblichkeit sich in mir lösen und beweglich werden. Die Veranlassung
solcher Freiheit war allerdings eine Unfreiheit und für einen
Mann nicht gerade rühmlich; im Gefühle hiervon suchte ich
mich mit Gründen zu schulen und nahm die Zuflucht zu der
Bücherei des Grafen. Ich kannte die groben Umrisse der
philosophischen Geschichte, aus denen die letzten Fragen für
den Unerfahrenen nicht klar hervorgehen. Jetzt griff ich zu
den eben in der Verbreitung begriffenen Werken des lebenden
Philosophen, der nur diese Fragen in seiner klassisch mono-
tonen aber leidenschaftlichen Sprache, dem allgemeinen Ver-
ständnisse zugänglich, um und um wendete und gleich einem
Zaubervogel, der in einsamem Busche sitzt, den Gott aus der
Brust von Tausenden hinweg sang.

Der Graf gehörte geistig und zum Teil auch persönlich
dem Verbande von Männern an, welche den begeisterten Kultus
des Philosophen förderten, wenn er auch nicht die Ansicht und
die Hoffnung teilte, daß er zunächst die politische Freiheit unfehlbar bringen müsse. Er hatte mich als Gastfreund nicht
auf die Sache stoßen wollen; als ich aber jetzt den gewöhnlichen Anfangswiderstand gegen die neuen Einflüsse erhob und
die Veränderungen untersuchte, welchen ich in moralischer Hinsicht ausgesetzt sein dürfte, begann ein gewisses Kannegießern
über den lieben Gott, welches mich freilich von den Kinderschuhen an begleitet hat.

Ueber diese Dinge längst beruhigt, ward der Graf etwas
ungeduldig und sagte:

„Es ist mir ganz gleichgültig, ob Sie an den lieben Gott glauben oder nicht! denn ich halte Sie für einen Menschen, bei welchem es nicht darauf ankommt, ob er den Grund seines Daseins und Bewußtseins außer sich oder in sich verlegt, und wenn dem nicht so wäre, wenn ich denken müßte, Sie wären ein anderer mit Gott und ein anderer ohne Gott, so würde ich nicht das Vertrauen zu Ihnen hegen, das ich wirklich empfinde. Dies ist es auch, was diese Zeiten zu vollbringen und herbeizuführen haben: nämlich vollkommene Sicherheit von Recht und Ehre bei jedem Glauben und jeder Anschauung, und zwar nicht nur im Staatsgesetz, sondern auch im persönlichen vertraulichen Verhalten der Menschen zu einander. Es handelt sich nicht um Atheismus und Frei- geisterei, um Frivolität, Zweifelsucht und Weltschmerz und welche Spitznamen man alles erfunden hat für kränkliche Dinge! Es handelt sich um das Recht, ruhig zu bleiben im Gemüt, was auch die Ergebnisse des Nachdenkens und des Forschens sein mögen. Uebrigens geht der Mensch in die Schule alle Tage, und keiner vermag mit Sicherheit voraus- zusagen, was er am Abend seines Lebens glauben werde. Darum wollen wir die unbedingte Freiheit des Gewissens nach allen Seiten. Aber dahin muß die Welt gelangen, daß sie mit eben der guten Ruhe, mit welcher sie ein unbekanntes Naturgesetz, einen neuen Stern am Himmel entdeckt, auch die Vorgänge und Ergebnisse des geistigen Lebens hinnimmt und betrachtet, auf alles gefaßt und stets sich selbst gleich, als eine Menschheit, die in der Sonne steht und sagt: hier steh' ich!"

Es dauerte jedoch nicht lang, so bedurfte ich der Zurecht- weisungen des freidenkenden Grafen nicht mehr, sondern wandelte selbständig auf demselben Pfade weiter und fand mich in der eintönig erregten Sprache des großen Gottesfreundes zurecht, wenn man ironischer oder auch ernsthafter Weise denjenigen so nennen darf, der sich ein Leben lang von seinem geliebten Gegenstande nicht trennen konnte. Wie alle Neubekehrten wurde ich sogar eifriger als die andern, und die Fackel, mit der ich in meine alten Gedankenwälder hinein leuchtete, brannte um so heißer, als sie an dem Feuer der Liebe angezündet war. Ich kannegießerte nun in entgegengesetztem Sinne, besonders während der länger gewordenen Abende, wo der wunderliche Kaplan, angezogen von dem Streite, sich einfand, um den neuen Abgefallenen in seiner Art zur Rechenschaft zu ziehen.

Dieser Mann war vorzüglich drei Dinge, nämlich ein leidenschaftlicher Esser und Trinker, ein großer religiöser Idealist und ein noch größerer Humorist, und zwar letzteres fast nur in dem Sinne, daß er alle Viertelstunden das Wort Humor gebrauchte und es zum Maßstabe und Kriterium alles dessen machte, was irgendwie vorfiel und gesprochen wurde. Alles was er selbst that, redete und fühlte, gab er zunächst für humoristisch aus, und obgleich es dies nur in den minderen Fällen war und mehr in einem maßlosen Klappern und Feuerwerken mit Gegensätzen, Bildern und Gleichnissen bestand, so erzeugte dies Wesen dennoch einen gewissen Humor, besonders wenn wir alle zusammen saßen und er uns mit ungeheurem Wortschwall erklärte, was Humor sei und wie wir dieser Gottesgabe auch nicht eines Senfkörnleins groß besäßen.

Er las eifrigst alle humoristischen Schriften und alle, welche vom Humor handelten, und hatte ein ordentliches System über dies feuchte, flüssige, ätherische, weltumplätschernde, wie er es nannte, aufgebaut, das ziemlich mit dem Charakter seiner Theologie zusammenhing. Cervantes führte er ebenso oft im Munde, wie Shakespeare, aber er fand den größten Gefallen an den unzähligen Prügeln, welche Sancho und der Ritter bekommen, an den Einseifungen, Prellereien und derben Sachen aller Art. So wenig er die Schätze von Weisheit

und Edelsinn bemerkte, die dem manchanischen Herren vom
Autor in den Mund gelegt waren, in rapidem Wechsel mit
den Ausbrüchen der Thorheit, so wenig konnte oder wollte er
den feineren Spott sehen, besonders wenn er wie auf ihn selbst
gemünzt erschien, was dann zu den Versicherungen seines
eigenen Humors den ergötzlichsten Gegensatz bildete. So sah
er in dem Abenteuer in der Höhle des Montesino nur eine
äußerliche komische Schnurre. Den Humor, der in dem langen
Seile liegt, das ganz nutzlos abgerollt wird, indessen der
Ritter schon im Anfange die Augen schließt, wie alle, die sich
selbst belügen und damit andere terrorisieren, und die Art,
wie er sich nachher immer wieder wegen des in der Höhle
Gesehenen benimmt, dies alles gewahrte er nicht oder rümpfte
unmerklich die Nase dazu.

Sein Idealismus, und er nannte sich bald rühmend,
bald entschuldigend einen Idealisten, bestand darin, daß er
gegenüber seinen Zuhörern, welche alles Wirkliche und Ge-
schehende, sofern es sein eigenes Wesen ausreichend und gelungen ausdrückt und darstellt, für ideal hielten, eben dieses
Wirkliche und Gewordene materiellen und groben Mist oder
Staub schalt und dagegen alles Niegesehene, Nichtbegriffene,
Namenlose und Unaussprechliche ideal hieß, was eben so gut
war, als wenn man einen leeren Raum am Himmel Vor-
pommern nennen wollte. So nannte er auch jedes bilettantische
pfuschende Treiben, aus dem nichts werden konnte, eine ideale
Bestrebung, wenn es auch noch so verkehrt und anmaßlich war;
die aufopfernde ernste Arbeit in Wissenschaft und Kunst dagegen,
die zum Gelingen führte, war ihm ein am Irdischen klebendes
Haschen nach Erfolg, nach Ehre und Gut. Den Baumeister,
dessen Kirchtürme zusammenfielen, pries er als einen tragisch
gestellten Idealisten, denjenigen, dem sie stehen blieben, einen
materialistischen Glücksjäger.

Als katholischer Priester war er duldsam und über seine Kirche hinaus; hierüber schwieg er bescheiden und rühmte sich nicht. Den aufgeklärten Deismus aber, welchem er huldigte, vertrat er fanatischer als irgend ein Pfaffe seine Satzungen. Er suchte einen rechten Höllenzwang auszuüben mit idealen und humoristischen Redensarten und baute seine Scheiterhaufen aus Antithesen, hinkenden Gleichnissen und gewaltsamen Witzen, auf denen er den Verstand, guten Willen und sogar das Gewissen der Gegner zu verbrennen trachtete, seiner eigenen Meinung zum angenehmen Brandopfer.

Diese tapfere Lieblingsbeschäftigung, nebst der Gastfreundschaft des Grafen, führte ihn häufig in das Haus, und da er zugleich ein ehrlicher Gesell und redlicher Helfer bei wohlthätigen Unternehmungen war, so gereichte er zum Nutzen wie zur bleibenden Heiterkeit des Hauses. Besonders Dorothea wußte ihn mit der leichtesten Anmut in den Irrgärten seines fanatischen Humors herum zu führen, neckisch vor ihm her zu huschen und durch die Buschwerke seines krausen Witzes zu schlüpfen. Unergründlich war es dabei, ob mehr ein heiteres Wohlwollen oder ein bedenklicher Mutwillen im Spiele lag; denn eben so oft, als sie dem Kaplane Gelegenheit gab zu glänzen, verlockte sie seine Eitelkeit auf das Eis, wo sein Witz das Bein brach.

Das war nun der richtige Mann, an welchem ich meine neuen Waffen zu üben Gelegenheit fand, und ich that es um so rücksichtsloser, als ich gegen Unarten focht, denen ich selber schon in mehr als einer Hinsicht gefröhnt hatte. Nach dem ersten wehmütigen Erstaunen über meinen Abfall holte er mit verdoppelter Kraft aus, um mich niederzustrecken; da ich aber das schonende Maß, dessen er gewohnt war, mit weniger Lebensart als neophytischer Kampflust überschritt, ihm phantastische Ausfälle und humoristische Stiche in gleicher schlechter

Münze zurückgab, wurde er verstimmt und ging mehr als einmal der geselligen Erholung verlustig, welche er nach tage-
langem Meſſeleſen und Miniſtrieren geſucht hatte. Hierüber
wurde ich meinerſeits betroffen; ich verwunderte mich, wie
der Menſch ſich zu ändern imſtande iſt, wenn ich an das Er-
lebnis mit Ferdinand Lys zurückdachte, wo ich mich ſogar
einer ſchlimmern Aufführung ſchuldig gemacht und mit einem
Degen in der Hand auf der entgegengeſetzten Seite, derjenigen
des Kaplans geſtanden hatte. Ich faßte den Vorſatz mich zu
mäßigen und zu beſſern, verfiel aber von neuem in den alten
Fehler. Dadurch wurde ich als ein angehender Ruheſtörer
ſelbſt der Schonung bedürftig, fühlte es und wurde ſelber
betrübt.

Allein es war ſchon dafür geſorgt, daß dem bedrängten
Kaplan eine unerwartete Hilfe kommen ſollte. Eines Tages
raſſelte ein offenes Fuhrwerk, beſpannt mit einem ſchwerfälligen
Bauernpferde, vor das Schloß. Auf dem Bock ſaß ein länd-
licher Kutſcher mit einer Tabakspfeife im Munde, in dem becken-
förmigen Kaſten dagegen, wie in der Muſchel der Venus, ein
ſeltſamer Mann mit einem großen Schlapphute, ebenfalls eine
Pfeife im Munde tragend. Neben ihm lehnte ein mannshoher
Kornſack, der aber mit vielen größeren und kleineren, eckigen
und runden Gegenſtänden gefüllt ſchien und oben mit Mühe
zuſammengeſchnürt war, ſo daß ſich auf dem Haupte nur ein
niedriges Faltenkrönlein hatte bilden können. Dieſen Sack
hielt der Inſaſſe des Fuhrwerkes mit der einen Hand aufrecht,
vor allem beſorgt, daß er mit Vorſicht abgeladen würde. Als
das geſchehen, ſprang er gleich nach und blieb bei dem Sacke
ſtehen, denſelben aufrecht haltend, weil er ihn um keinen Preis
auf die etwas feuchte Erde wollte fallen laſſen. Das machte
ihm den nun folgenden Wortwechſel mit dem Fuhrmann
ſchwierig zu führen, der ſich wegen der Bezahlung des Fahr-

gelbes nicht wollte aufhalten laſſen, während der Reiſende
ſowohl die Höhe des geforderten Lohnes beſtritt, als einen
Aufſchub verlangte, bis er ſeine Briefe abgegeben und ſeine
Ankunft auf dem Grafenſitze gehörig ausgeführt habe. Mit
ſprudelndem Munde, immer neben der Pfeife redend, ſuchte er
ſich mit dem Fahrknechte zu verſtändigen, ſah ſich aber ſtets
in den nötigen Geberden und im Hervorſuchen der Briefe ge-
hindert, weil der Sack umfallen wollte, wenn er ihn losließ.
Endlich kam ein Hausdiener herbei, der nach ſeinen Angelegenheiten fragte.

„Dies iſt mein Gepäcke, guter Freund!" ſagte der Mann,
„halten Sie's ein wenig, damit ich meine Empfehlungsbriefe
an den Herren Grafen finden kann, den ich herbeizurufen bitte!"

Der Diener hielt den Sack, der Reiſende holte ein paar
Briefe aus einer dicken Brieftaſche und gab ſie dem Diener,
worauf dieſer ins Haus ging und jener den Sack wieder ſelbſt
hielt. Nach einiger Zeit erſchien der Graf mit einem der
Briefe in der Hand, um nach dem Ankömmling zu ſehen.
Dieſer ſtreckte ihm, an ſeiner Sackſäule ſtehend, die freie Hand
entgegen und rief:

„Ich grüße Sie, edler Mann und Genoſſe! Iſt es nicht
eine Freude zu leben, mit Hutten zu reden?"

„Habe ich die Ehre, Herrn Peter Gilgus zu ſehen, der
mir hier von den Freunden empfohlen wird?" antwortete Graf
Dietrich.

„Der bin ich! Iſt es nicht eine Freude zu leben?"

„Gewiß! Aber machen Sie es ſich doch etwas bequemer!
Wollen Sie Ihr Gepäcke nicht abgeben und ins Haus treten?"

„Ich kann nicht, bevor ich ein Wort mit Ihnen geſprochen!"

Der Graf näherte ſich dem Manne, der ihm eine ver-
trauliche Mitteilung machte, worauf jener dem Fuhrmann be-
deutete, daß er werde zufrieden geſtellt werden und mit ſeinem

Fahrzeuge nur vorerst nach den Wirtschaftsgebäuden gehen und samt dem Pferde etwas zu sich nehmen möge.

Hierauf wurde der Sack wohlbehalten von zwei Leuten in das Haus getragen und der Fremde vom Grafen auf sein Zimmer genommen, wo er weitere Rücksprache mit demselben pflag.

Herr Peter Gilgus war ein im mittleren Deutschland weggelaufener Schullehrer und ein Apostel des Atheismus, der im wörtlichen Sinne ausgezogen war, die Welt zu sehen und zu genießen, nachdem der liebe Gott aus derselben weggeschickt worden. Dies Ereignis hielt er für einen unberechenbaren Glücksfall und er rief unaufhörlich, wo er hinkam: Es ist eine Freude zu leben! als ob die Welt in der That von ihrem größten Feinde und Bedrücker soeben befreit worden wäre, seit er die Werke des Philosophen gelesen. Er betrug sich demgemäß, wie wenn es fortwährend Sonntag und der Braten am Spieße wäre, oder wie die Bevölkerung eines kleinen Herzogtums, dessen Tyrann entflohen, oder wie ein Nest voll Mäuse, wenn die Katz aus dem Hause ist.

Als Schulmeister mochte er von der Geistlichkeit freilich arg gedrückt worden sein; allein er freute sich über die Vertreibung Gottes doch mehr als billig. Immer von neuem erstaunte er über die Herrlichkeit des Gedankens, von dem unseligen Begriffe frei und jeder größern oder kleineren Abhängigkeit von demselben ledig zu sein. Immer wieder ballte er die Faust gegen die ganze lange Vergangenheit voll anthropomorphischer Götter; aufs neue bestieg er jeden kleinen Hügel, reckte die Hand aus und pries die Schönheit der grünen Welt, jubelte über die wolkenlose tiefe Bläue des entgötterten Himmels und trank bäuchlings liegend aus Quellen und Bächen, welche noch nie so reines und frisches Wasser geliefert hätten, wie jetzt. Das hinderte ihn jedoch nicht, sobald eine anhaltende

Kälte oder ein langes Regenwetter eintrat, sehr ungehalten zu
werden und einen persönlichen Groll mit altherkömmlichen
Fluchworten zu äußern, wie man sie nur gegen persönlich
existierende Urheber von widerwärtigen Wirkungen braucht.

Nach seinem Auszuge hatte er zuerst das Haupt der
Schule, den Philosophen, aufgesucht, acht Tage lang verehrt
und ihm zur Weiterreise die geringe Barschaft abgeborgt, welche
der in freiwilliger Armut und Bedürfnislosigkeit lebende Welt-
weise gerade besaß. Derselbe gab ihm ein paar Briefe an
wohlhabendere Verehrer mit, diese sandten ihn wieder andern
Freunden zu, und so zog er seit einem Jahre von Stadt zu
Stadt, von einem Landgut zum andern, lebte herrlich und in
Freuden und lobte die angebrochene neue Aera. Jetzt war er
endlich auch zum Grafen Dietrich gekommen, der schon von
ihm wissen mochte. Als er mit dem neuen Gaste zu Tische
kam, war er schon ein wenig ermüdet von dessen lauten Gesprächen und Ausrufungen; der Gast aber, indem er den Löffel
in die gute Suppe tauchte, rief und sprudelte über dicke Lippen
hinaus: „Es ist eine Freude zu leben!"

In mir witterte er augenblicklich einen Schützling und
Mitgast des Hauses, machte sich nach dem Essen an mich und
zwang mich, ihn auf das ihm bestimmte Zimmer zu begleiten;
unter tausend Fragen begann er sich einzurichten und seinen
Sack auszupacken, der ihm als Reisekoffer diente. Neben einer
Anzahl verschiedener Kleidungsstücke, von denen keines zum
andern recht paßte, kamen die wunderlichsten Habseligkeiten zum
Vorschein, und auf jedes Stück legte er einen Affektionswert.
Jeden Band in ein besonderes Tüchlein gewickelt, förderte er
die in rotes Leder gebundenen Werke des Meisters zu Tage
und stellte sie feierlich auf den Schreibtisch, der im Zimmer
war. Dann zog er ein dickes Stück von ungebleichtem Zwilch,
viele Ellen, heraus, wovon er sich im Sommer eine deutsche

Turnerkleidung dachte anfertigen zu laſſen. Hierauf kamen
andere Bücher; hierauf rollten einige Metzen ſchöne Borsdorfer
Aepfel hervor, von einer ſchönen Gutsfrau geſchenkt, wie er
ſagte; ſodann folgte ein Stück Pökelfleiſch, in Papier gewickelt;
hierauf eine blaue zuſammengelegte Steppdecke, zwiſchen welcher
ein Bund Strickgarn lag zu neuen Strümpfen. Beim Anblick
aller dieſer Dinge mußte man ihm laſſen, daß er die Vor-
ſehung Gottes leiblich zu erſetzen und an alles zu denken ver-
ſtehe, deſſen er etwa bedürftig werden könnte. Nachdem er
noch einiges aus der Tiefe des Sackes hervorgeholt, unter
anderm eine kleine Schwarzwälderuhr, kroch er mit dem Kopfe
hinein und zog aus dem unterſten Grunde einen zuſammenge-
rollten rotblumigen Hausrock hervor. Denſelben entfaltend,
enthüllte er eine mäßige Schachtel, in welcher das Modell eines
Auges von der Größe eines Kindskopfes gebettet lag.

Gilgus öffnete die Schachtel und nahm das Auge ſorg-
fältig heraus, um zu ſehen, ob es nicht Schaden gelitten. Es
war von Wachs und Glas angefertigt und konnte zerlegt
werden, um zu Unterrichtszwecken den Bau des menſchlichen
Auges vorzuweiſen. Bei ſeinem Auszug hatte er das Auge
aus der kleinen Naturalienſammlung ſeiner Schule mitlaufen
laſſen und es liefen deshalb überall kleine amtliche Verfolgungen
hinter ihm drein, ſo oft ſein Aufenthalt ausgemittelt wurde;
allein er gab es nicht wieder her.

Jetzt blies er den Staub davon, ſetzte es feierlich auf den
Schreibtiſch und rief: „Das iſt das wahre Auge Gottes!“

Dieſes Auge Gottes hatte natürlich nur die allergröbſte
Einrichtung, und Gilguſens Kenntnis ging über dieſelbe nicht
hinaus; dennoch mußte ſie ihm dazu dienen, ſeine Freudenbot-
ſchaft mit dem Mantel der Naturwiſſenſchaften zu ſchmücken,
und er führte das Auge gleichſam als Wahrzeichen mit ſich für
jene Erſcheinung im großen, wenn die gedachten Wiſſenſchaften

beim Beginn einer neuen Reihe von Entdeckungen dem Unend-
lichen jedesmal zuschreien: Holla! Wir wissen jetzt wie's gemacht wird!

Außerdem diente ihm das Auge noch als Geheimarchiv
und Schatzkammer. Er öffnete den Apfel und leerte den hohlen
Innenraum, dessen Inhalt vom Fahren durcheinander gerüttelt
worden. Aus einer großen Flocke Baumwolle wickelte er eine
goldene Busennadel, ein silbernes Uhrkettchen, ein paar Finger-
ringe, und zeigte mir diese Schätze mit Wohlgefallen. Auf ein
Bündelchen Rechnungen, ein Punschrezept, ein Bündelchen
Liebesbriefe, die er von den Stubenmädchen seiner Gastfreunde
erhalten, wies er mehr andeutend hin, wogegen er ein Lotterie-
los mit ernster Miene entfaltete, wie wenn es eine Staats-
obligation wäre, und es standen allerdings mehrere Hunderttausende in großen und kleinen Posten darauf gedruckt; eine
kleine in Papier eingeschlagene Barschaft bezeichnete er als
Reservefonds, welchen er unter keinen Umständen angreife und
deshalb hier aufbewahre. Ein vertrocknetes Blumensträußchen
ergänzte die Sammlung und knüpfte versöhnend an das menschlich Liebenswürdige an.

Alles das war in dem Auge und er legte das Gefüllsel
nun in die leere Schachtel und verschloß diese in einer Schub-
lade; denn er dachte das anatomische Modell in den bevorstehenden lehrreichen Gesprächen zum Vorschein zu bringen.

Gleich am ersten Abend, als der Kaplan zur Gesellschaft
kam, nahm er diesen zum Zielpunkt seines apostolischen Eifers,
und es entstand ein gewaltiger Lärm, bis der Geistliche die
Karikatur in dem Ankömmling erkannte, plötzlich mit ver-
gnügtem Augenblinzeln seine Fechtart veränderte und dem
lärmenden, mit blasphemischen Kühnheiten um sich werfenden
Peter Gilgus zu schmeicheln begann. Er schätzte sich glücklich,
sagte er, eine so ausgesprochene und in ihrer Art vollkommene

Erscheinung begrüßen und studieren zu können; alles absolut
Entgegengesetzte müsse sich stärker anziehen, als das Halbe, und
sich schließlich in einem höheren Elemente vereinigen. Ein
leidenschaftlicher Liebhaber Gottes und ein leidenschaftlicher
Leugner Gottes zögen im Grunde an demselben Wagen, von
dem der eine so wenig loskommen könne, als der andere, und
so biete er ihm als treuer Gefährte seine Freundschaft an.
Eine so fleißige und beharrliche Gottesleugnerei sei eigentlich
nur eine andere Art von versteckter Gottesfurcht, wie es in
den ersten Zeiten Heilige gegeben habe, welche den Schein
großer Lasterhaftigkeit zur Schau trugen, um in der Verachtung um so ungestörter der göttlichen Inbrunst sich hin-
zugeben.

Der verdutzte Gilgus wußte nicht wie ihm geschah und
suchte sich mit sprudelnder Ungebärdigkeit zu helfen; doch der
fröhliche Kaplan umwickelte ihn so dicht mit hundert zärt-
lichen Späßchen, tröstete ihn, der Herrgott habe schon längst
ein Auge auf ihn und es werde noch alles gut werden, daß
er sich doch gewissermaßen geschmeichelt fühlte und sich auf den
nächsten Tag zu einem guten Pfarrfrühstück bei dem Kaplan
einladen ließ. Dort lieferten sie sich zuerst wieder eine Wort-
schlacht; dann zechten sie und schlossen Freundschaft, zogen mit
einander über Feld und in den Wirtshäusern herum, wo der
Kaplan immmer neue Späße mit seinem Freunde anstellte;
denn er blieb immer bei Sinnen und boshaft, während Gilgus
den Verstand verlor, sobald er angetrunken war, und über die
Größe seines Schicksals, über die Feierlichkeit der Zeit, wo es
eine Freude zu leben sei, jämmerlich zu weinen begann. Wenn
der Kaplan ihn in solcher Verfassung abends oder mittags ins
Schloß bringen konnte, so erreichte sein Vergnügen den höchsten
Gipfel. Der Graf lächelte bald heiter, bald verdrießlich,
Dorothea dagegen lachte voll neugieriger Lustbarkeit, da sie

dergleichen noch nie gesehen, besonders wenn Gilgus vor ihr
auf die Kniee fiel und weinend den Saum ihres Gewandes
küßte; denn er hatte die Gärtnerstochter, mit der er zuerst
schön gethan, sogleich stehen lassen, als er vernahm, daß
Dortchen keine Gräfin und eine starkgeistige, freigesinnte Person
sei, und offenbar hielt er sie vorläufig für dazu bestimmt, die
Freude am großen Weltaugenblick und am Leben mit ihm zu teilen.

War er dann nach manchem Auftritte derart wieder
nüchtern geworden, so verfiel er in tiefsinnige Trauer, und um
die Scharte auszuwetzen, beging er allerhand Kraftstücke.
Trotz der kühlen Jahreszeit stürzte er sich badend in Teiche
und Mühlbäche, so daß man in der Nähe oder Ferne unvermutet seine nackte Gestalt auf- und untertauchen sah. Mit
blauem Gesicht und nassen Haaren stellte er sich dann als neu-
und wiedergeboren vor, und der Kaplan sowohl als Dortchen
und selbst das mutwillige Röschen fanden ihre tägliche Belustigung an seinem Treiben. Der Kaplan wußte bereits, daß
die Bauern davon sprachen, den heidnischen Wassermann
einmal aufzufischen und mit Haferstroh trocken zu bürsten, und
auch hierauf freute er sich im voraus.

Ich aber wurde durch den ganzen Vorgang nicht nur veranlaßt, die eigene Streitlust zu mäßigen, ja sogar mich still zu
halten, sondern ich fühlte mich beschämt, neben dem sonderbaren Gesellen als ein kaum minder abenteuerlicher Gast dazustehen. Vollends die Art, wie jener sein Auge auf die
Schönheit des Hauses geworfen, erinnerte mich daran, daß ich
selbst ja das gleiche gethan und noch thue, wenn ich auch noch
nichts verraten oder zu verraten bis zur Stunde willens gewesen sei. Und das holde Gelächter, welches Dorothea in
allen Züchten öfter hören ließ, verdiente ich ja selbst schon in
meinem innersten Herzen. Wenn ich aufrichtig gegen mich sein
wollte, so mußte ich gestehen, ich sei allein um Dorotheas

willen noch dageblieben, nur befaß ich nicht den Mut, es
merken zu laffen oder etwas zu hoffen. Ich war alfo womöglich noch närrifcher als der Peter Gilgus.

Ich geriet durch alle diefe widerfprechenden Empfindungen
und Gedanken in eine Art von Erftarrung, in welcher ich mich
auf meine Arbeit und das ftille Studium der philofophifchen
Bücher zurückzog, ohne an den Disputationen weiter teil zu
nehmen. Die Berliebtheit dauerte dabei fort, aber wie das
Blühen der Pflanzen, das in eingetretener Frühlingskühle eine
Weile unentfchieden bei halbgeöffneten Kelchen anhält. Und
gleichmäßig verharrte ich in der Berachtung einer Rebenbuhler-
fchaft, als welche ich das Berhalten des Gilgus hinfichtlich der
neuen Weltanfchauung fowohl, als dem Weibe gegenüber
betrachtete, was freilich weder zeitgemäß noch fehr menfchlich war.

Eines Bormittags kam er aufgeregt und geputzt zu mir
geftürzt, als ich ziemlich gefammelt und dennoch herb wie
eine alte Jungfer an meiner Arbeit faß. Er trug auf dem
Leibe einen braunen Frack mit vergoldeten Knöpfen, auf dem
Kopf eine hellfarbige Reifemütze, obgleich es Winter war. Die
Angelegenheit mit Dorothea, rief er, müffe fich entfcheiden;
eine Berbindung eines Mannes wie er mit einer Perfon wie
Dorothea wäre zu typifch, als daß fie unterbleiben dürfte; fie
fei geradezu eine philofophiegefchichtliche Pflicht, denn die Er-
löfung der Welt von der Gottesidee müffe fich erft recht voll-
ziehen durch die Bermählung freier Gefchlechtsrepräfentanten
und fo weiter. Ich war von der fchlechten Gefellfchaft in
meiner Reigung fo befchämt und vergrämt, daß ich über die
Rarrheit nicht einmal zu lachen imftande war. Ueberhaupt
beluftigte mich die Sache keineswegs, indem fie felbft einen
leichten Schatten auf das unbefangene Dortchen zu werfen fchien.

Ich fragte ihn daher unwirfch, ob er in feinem Fracke
fchon auf dem Weg fei, den Heiratsantrag zu machen?

„Rein," sagte er, „heute noch nicht! Ich will mich erst einige Tage nur etwas sorgfältiger tragen, wie es sich auf Freiersfüßen geziemt. Steht mir dieser Frack nicht gut? Ich habe ihn von einem atheistischen Bankier geschenkt bekommen, einem großen Gönner unsers Bundes, der freilich des Sonntags noch in die Kirche geht; denn er hat Rücksichten zu nehmen. O, wenn mein armes Mütterchen das Glück noch erlebt hätte, das ich haben werde!"

„Ihr Mütterchen? Ist es todt?"

„Schon seit zwei Jahren! Sie hat die Befreiung des Menschengeschlechtes nicht mehr gesehen! Die trockenen Blumen, die ich im Auge Gottes aufbewahre, hat sie mir noch an meinem letzten Geburtstage geschenkt, den sie erlebte! Sie hat dieselben um einen Kreuzer auf dem Markte eingehandelt!"

Ein neuer Stich ging mir ins Herz; auch auf eine liebende Mutter behauptete der Narr Anspruch zu machen, und am Ende war er noch ein besserer Sohn als ich, der ich da saß und die meinige so gut als vergaß, obschon ich wußte, daß sie meiner harrte. So ist unser Leben aus Wirrsal gewebt, daß wir dem Nächsten kaum einen Tadel zuwenden, den wir nicht, noch eh' er ihn vernommen, auf uns selbst beziehen können.

Einige Minuten, nachdem Gilgus fortgestürmt war, trat Dorothea mit einem Körbchen voll schöner Trauben und Birnen herein.

„Sie sind jetzt so fleißig und zurückgezogen," sagte sie, „daß man Ihnen die kleinen Erquicklichkeiten nachtragen muß. Essen Sie von diesen Früchten, sonst werden Sie mir zu trocken! Dafür sollen Sie uns einen guten Rat geben! Malen Sie jedoch weiter, ich seh' Ihnen gerne zu!"

Sie nahm einen Stuhl und setzte sich zu mir.

„Papa schreibt Briefe," fuhr sie fort, „mit denen er

Herrn Gilgus fortschicken will; denn er mag ihn nicht mehr da haben. Gilgus hat heute früh die Ackerleute, die auf dem Felde pflügen, angepredigt wie Jonas die Leute zu Ninive, sie sollten Buße thun und von ihrem heidnischen Gottesglauben ablassen. Das kann so nicht weitergehen. Papa will ihn heute noch wegschicken, in ziemliche Entfernung, und mit wohlmeinenden Uriasbriefen dahin wirken, daß er weiterhin versorgt und an eine vernünftige Beschäftigung gebunden wird."

„Und was kann ich denn dazu raten?" frug ich.

„Nicht sowohl raten, als helfen! Sie sollen ihm, sofern er sich sträubt, zureden und die Reise als etwas Notwendiges und Vergnügliches darstellen. Dann stehen ein paar Koffer bereit, welche den Inhalt seines schrecklichen Sackes wohl aufnehmen werden. Da sie ihm in seinem letzten Stündlein beistehen werden, so müssen Sie ihn überzeugen, daß der Sack unschicklich und verdächtig sei, und wie zufällig die Koffer herbeischaffen. Es könnte sich nämlich ereignen, daß er störrisch wäre und sie nicht wollte, und doch mag der Vater ihn nicht mit dem Kornsacke aus seinem Hause abreisen sehen."

Ich befürchtete zwar nicht, daß Gilgus die Koffer zurückweise, versprach aber mein bestes zu thun. Sie aber sagte: „Nun schau ich noch ein wenig zu, wenn es erlaubt ist!" schlug die Arme ineinander und saß eine Viertelstunde neben mir, ohne daß sie oder ich etwas dazu sprach.

Als ich endlich einen mißlungenen Stein, der im Vordergrunde meines Bildes lag, mit der Spachtel wegräumte, sagte sie: „Hopsa! Weg damit!" dann erhob sie sich, dankte mir für geneigte Audienz und zog sich zurück, indem sie mir zugleich empfahl, mich vor Tisch sehen zu lassen, um zu erfahren, wie es gehe in der bewußten Sache.

Es ging auch ohne Schwierigkeit alles von statten, wie man wünschte; Gilgus fuhr ganz still und weichmütig mit

wohlbepacktem Gefährte von hinnen, nach der nächsten Post-
halterei, um dort am frühen Morgen weiter zu reisen. Als
der Kaplan abends zum Thee erschien, fand er es so still und
friedlich, wie wenn eine Mühle abgestanden wäre. Er hatte
in der letzten Zeit zuweilen einen der älteren deutschen Mystiker
mitgebracht in der Absicht, das grundtiefe und kühne Wesen
solcher Geister dem neuesten Geiste gegenüberzustellen, der eben
so tiefgehend und kühn war selbst in der verzerrten Darstellung
durch Gilgus, und da es ihm hauptsächlich um das Phantasie-
nährende und Parabolische zu thun war, dem er nachjagte, so
gab es manche Ausbeute bald zu seinen Gunsten bald zu Gunsten
der andern. Für heute hatte er des Angelus Silesius cherubi-
nischen Wandersmann aufgegriffen und bedauerte, daß Gilgus
nicht mehr da war, da er denselben durch den Vortrag der
wunderlichen Reime zugleich zu reizen und zu bannen, uns
aber in spaßhafte Verlegenheit zu setzen hoffte.

Wir baten ihn, dennoch vorzulesen, und die kleine Gesellschaft empfand die größte Freude über den vehementen Gottesschauer, seine lebendige Sprache und poetische Glut. Das
wollte ihm aber auch nicht recht passen; er begann immer
eifriger und nachdrücklicher zu lesen, und mit jeder Seite, die
er umschlug, erhöhte sich die Teilnahme an der munteren
Geisteserscheinung, bis er das Büchlein halb ärgerlich und ermüdet weglegte.

Nun nahm es der Graf in die Hand, blätterte darin und
sagte dann:

„Es ist ein recht wesentliches und charaktervolles Büchlein!
Wie richtig und trefflich fängt es gleich an mit dem Reimpaar:

Rein wie das feinste Gold, steif wie ein Felsenstein,
Ganz lauter wie Krystall soll dein Gemüte sein.

„Kann man treffender die Grundlage aller solcher Uebungen und Denkarten, seien sie bejahend oder verneinend, und

den Wert bezeichnen, den man von vornherein hinzubringen
muß, wenn die ganze Sache erheblich sein soll? Wenn wir
uns aber weiter umsehen, so finden wir mit Vergnügen, wie
die Extreme sich berühren und im Umwenden eines in das
andere umschlagen kann. Glaubt man nicht unsern Ludwig
Feuerbach zu hören, wenn wir die Verse lesen:

> Ich bin so groß als Gott, Er ist als ich so klein,
> Er kann nicht über mich, ich unter Ihm nicht sein?

„Ferner:

> Ich weiß, daß ohne mich Gott nicht ein Nun kann leben,
> Werd' ich zunicht, er muß vor Not den Geist aufgeben.

„Auch dies:

> Daß Gott so selig ist und lebet ohn' Verlangen,
> Hat er sowohl von mir, als ich von ihm empfangen.

„Oder:

> Ich bin so reich als Gott, es kann kein Stäublein sein,
> Das ich (Mensch glaube mir) mit Ihm nicht hab gemein.

„Und nun gar:

> Was man von Gott gesagt, das g'nüget mir noch nicht;
> Die Ueber-Gottheit ist mein Leben und mein Licht.
> — Wo soll ich dann nun hin?
> Ich muß noch über Gott in eine Wüste ziehn.

„Und wie einfach wahr findet man das Wesen der Zeit
besungen in diesem Sinngedichtchen: „Man muß sich über-
schwenken.“

> Mensch! wo du deinen Geist schwingst über Ort und Zeit,
> So kannst du jeden Blick sein in der Ewigkeit.

„Dann: der Mensch ist Ewigkeit:

> Ich selbst bin Ewigkeit, wann ich die Zeit verlasse
> Und mich in Gott und Gott in mich zusamenfasse.

„Und die Zeit ist Ewigkeit:

> Zeit ist wie Ewigkeit und Ewigkeit wie Zeit,
> So du nur selber nicht machst einen Unterscheid.

„Alles dies macht beinahe vollständig den Eindruck, als ob der gute Angelus nur heute zu leben brauchte und er nur einiger veränderter äußerer Schicksale bedürfte, und der kräftige Gottesschauer wäre ein ebenso kräftiger und schwungvoller Philosoph unserer Zeit geworden!"

„Das wird mir denn doch zu bunt," rief der Kaplan; „aber Sie vergessen nur, daß es zu Schefflers Zeiten doch auch schon Denker, Philosophen und besonders auch Reformatoren gegeben hat, und daß eine kleinste in ihm vorhandene Ader von Verneinung vollkommen Gelegenheit gehabt hätte, sich auszubilden!"

„Sie haben recht!" erwiderte ich, „aber nicht ganz in Ihrem Sinne. Was ihn abgehalten hätte und wahrscheinlich noch heute abhalten würde, ist der Gran von Frivolität und Geistreichigkeit, mit welcher sein glühender Mystizismus versetzt ist; diese kleinen Elementchen würden ihn bei aller Energie des Gedankens auch jetzt noch im mystagogischen Lager festhalten?"

„Frivolität!" rief der Kaplan, „immer besser! Was wollen Sie damit sagen?"

„Auf dem Titel," versetzte ich, „benennt der fromme Dichter sein Buch mit dem Zusatz: Geistreiche Sinn- und Schlußreime. Allerdings hat das Wort geistreich im damaligen Sprachgebrauch nicht ganz die jetzige Bedeutung; wenn wir aber das Büchlein aufmerksamer durchgehen, so finden wir, daß es in der That auch im heutigen Sinne etwas allzu geistreich und zu wenig einfach ist, so daß jene Bezeichnung jetzt wie eine ironische Voraussage erscheint. Dann sehen Sie aber auch die Widmung an, die Dedikation, worin der Mann seine Verse dem lieben Gott dediziert, indem er ganz die Form nachahmt, selbst in der Anordnung des Drucksatzes, in welcher man damals großen Herren ein Buch zuzueignen pflegte, bis zur Unterschrift: Sein allezeit sterbender Johannes Angelus.

„Betrachten Sie den bitterlich ernsten Gottesmann, den heiligen Augustinus, und gestehen Sie aufrichtig, trauen Sie ihm zu, daß er ein Buch, worin er sein religiöses Herzblut ergossen, mit solch' einer witzelnden, affektierten Dedikation versehen hätte? Glauben Sie überhaupt, daß es demselben möglich gewesen wäre, ein so kokett launiges Büchlein zu schreiben, wie dies eines ist? Er hatte Geist so gut als einer, aber wie streng hält er ihn in der Zucht, wo er es mit Gott zu thun hat. Lesen Sie seine Bekenntnisse, wie rührend und erbaulich ist es, wenn man sieht, wie ängstlich er alle sinnliche und geistreiche Bilderpracht, alle Selbsttäuschung oder Täuschung Gottes durch das sinnliche Wort flieht und meidet. Wie er vielmehr jedes seiner strikten und schlichten Worte unmittelbar an Gott selbst richtet und unter dessen Augen schreibt, damit ja kein ungehöriger Schmuck, keine Illusion, keine Art von Schönthun mit Unreinem in seine Geständnisse hineinkomme.

„Ohne mich zu solchen Propheten und Kirchenvätern zählen zu wollen, kann ich doch diesen ganzen und ernstgemeinten Gott mitfühlen, und erst jetzt, wo ich ihn nicht mehr habe, erkenne ich die willkürliche und humoristische Manier meiner Jugend, in welcher ich mit meiner vermeintlichen Religiosität die göttlichen Dinge zu behandeln pflegte, und ich müßte mich nachträglich selber der Frivolität zeihen, wenn ich nicht annehmen könnte, daß jene verblümte und spaßhafte Art eigentlich nur die Hülle der völligen Geistesfreiheit gewesen sei, die ich mir endlich erworben habe."

„Ha ha!" lachte der Priester jetzt aus vollem Halse, „da haben wir's wieder! Geistesfreiheit, Frivolität! Da zappelt der Fisch wieder an der langen Schnur und hält sich für einen Luftspringer! Bald wird er nach Luft schnappen! Den Teufel spürt das Völkchen nie! möchte man fast ausrufen, wenn's nicht den lieben Hergott anginge, verzeih' mir Gott die Sünde!"

Aergerlich, daß ich dem humoristischen Fliegenfänger nun doch wieder ins Garn gefallen, entzog ich mich der Unterhaltung und trat schweigend an ein Fenster, wo ich die Sterne des großen Wagens ihren stillen Weg fahren sah. Auf einmal rief Dorothea, welche inzwischen das Buch in die Hand genommen hatte:

„Beim Himmel, da steht das artigste Frühlingsliedchen, das ich je gesehen! Hört:

> Blüh' auf, gefrorner Christ!
> Der Mai ist vor der Thür,
> Du bleibest ewig tot,
> Blühst du nicht jetzt und hier!"

Sie eilte ans Klavier, spielte und sang diese Worte in einem altertümlichen Choralsatze von sehnsüchtig lockendem Tone, doch trotz der kirchlichen Form mit einem verliebt zitternden, weltlichen Ausdruck ihrer Stimme.

Dreizehntes Kapitel.
Das eiserne Bild.

———

Obgleich noch nicht Weihnacht da war, schien gegen die Ordnung der Natur in der That der Lenz kommen zu wollen. Während die Worte und die Melodie von Dorotheas Frühlingslied mir in den Ohren klangen, hörte ich die ganze Nacht den Südwind wehen, den schmelzenden dünnen Schnee von den Dächern tropfen, und am Morgen lag eine unnatürlich warme Sonne auf den getrockneten Gefilden, während die Bäche voller dahinrauschten und murmelten. Nur die Blumen, die Maasliebchen und die Schneeglöckchen fehlten. Dennoch tönte es noch fortwährend in mir: der Mai ist vor der Thür, du bleibest ewig tot, blühst du nicht jetzt und hier!

Noch gestern hatte ich geglaubt, mit meiner verschwiegenen Verliebtheit hoch über allem zu stehen, was ich je über Liebe gedacht und empfunden, und nun mußte ich erfahren, daß ich keine Ahnung gehabt von der Veränderung, die in dieser falschen Frühlingsnacht vorging.

Das Gattungmäßige im Menschen erwachte mit aller Gewalt seines Wesens in mir; das Gefühl der Schönheit und Vergänglichkeit des Lebens verdoppelte sich, und zugleich schien

mir alles Heil der Welt nur auf diesen zwei schönen Augen
zu stehen; während ich sie aber aus Dankbarkeit schon für ihr
bloßes Dasein liebte und ehrte, verschmähte ich, sie auch nur
in Gedanken mit meiner Person zu behelligen aus lauter Demut
und Furcht, und doch war Demut wie Furcht wieder eine Lüge,
wenn sie zwanzigmal mit unbestimmten Hoffnungen, mit Vorstellungen von Glück und Freude wechselten, statt zum Entschlusse weiser Flucht zu führen.

Mit Ruhe und Arbeit war es nun vorbei; denn sowie
ich etwas in die Hand nehmen wollte, verirrten sich meine
Augen in das Weite, und alle Gedanken flohen dem Bilde
der Geliebten nach, welches, ohne einen einzigen Augenblick zu
weichen, überall um mich her schwebte, während es zu derselben
Zeit schwer wie aus Eisen gegossen in meinem Herzen lag,
schön, aber unerbittlich hart und schwer. Von diesem eisernen
Drucke, der mir sehr neu und grausam vorkam, war ich nur
in Dortchens Gegenwart frei; kaum sah oder hörte ich sie
nicht mehr, so stellte er sich wieder ein, und ich konnte ihn
füglich ebensowohl als ein körperliches wie als ein moralisches
Uebel betrachten. Die Heftigkeit des Zustandes wurde keineswegs durch das beschämende Bewußtsein gemildert, daß ich an
dem eben verbannten Peter Gilgus einen drolligen Genossen
besaß; wie ich überhaupt nicht viel von der Meinung halte,
physische oder geistige Leiden seien leichter zu tragen, wenn sie
mit andern geteilt werden. War Gilgus auch in seiner Art
von mir verschieden, so standen wir uns doch darin gleich,
daß beide als arme Zuflüchtige in das Haus gekommen und
mit dem Begehren nach der Tochter endeten.

Der unzeitige Frühling hielt wochenlang an; in den Ge-
hölzen blühte schon der Seidelbast, so daß ich am Weihnachts-
abend, da ich nichts anderes hatte, eine Handvoll der roten
duftenden Zweige auf den Bescherungstisch legen konnte. Es

wurde übrigens nur den Angestellten und Dienstleuten beschert und ohne weitere Festlichkeit; denn der Graf sagte, es zieme sich nicht, mit den Kirchlichen nur die Lustbarkeiten, nicht aber die Peinlichkeiten und die Andachten zu teilen. Als der Tisch geleert und das Volk abgezogen war, lag mein Strauß noch da. Dorothea ergriff ihn und sagte: „Wem gehört denn eigentlich die schöne Daphne? Gewiß mir, ich seh's ihr an!"

„Wenn Ihnen die Jahreszeit nicht allzu verdächtig ist," sagte ich, „so erbarmen Sie sich dieser zu früh gekommenen Sendboten!"

„Ei was, man muß das Gute nehmen, wie's kommt. Haben Sie Dank; wir wollen die Zweige gleich ins Wasser stellen, sie sollen uns das ganze Haus durchduften!"

Dorothea war nicht nur an diesem Abend, sondern über die ganze Festzeit aufgeräumt und von lieblichster Laune, besonders am Neujahrstage, wo zum erstenmale, seit ich im Hause war, sich eine größere Gesellschaft zu einem Festmahle einfand. Nicht nur der Kaplan, sondern auch der Pfarrherr, der Arzt, ein Oberamtmann und einige Edelleute, Jugendgenossen des Grafen, welche trotz seiner verpönten Gesinnungen ihm zugethan blieben, waren da. Selbst ein paar aufgeweckte ältere Damen kamen angefahren und verbreiteten sogleich den guten freien, oder den freien guten Ton, der in gewissen Zeiten oft nur noch in der Gewalt der alten Frauen steht, die andere Tage gesehen haben und für sich nichts mehr fürchten noch hoffen. Es wurde nichts gesagt, was der Einzelne nicht hören durfte, und doch auch nichts verschwiegen, was irgend mit wohlwollender Heiterkeit anzubringen war. Jeder fand seine Gelegenheit, ein Wort mitzusprechen, und keiner mißbrauchte sie, weil das Treffendere und deshalb scheinbar Neuere schon gesagt war, sofern einer darauf ausging, dergleichen zu leisten. Selbst der Kaplan übte seine Künste mit höflicher Mäßigkeit, und der Pfarrherr, ein rechtgläubiger aber nicht bösartiger Katholik, zog von vornherein eine so generöse Linie des allenfalls zu Duldenden um seine behagliche Person, daß die Überschreitung der Grenzwehr niemandem einfiel und sogar nicht einmal eine merkliche Annäherung versucht wurde.

Ungeachtet dieses heiteren Daseins nahm ich meine Zeit wahr, um mich für einmal zurückzuziehen, da ich durch mein Dableiben weder aufzufallen noch zu stören wünschte. Für den Augenblick etwas ruhiger geworden, begab ich mich in die alte Hauskapelle und machte mir dort einiges mit meinen Bildern zu schaffen, die halb eingetrocknet da standen.

Wie ich mich so in der Stille befand, kam mir plötzlich die Mutter in den Sinn, welche in der fernen Heimat saß und nicht wußte, wo ich war, indessen es mir hier wohl erging. Längst hätte ich ihr nun Nachricht geben können und sollen, da sich die Umstände ja für einmal tröstlich verändert hatten; daß ich es bennoch immer verschob, geschah aus unklar in einander fließenden Ursachen. Erstlich hielt ich allerdings meine Angelegenheiten nicht mehr für so sehr wichtig und besprechenswert, seit ich aus der Not erlöst war; dann dachte ich wieder, durch die Freude einer unvermuteten Ankunft alles gut zu machen, bis wohin die kurze Spanne Zeit, gegenüber den verflossenen Jahren, nicht mehr in Betracht käme; endlich aber scheute ich mich unbewußt, bei dem jetzigen inneren Zustande irgend einen Laut von mir zu geben, zumal die geheime Selbstliebe trotz aller gegenteiligen Gedankengänge und Vorsätze sich doch nicht eingestehen wollte, daß jede Entscheidung undenkbar sei. Als ich nun in einiger Ruhe dies Wirrsal beschaute, faßte ich doch den Entschluß, die stille Stunde zu benutzen und der Mutter zu schreiben, wo ich sei, wie es mir gehe und daß ich bald heimkehren werde. Zu diesem Zwecke ging ich nach dem Gartenhause hinüber, wo ich etwas Bücher und Schreibzeug liegen

hatte. Auf dem Wege dahin bemerkte ich, daß die Gesellschaft
sich in dem wie im Frühlingslichte ruhenden Park erging; das
konnte mir als merkwürdiges Bild eines Neujahrstages und
meines Aufenthaltes gleich zum Eingange des Briefes dienen.
Kaum war ich aber in meinem Zimmer oder Schlafsälchen
angelangt, so klopfte es, und Röschen die Gärtnerin erschien in der Sonntagstracht der Landesgegend vom zierlichsten
Schnitte; die wollene pelzverbrämte Jacke trug sie der warmen
Luft wegen nur am Arme, so daß die Brustbekleidung von
grüner Seide mit ihren silbernen Häkchen und Knöpfchen den
Wuchs des hübschen Mädchens um so feiner zeichnete. Ein
kleines Gehäube von schwarzem Samt und Spitzen zusammengesetzt bekleidete den Ausgang der starken goldenen Zöpfe,
von denen der eine wie aus Übermut über die Schulter nach
vorn gezogen war und mit der Jacke auf dem Arme lag.

Sie war von seite des Fräuleins an mich abgesandt mit
der Aufforderung, sogleich nebst der Botin zu ihr zu kommen
und den Frauenzimmern den Ort zu zeigen, wo ich den blühenden Seidelbast gefunden habe. Das Mädchen lächelte artig
und schalkhaft bei seiner Verrichtung, seines vorteilhaften Aus-
sehens wohl bewußt; der schöne Anblick saß mir auch fest im
Auge, doch nahm ich denselben lediglich zu Gunsten der Herrin,
deren Schönheit ich ihn zurechnete. Ohne Zögern ließ ich liegen,
was ich vorgehabt, und eilte mit dem Mädchen durch Bäume
und Herrschaften nach dem Kirchhofe, wo Dorothea wartete.

„Wo stecken Sie denn?" rief sie mir entgegen; „wir
wollen noch mehr von dem blühenden Zeiland suchen, das kann
man nicht alle Neujahrstage. Überdies sind wir die einzigen
jungen Leute hier und dürfen uns auf unsere Weise auch ein
bißchen des Lebens freuen!"

Sie ergriff somit meinen Arm und wir gingen, von
Röschen begleitet, nach dem Buchenwald, den wir in acht oder

zehn Minuten erreichten. Der Waldboden war trocken wie im
Sommer, und sobald wir ihn betraten, fing Dortchen an zu
singen und zwar ein wirkliches Volkslied und im Tone, wie
das Volk selber singt, treuherzig und selbst mit den kleinen
Schnörkeln verziert, die jenes anzuhängen pflegt. Röschen
fiel alsbald mit der zweiten Stimme ein, etwas tief und derb,
so daß es klang, wie wenn zwei gesunde Landmädchen durch
den sonntäglichen Wald gingen. Natürlich waren es von den
wehmütigen Liebesgeschichten, die sie eine nach der andern an-
stimmten und andächtig zu Ende führten, ohne daß Dortchen
meinen Arm fahren ließ, bis ein rötlicher Glanz uns anzeigte,
daß einige Sträucher der gesuchten Pflanze in der Nähe waren;
denn die sinkende Sonne streifte durch die Buchenstämme und
traf die blühenden Zweige der Daphneen, wie Dortchen sie
mit dem botanischen Titel nannte, der mir unbekannt gewesen.
Sie jauchzte fröhlich auf und beide Mädchen liefen sogleich hin,
von den narkotisch duftenden Zweigen die schönsten zu brechen,
während ich mich auf den Stamm eines gefällten Baumes
setzte und ihnen zuschaute, mit Wohlgefallen jeder ihrer Bewegungen mit den Augen folgend.

Als sie ihre Ernte gehalten, ging Röschen weiter, noch
mehr Sträucher aufsuchend, und das Mädchen verlor sich allmählich hinter den Bäumen. Dorothea hingegen kam und ließ
sich bei mir nieder, indem sie mir ihren Blütenstrauß unter
die Nase hielt.

„Ist es nun nicht hübsch hier," sagte sie, „und sind Sie
nicht froh, daß wir Sie aus Ihrem Schlupfwinkel geholt haben?"

„Ich wollte an meine Mutter schreiben," antwortete ich.

„Haben Sie ihr denn nicht schon früher auf den heutigen
Tag einen Neujahrsbrief geschickt?"

„Ich habe ihr noch nicht geschrieben, seit ich hier bin;
sie weiß gar nicht, wo ich lebe!"

„Sie weiß es gar nicht? Wie können Sie so was thun?"

Ich blickte seitwärts und kratzte mit den Fingern ein kleines Moosgärtlein weg, das auf der silbergrauen Rinde des Stammes saß. Dann sagte ich, daß ich einen so langen Aufenthalt nicht vorhergesehen und endlich gedacht hätte, die Mutter um so froher zu überraschen, wenn ich schließlich selber käme.

„Das muß ich sagen!" rief sie; morgen müssen Sie aber schreiben, ich leid' es nicht länger! Wer ein solches Mütterchen hat, sollte seinem Schöpfer danken! Wissen Sie, das Ihr Buch aussieht, wie ein Herbarium? Ueberall, wo mir etwas Freude machte, oder wo ich Ihnen gern die Leviten gelesen hättc, legte ich ein grünes Blatt oder Gras hinein. Es liegt in meinem Sekretär eingeschlossen. Mehr als einmal, wenn ich von Ihrer Mutter las, dachte ich, könntest du doch bei einem solchen Mütterchen mit unterkriechen, die du keines gekannt haft! Aber morgen wird geschrieben! Sie müssen auf meinem Zimmer schreiben und ich geh' Ihnen nicht von der Seite, bis der Brief fertig und zugemacht ist, und wenn Sie folgsam sind, so schreib' ich selbst noch einen Gruß mit hinein!"

„Das wird doch nicht wohl angehen!" sagte ich.

„Warum denn nicht? O gefrorner Christ! warum denn nicht? Darf ich Ihre Mutter nicht grüßen? Und wollen Sie nicht schreiben?"

Statt zu antworten, arbeitete ich fleißig weiter an der Ausreutung des Moosfleckes; denn das eiserne Abbild Dortchens drehte sich in meinem Herzen um, während ich neben dem Ur= bilde saß, was es sonst nie that, und es war, als ob es mit furchtbarem Druck der schweren Eisenhände sich gegen die Wände seiner dunklen Behausung stemmte. Indessen ergriff sie meine Hand und wiederholte mit leiserer Stimme:

„Warum wollen Sie nicht? Oder soll ich für Sie schreiben,

gleichsam in Ihrem Auftrage? Nein, das geht auch nicht!
Aber diktieren will ich Ihnen, was ich denke, daß es der
Mutter Vergnügen macht, und Sie brauchen bloß nachzu-
schreiben! Nun?"

Eh' ich aber antworten konnte, war Röschen mit einer
ganzen Schürze voll Märzglöckchen herbeigesprungen, die sie
gefunden, und es war Zeit, zum Schlosse zurückzugehen.
Dortchen ließ das Gespräch fallen. Sie nahm auf dem Rückwege meinen Arm nicht wieder, ging aber dicht neben mir her,
Plötzlich sagte sie:

„Röschen, leih' mir deine Jacke, wenn du sie nicht brauchst!
Es fängt doch an, mich zu frösteln!"

Röschen reichte ihr das Kleidungsstück; es fand sich aber,
daß es für den höhern Wuchs der Dorothea zu klein und
eng war, so daß sie es nicht anziehen konnte.

„Wollen Sie sich nicht meines Rockes bedienen?" sagte
ich mit unbeholfenem Scherze, und sie antwortete: „Nein, in
Ihrer Haut mag ich nicht stecken, Sie kalter Fisch!"

Ins Schloß zurückgekehrt hatte sie dem Thee vorzustehen,
der noch eingenommen wurde, und nachher der Verabschiedung
der einzelnen Gäste beizuwohnen. Als ich mit dem Grafen
und dem Kaplane noch bei einem Glase Punsch zusammen
sitzen mußte, kam sie gute Nacht zu wünschen. Sie legte dem
erstern den Arm um die Schultern und sagte scherzhaft
weinerlich:

„So eine Adoptivtochter führt doch ein elendes Leben!
Nicht einmal ihrem Vater darf sie einen Kuß geben, wenn sie
zu Bett geht!"

„Was fällt dir ein, du Närrchen?" sagte der Graf
lachend; „das geht allerdings nicht und würde sich nicht
schicken!"

Hier wendete sich das Eisen wieder in meinem Herzen

und drückte mich jämmerlich die ganze Nacht. Dazu fing es
an mir den Hals zuzuschnüren und ich konnte nicht anders
Luft bekommen, als durch den Ausbruch einer Thränenflut und
erbärmlichen Schluchzens, zum erstenmal in meinem Leben
wegen Liebessachen. Der Unwillen über diese Schwachheit
vermehrte das Uebel, sowie auch die unliebsame Entdeckung,
daß durch die wahre Leidenschaft, als welche ich die Geschichte
ansah, die Freiheit der Person und jede vernünftige Selbstbestimmung verloren gehe, mich elend machte.

Als es endlich Tag wurde, war der falsche Lenz vorüber
und es fiel ein mit Schnee vermischter Regen. Dortchen
sagte, als ich im Schlosse erschien, nichts mehr vom Schreiben
und ich selbst vermochte erst recht nicht, mich daran zu machen.
Eine abermalige neue Erfahrung war der Widerwillen gegen
das Essen, welchen aus solchen Ursachen zu empfinden ich nie
für möglich gehalten hätte. Denselben zu verbergen, damit
er nicht auffiel und weil er ein trübseliges Aussehen mit sich
brachte, kostete die größte Mühe, und alles das in einem Alter,
wo ich doch auch kein Konfirmand mehr war. Auch bedauerte
ich, diese schöne brotsparende Leidenschaft nicht zur Zeit meiner
Hungersnot besessen zu haben, wo sie mir die besten Dienste
geleistet hätte. Diese realökonomische Observation hinwieder
nicht der Dorothea zu ihrer Belustigung mitteilen zu dürfen,
drückte mir fast das Herz ab.

Dortchen dagegen schien nicht übel aufgelegt und sogar
mit jedem Tage besser, ohne sich stark um mich zu kümmern.
Sie machte Geldstücke wie Kreisel über den Tisch tanzen,
brachte Kinder herbei und setzte ihnen Papiermützen auf die
Köpfe, ließ auf dem Hofe Hunde apportieren und was dergleichen unschuldige Schwänke mehr waren, und alles dünkte
mich unergründlich merkwürdig, reizvoll, und bestrickte mich
Alle die kleinen Teufeleien verrieten täglich heller eine ur-

fprüngliche Anmut und Beweglichkeit des Gemütes und zeigten
mit federleichten Wendungen, daß sie tausend Rücken unter den
Locken sitzen hatte. Wenn nun erst die offene, klare Herzens-
güte, was man so die Holdseligkeit am Weibe nennt, uns gewinnt, so bringen uns nachher, wenn wir in unserer Einfalt
entdecken, daß die Geliebte nicht nur schön und gut, sondern
auch gescheit und beweglich ist, die fröhliche Kinderbosheit des
Herzens vollends um Ruhe und Verstand; und so ging auch
mir ein neues Licht auf und es befiel mich ein heftiger Schreck,
nun gewiß nie wieder ruhig zu werden, da ich gerade dies
kurzweilige Frauenleben niemals mein nennen könne. Denn
wenn die Liebe nicht nur schön und tief, sondern auch recht
eigentlich kurzweilig ist, so erneut sie sich selbst in jedem Augenblick das bißchen Leben hindurch und verdoppelt den Wert
desselben, und nichts macht trauriger, als ein solches Leben
möglich zu sehen ohne es zu gewinnen; ja die allertraurigsten
Leute sind die, welche glauben, das Zeug dazu zu haben, recht
lustig zu sein, und dennoch traurig sein müssen aus Mangel
an guter Gesellschaft. So dachte und fühlte ich damals, weil
ich nicht wußte, daß es wichtigere und dauerhaftere Dinge in
der Welt giebt, als jene jugendliche Kurzweil.

Da das schöne Wesen mir mit jedem Tage anders und
unbegreiflicher erschien, obgleich sie immer dieselbe war, so
verlor ich zuletzt alle Unbefangenheit des Verkehrs, und um die
Heilung meiner Krankheit zu versuchen, zog ich mich wie ein
Einsiedler in die Wildnis zurück; d. h. unter dem Vorgeben,
die Gegend, Land und Leute recht anzusehen, fing ich an, bei
jeder Witterung, gut oder schlecht, den Tag im Freien zuzubringen. Ich hielt mich aber meist auf den waldigen Höhen
auf, unter alten Tannenbeständen, oder in verlassenen Köhler-
hütten, ohne menschliche Gesellschaft, was schon aus dem Grunde
gut war, weil ich, immer nur mit dem einen Gegenstande be-

fchäftigt und die Herrfchaft über mich felbft vergeffend, laut
zu denken und zu fprechen begann, befonders mit der Klage
über den fchmählichen Druck, der mir wie eine fremde Krankheit angeworfen war und den ich hundertmal mit der Hand
wegzuwifchen fuchte.

„Ift diefe Teufelei alfo die wirkliche Liebe?" fagte ich
eines Tages laut vor mich hin, als ich unter Bäumen einfam
hockte und über das Land weg blickte; „habe ich nur ein
Stück Brot weniger gegeffen, als Anna krank war? Nein!
Habe ich eine Thräne vergoffen, als fie ftarb? Nein! Und doch
that ich fo fchön mit meinen Gefühlen! Ich fchwur, der Toten
ewig treu zu bleiben; diefer Lebendigen aber Treue zu fchwören,
wäre mir nicht einmal möglich, da fich das ja von felbft ver-
fteht und ich mir nichts anderes denken kann! Wenn diefe
fchwer erkranken oder gar fterben follte, würde ich dann imftande fein, dem Ereignis fo aufmerkfam zuzufehen und es
gar zu befchreiben? O nein, ich fühle, es würde mich brechen
und die Welt verfinftern! Und welch' ein praktifcher Kerl bin
ich dennoch gewefen, als ich fo platonifch, fo ganz nach dem
Schema liebte und ein grüner Junge war! Wie unverfchämt
hab' ich da geküßt, die Kleine und die Große, zum Morgen-
und Abendbrot! Und jetzt, da ich fo manches Jahr älter bin
und ein Stück Welt gefehen habe, wird es mir fchon bang,
wenn ich nur daran denke, diefe fchöne und gute Perfon zu
unbeftimmter Zeit irgend einmal küffen zu dürfen!"

Dann ftarrte ich wieder in die Luft hinaus; doch kaum
waren einige Minuten vergangen, während welcher ich neugierig
eine Wolke oder einen Gegenftand am Horizont oder ein
fchwankendes Reis zu meinen Füßen betrachtete, fo kehrten die
Gedanken wieder zu ihrer alten Laft zurück; denn das eiferne
Bild erlaubte nicht, daß fie länger anderswo fpazieren gingen.
Als ich eines Abends einen fteilen Klippenpfad hinunter ftieg,

trat ich in der traurigen Zerstreutheit fehl und torkelte wie ein
Sinnloser über die Felsen, daß ich nicht wußte, wie ich unten
ankam und mich zu meiner Kränkung und Beschämung ziemlich
verletzte. Ein anderes Mal saß ich im Feld auf einem verlassenen Pfluge, der in der abgebrochenen Ackerfurche stand,
und machte wohl ein sehr betrübt dummes Gesicht; denn ein
vergnügt grinselnder Feldlümmel, der mit einem irdenen Selters-
krüglein, das ihm am Rücken hing, daher geschlenkert kam,
stand vor mir still, gaffte mich an, und begann endlich un-
bändig zu lachen, indem er sich mit dem Aermel über Mund
und Nase fuhr. Schon das arme Krüglein that mir in den
Augen weh, da es so stillvergnügt und unverschämt von der
Schulter dieses Burschen baumelte, der wahrscheinlich seinen
Vespertrunk darin mitgeführt hatte. Wie konnte man ein
solches Krügelchen herumtragen, als ob es kein Dortchen in
der Welt gäbe?

Da der grobe Gesell nicht aufhörte dazustehen und mir
ins Gesicht zu lachen, stand ich auf, trat weinerlich und leidvoll
auf ihn zu und schlug ihn dergestalt hinter das Ohr, daß der
arme Kerl zur Seite taumelte; und eh' er sich wieder fassen
konnte, prügelte ich all das Weh' auf den fremden Rücken und
zerschlug auch seinen Krug, daß mir die Hand blutete, bis der
Feldlümmel, welcher glaubte, der Teufel sei hinter ihm her,
sich aus dem Staube machte und erst aus einiger Entfernung
anfing, mit Steinen nach mir zu werfen. Nach dieser humanen
Heldenthat ging ich langsam davon, schüttelte den Kopf und
seufzte über so viel Herzeleid, das in der Welt sei!

Von solcher Aufführung selbst angegriffen, dachte ich nicht,
mich daran aufzureiben, sondern suchte den Weg, mich aus
dem Irrsal zu befreien. Ich musterte und verglich alle Umstände, um feststellen zu können, daß ich nicht der Mensch sei,
eine Neigung wie diejenige Dortchens erwecken zu können.

Was dem einen recht, ist dem andern billig, und wie du mir, so ich dir, sind zwei goldene Sprüche auch in Liebes=händeln, wenigstens für sonst verständige Menschen, und die beste Kur für ein krankes Herz ist die unzweifelhafte Gewißheit, daß sein Leiden nicht geteilt wird. Nur eigensinnige und selbst=süchtige Verfassungen laufen Gefahr, sich aufzulösen, wenn sie von denen nicht geliebt werden, die ihnen gefallen. Aber was hätte sein können und nicht geworden ist, macht unglücklich, und der Trost hilft nicht, daß die Welt weit sei und hinter den Bergen auch noch Leute wohnen; nur das Gegenwärtige, was man kennt ist heilig und tröstlich.

Nachdem ich nun ausgemacht hatte, daß Dortchen nicht an mich denke, ward ich etwas ruhiger und begann zu rat=schlagen, ob ich zum Danke für ihre Liebenswürdigkeit ihr die Sache entdecken wolle oder nicht. Ich gedachte im ersten Falle gelegentlich, eh' ich abreiste, ihr lachend und manierlich zu ge=stehen, welchen Rumor sie mir angerichtet, und sie zugleich zu bitten, sich nicht darum zu kümmern; denn nun sei alles wieder gut und ich wohl und munter. Auf der andern Seite aber tauchte die Besorgnis auf, ein derartiges Geständnis möchte doch als schlaue Liebeswerbung angesehen werden und mich in ein schiefes Licht bringen, der Geliebten aber einen trüben Tag bereiten. Ich verfiel daher wieder in ein unruhiges und trauriges Nachsinnen, ob ich es thun solle oder nicht, bis zuletzt es mir doch möglich schien, mit unbefangenem Vertrauen ihr durch offene Darstellung des über mich gekommenen Ungewitters unter Scherz und Lachen eine kleine Erheiterung zu gewähren, die sie wohl verdiene, und mir zugleich die verlorene Ruhe zu verschaffen. Und zwar nahm ich mir vor, es sofort zu thun. Es war eben Sonnabend und das gute Wetter auch für den kommenden Tag in Aussicht. Ich beschloß daher, den Sonntag=morgen mit seinem stillen Glanze zu der verwegenen Verhand=

lung zu benutzen, heute aber mich nicht mehr sehen zu lassen, um nicht durch neue Eindrücke irre zu werden in meinen Vorsätzen.

Der Morgen geriet auch auf das schönste; ein wirklicher Vorfrühling lachte mit seinem wolkenreinen Himmel durch alle Fenster, und ich war trotz einiger süßen Bangigkeit doch guter Dinge, da ich meiner baldigen Freiheit und Erlösung von der schmählichen Beklemmung entgegensah und mir einbildete, nichts anderes erreichen zu wollen. Und dennoch beruhte die ganze süße Aufregung, in welcher ich mich feiertäglich herausputzte und fortwährend auf neue Scherze sann, die ich in die bevorstehende Plauderei verflechten wollte, auf dem Selbstbetruge, mit dem ich mir verbarg, daß mich nur der Wunsch beseelte, mit Dorotheen wohl oder übel von Liebe zu sprechen.

Aber es fand sich, daß sie schon am Sonnabend meilenweit weggefahren war, um eine Freundin zu besuchen, daß sie von dort nach der Residenz gehen und überhaupt mehrere Wochen abwesend sein werde. Damit war alle meine Hoffnung zunichte und der blaue Himmel in meinen Augen schwarz wie die Nacht. Das erste, was ich that, war, daß ich wohl zwanzigmal den Weg vom Gartenhaus nach dem Kirchhof hin und zurück ging und mich dabei auf die Seite des Pfades drückte, an welcher Dortchen mit dem Saume ihrer Gewänder hinzustreifen pflegte. Aber auf diesen Stationen brachte ich nichts heraus, als daß das alte Elend mit verstärkter Gewalt wieder da war und die Vernunft wie weggeblasen. Das Gewicht im Herzen war auch wieder da und drückte fleißig darauf los.

Der Graf hatte die ganze Zeit über seiner einzigen Leidenschaft, der Jagd gelebt, und war daher wenig zu Hause geblieben. Jetzt schien er der Sache etwas müde zu sein und begann mich wieder aufzusuchen Er fand mich in der Kapelle, da ich keinen Grund mehr hatte, in die Wildnis zu laufen, und hier am einsamsten war.

„Wie steht's denn mit den Bildern, Meister Heinrich?"
sagte er mir auf die Schulter klopfend, „rücken sie vor?"

„Nicht sonderlich!" erwiderte ich kleinlaut und trübselig.

„Es eilt ja nicht, Sie sind uns noch lange willkommen!
Dennoch seh' ich Ihnen am Gesicht an, daß es gut ist, wenn
Sie von der Sache mit guter Manier bald frei werden."

„Du triffst es besser, als du weißt!" dachte ich und machte
mich plötzlich mit so grimmiger Entschlossenheit an die Arbeit,
daß ich vor Ablauf von drei Wochen mit den Bildern fertig
war. Während sie zum Trocknen an der Luft standen, bestellte ich beim Tischler die Kisten, in denen sie nach der
Hauptstadt gesendet werden sollten. Dann stellte ich einige
Streifereien an, um nicht still liegen zu müssen, und als ich
eines Abends spät nach Hause kehrte, sah ich vom Garten aus
Dorotheens Zimmer erleuchtet. Mit dem Schlaf, den ich während
der letzten fleißigen Tage wieder gefunden, war es nun abermals
aus, obgleich ich noch nicht wußte, daß sie wirklich da war.

Am Morgen erschien Röschen und berief mich zum Frühstücke, welches ihrer Ankunft zu Ehren gemeinsam eingenommen
werde. Als ich ins Schloß kam erklang ihre Stimme durch
das Haus; sie spielte und sang wie eine Nachtigall am Pfingst-
morgen, und alles war voll Leben und Fröhlichkeit; nur ich
war traurig und einsilbig, da das Scheiden nun doch vor der
Thüre stand.

Sie schien aber nichts davon zu merken, sondern trieb
allerlei Mutwillen, der mich immer wieder aufregte und ver-
wirrte; dabei wandte sie sich immer an andere und brauchte
vorzüglich das dienstfertige Röschen als Trägerin und Ge-
hilfin ihrer Possen. Als dieses gelegentlich ein kleines Silber-
lachen hören ließ, das ich auf meine düstere Laune bezog lief
ich dem Mädchen nach, packte es und faßte es in den Arm,
indem ich mit der andern Hand sein Köpfchen festhielt.

„Wer wird hier ausgelacht und was willst du denn, du Gänseblümchen?" rief ich. Das blühende Kind zappelte und sträubte sich, lachte aber fort. Unversehens hielt es still und flüsterte mir ins Ohr:

„Lassen Sie uns doch lachen! Das gnädige Fräulein ist so vergnügt und zufrieden, daß sie wieder da ist! Wissen Sie warum?"

Als ich das schlimme Geschöpf verblüfft und errötend frei ließ, legte es mir die Hand auf die Schulter und lispelte weiter:

„Sie war so traurig die ganze Zeit, denn sie ist verliebt! Wissen Sie in wen?"

Ich fühlte das Herz beinah' still stehen und sagte tonlos: „Nun, in wen denn?"

„Ein Rittmeister bei den Kürassieren!" hauchte sie nun ganz leise, „himmelblaue Tracht, schneeweißer Mantel, Stahlharnisch und hoher Silberhelm, ein geschwungener Kamm darauf und das Ganze schön wie ein Hektor, sagt sie, obgleich unser schwarzer Hund so heißt!"

Damit sprang sie davon und eilte der Herrin nach, die schon vorher entschlüpft war. Ich merkte freilich, daß Scherz getrieben wurde; allein die Schilderung eines schönen Reiteroffiziers bekam mir an sich schon nicht gut in solchem Zusammenhange.

Glücklicherweise langten die Kisten für die Bilder an, welche sofort eingepackt wurden. Ich schlug selbst die Nägel in die Deckel, daß die Kapelle von den zornigen Schlägen widerhallte; denn mit jedem Schlage nahm ich mir gewisser vor, am nächsten Tage fortzugehen, und so dünkte es mir, als nagle ich den eigenen Sarg zu. Aber nach jedem Schlage schallte ein klangreiches Gelächter oder ein fröhlicher Triller von den Korridoren und Treppen her, die Mädchen jagten hin und wieder und schlugen Thüren auf und zu.

Das bewirkte, daß ich in meine Gartenwohnung ging und
gleich auch den Reisekoffer packte, den ich samt neuem Inhalt
bei meinem letzten Aufenthalt in der Residenz gekauft hatte.
Als ich damit fertig war, ging ich höchst schwermütig aber
gefaßt ins Freie und nach dem Kirchhofe; dort setzte ich mich
auf Dortchens Lieblingsbank und hoffte, sie werde etwa herkommen und ich wenigstens noch einige Minuten bei ihr sitzen
können ohne Bosheit noch Gefährde, um sie nochmals recht
anzusehen. Sie kam auch richtig nach einer Viertelstunde heran-
gerauscht, aber von der Gärtnerstochter und dem schwarzen
Hektor begleitet. Da entfernte ich mich eiligst im Glauben,
sie hätten mich noch nicht gesehen, und lief hinter die Kirche.
Als ich dort die Mädchen wieder sprechen und lachen hörte,
ging ich in der Verwirrung in das Dorf und betrat das
Pfarrhaus, um beim Kaplan Zuflucht zu suchen, angeblich aber,
um meine Abreise anzukündigen.

Ich fand ihn essend am Tische sitzend, über den die Nachmittagssonne wegschien.

„Ich esse hier mein Vesperbrötchen," sagte er, „wollen
Sie nicht mithalten?"

„Ich danke," erwiderte ich; „wenn Sie es erlauben, so
will ich Ihnen sonst ein wenig Gesellschaft leisten!"

„Das sind mir junge Leute heutzutage," sagte der Hoch-
würdige, „das hat ja gar keinen ordentlichen deutschen Appetit
mehr! Na, die Gedanken sind auch danach, da kann freilich
nicht viel anderes herauskommen, als nichts und wieder nichts!"

„Seit wann sind Hochwürden so materialistisch?"

„Verwechseln Sie mir nicht das Erschaffene mit dem Un-
erschaffenen, unseliger Adept, und nehmen Sie Platz! Ein
Schluck Bier wird Ihnen mindestens nicht zu schwer sein!"

So beschäftigte er sich eifrig weiter mit der großen Schüssel,
die vor ihm stand Dieselbe enthielt die Anhängsel und Profil-

stücke eines frisch geschlachteten Schweines, die Ohren, die
Schnauze und den Ringelschwanz, alles soeben gekocht und dem
Geistlichen lieblich in die Nase duftend. Er pries das aufge-
türmte Gericht als unübertrefflich an einfacher Zartheit und
Unschuld und trank einen tüchtigen Krug golden braunen
Bieres dazu.

Als ich etwa zehn Minuten dagesessen hatte, klopfte es
an der Thüre und Dorothea trat, nur von dem schönen Hunde
begleitet, anmutig und höflich herein und schien aber ein klein
wenig befangen zu sein.

„Ich will die Herren nicht stören," sagte sie, „und wollte
nur den Herrn Kaplan bitten, heute abend bei uns zu sein,
da Herr Lee morgen fortreist. Sie sind doch nicht abgehalten?"

„Gewiß werde ich kommen!" erwiderte der Pfarrer, der
sich schon wieder gesetzt hatte und seine angenehme Arbeit fort-
setzte, „bitte, mein Liebster, holen Sie doch einen Stuhl für
das gnädige Fräulein!"

Das that ich mit großem Eifer und stellte einen zweiten
Stuhl an den Tisch, mir gerade gegenüber. Dorothea dankte
mit freundlichem Lächeln und sah bescheiden vor sich nieder,
indem sie Platz nahm. Nun war ich doch glückselig, da ich
in der wohnlichen und sonnigen Priesterstube ihr gegenüber
saß und sie sich so gutmütig und still verhielt. Der Kaplan
sprach essend und immer allein, und wir brauchten ihm nur
zuzuhören, indes der Hund mit feurigen Augen und offenem
Maule auf Schüssel, Hände und Mund des Hochwürdigen
starrte.

„Ach der arme Hund, wie es ihn gelüstet!" sagte Dortchen, „essen Sie dies auch, Herr Kaplan, oder erlauben Sie,
daß ich es ihm gebe?"

Sie zeigte hiebei auf das krumme Schwänzchen, das sich
manierlich auf dem Rande der Schüssel darstellte.

„Dies Sauschwänzchen?" sagte der Kaplan, „nein, mein Fräulein, das können Sie ihm nicht geben, das eß' ich selber! Warten Sie, hier ist etwas für ihn!" und er setzte dem lüsternen Tier einen Teller vor, in welchen er allerhand Knöchelchen und Knorpelwerk geworfen hatte. Dortchen und ich sahen uns unwillkürlich an und mußten lächeln, weil die ungetrübte Freude des Geistlichen an dem bescheidenen Gegenstande uns erheiterte. Auch der Hund, der sich begierig mit seinem Teller unterhielt, vermehrte durch seine Behaglichkeit die gute Stimmung. Dortchen streichelte ihm den Kopf, als ich eben mit der Hand über seinen glänzenden Rücken fuhr, und als sie achtlos Gefahr lief, mir mit ihrer Hand zu begegnen, zog ich die meinige höflich zurück, wofür sie mich schnell mit einem halben Lächeln anblickte.

Am offenen Fenster wehten die Vorhänge sachte von der Luft bewegt, und vor demselben tanzte ein Schwarm schimmernder Mücklein in der Sonne, die einzelnen kaum erkennbar, mit einer Hast und Leidenschaft durcheinander, als ob sie die Kürze der ihnen verliehenen Frist gekannt hätten, die sich vielleicht nach halben Stunden berechnete.

In diesem Augenblick wurde der geistliche Herr von der Haushälterin abgerufen, um an Stelle des abwesenden Pfarrers einem vorbeschiedenen unfriedfertigen Ehepaar Audienz zu erteilen.

„Das muß doch immer gezankt haben, es ist ein Graus mit diesen Eheleuten!" rief der über die Störung ungehaltene Cölibatär; „räumt den Tisch ab, Therese, ich esse nachher nicht mehr!"

Damit lief er nach dem Studierzimmer des Pfarrers, ohne uns zu verabschieden, und wir waren so veranlaßt, an dem weiß gedeckten Tische sitzen zu bleiben; denn die Wirthschafterin nahm bloß Schüssel und Teller mit und ließ das

Tuch liegen. Ich blickte wortlos auf die runde weiße Fläche, die von der jungen Sonne beleuchtet zwischen uns glänzte. Das Wort „Eheleute", das der Geistliche zuletzt ausgesprochen, klang gleichsam noch in der Luft, da niemand sprach; denn auch Dortchen saß schweigend da, die Hand auf den Kopf des Hundes gelegt, der mit seinem Schmause auch fertig war. Das verfängliche Wort klang aber nicht mit seinem Zusammenhange nach, sondern erweckte mir die Vorstellung von zwei Leutchen, die glücklich in häuslicher Abgeschlossenheit am Tische sich gegenüber sitzen. Es war als ob das weiße Rund sich mit Bildern des Glückes belebte; und es ergriff mich ein tiefes Leiden um Dortchen, da es mir beim Himmel nicht möglich schien, daß sie anders als an meiner Seite glücklich und zufrieden alt werden könne. Mit einem Seufzer richtete ich die feucht werdenden Augen auf und sah erschrocken, wie Dortchens Augen mit Teilnahme auf mir zu ruhen schienen, während den geschlossenen Lippen ein weicher nicht unfreundlicher Ernst den schönsten Ausdruck gab und das Haupt nachdenklich sich leicht seitwärts neigte. Auch nachdem ich aufgeblickt, veränderte sie Haltung und Ausdruck nicht sofort, und erst als ihre Augen auch einen feuchteren Glanz bekamen, nahm sie sich zusammen. Das Bild dieses Augenblickes ist mir auch geblieben gleich dem stillen Glanz eines Sternes, den man einmal in ungewöhnlich klarer Luft leuchten sah und niemals vergißt.

Ich rang nach Worten, um das Schweigen zu unterbrechen, und Dortchen, mit dem gleichen Bestreben schneller fertig, öffnete eben den Mund, als die Wirtschafterin des Pfarrhauses wieder eintrat und nicht mehr weg ging, da sie sich berufen fühlen mochte, die junge Herrschaftsdame zu unterhalten. Es dauerte nicht lang, so kehrte auch der Kaplan von seinem Geschäft zurück, das er rascher erledigt als er gehofft

15*

hatte, und da sich nun ein haushälterisches Gespräch abzu-
spinnen begann, benutzte ich die Gelegenheit, grüßte und entfernte mich, um mein volles Herz hinaus zu flüchten. Dortchen sah mir nach und rief mir zu, ich möge doch nicht zu
spät im Schlosse erscheinen.

Nach einigem Herumstreifen gelangte ich an die Stelle,
wo ich bei meiner Ankunft aus dem Walde heraus getreten
war und die abendliche Regenlandschaft mit dem Gute und
der alten Kirche erblickt hatte. Ich ging auf die Kirche zu und
in dieselbe hinein, und da ein altes Mütterchen darin kniete
und ihr Gebet murmelte, schlich ich hinter ihr weg in eine Art
Krypta, welche den ältesten Teil des Gebäudes und einen halb-
dunkeln Raum bildete, dessen romanische Fenster zur Hälfte ver-
mauert waren. In diesem Raum waren im Laufe der Zeit eine
Menge Gegenstände untergebracht worden, die ihn verengten.

Vorzüglich that dies ein Grabmal von schwarzem Kalk-
stein, auf welchem ein langer Ritter ausgestreckt lag, die Hände
auf der Brust gefaltet. An seiner Seite, auf dem Rande des
Sarkophages, stand eine fest verschlossene und verlötete Büchse
von Bronze in Form einer kleinen Urne, zierlich gegossen und
ciseliert und mit einer schlanken Kette vom nämlichen Metall an
den Brustharnisch des steinernen Ritters befestigt. Nach der
Ueberlieferung enthielt die Büchse das einbalsamierte und ver-
trocknete Herz des Beigesetzten, und das Gefäß wie die Kette
war gänzlich oxydiert und schillerte grünlich im Zwielicht der
Krypta. Das Grabmal aber gehörte einem burgundischen
Ritter an, der gegen Ende des fünfzehnten Jahrhunderts, von
wilder und unstäter, aber ehrlicher Natur, von allerhand Unstern und Frauenmißhandlung verfolgt, durch die Länder geirrt
war und bei den Vorfahren des Grafen hier seine letzte Zuflucht gefunden hatte, wo das Herz dann endlich an einem
letzten Verrate gebrochen sein sollte.

Das Grabmal hatte er sich selbst gestiftet und den einsamen Platz dazu ausgebeten; die Gruft des gräflichen Geschlechtes war schon damals in die größere Kirche verlegt
worden. An das Herz in der Büchse knüpften sich verschiedene
Sagen, die vom Volke erzählt wurden, wie z. B. der „verliebte Burgauner" verordnet habe, sein Herz solle so lang auf
seinem Grab angebunden bleiben, bis lebendig oder tot eine
gewisse Dame komme und es in das Vaterland heimhole, und
geschehe es nicht, so sollte sie so wenig die ewige Ruhe finden,
als er sie zu finden hoffe; ein jedes andere Weibsstück aber,
so die Büchse mit dem Herzen in die Hand zu nehmen sich
erdreiste, soll gehalten sein, dieselbe dreimal zu küssen und drei
Vaterunser zu beten, sonst werde der verliebte Burgauner ihr
die Hand lahm machen oder ein Knie brechen und dergleichen.
Solche Ueberlieferungen mochten auch bewirkt haben, daß die
Kapsel samt der Kette sich so lange Zeit an Ort und Stelle
erhalten hatte.

Dem romantischen Denkmale gegenüber saß ich in einem
dunkeln Winkel zwischen ausgedienten Tabernakeln und Pro-
zessionsgerätschaften und überließ mich den Gedanken über die
bevorstehende Trennung, die um so trauriger waren, als ich in
dieser letzten Stunde mir sagen mußte, bei aller Abenteuerlich-
keit des Erlebten werde das Glück schwerlich so weit gehen,
mir auch noch mit einer Eroberung so glänzender Art aufzu-
warten, wie sie mir im Sinne lag. Zu dieser planen Einsicht
drängte mich die Not des entscheidenden Augenblickes, und
hiezu gesellte sich die Beschämung über die kindische Art, in
die ich verfallen, sofort nach dem Glänzenden zu greifen. Mit
solchen Gefühlen ringend suchte sich dann die versöhnte Neigung,
die nichts für sich hoffend nur dem Geliebten zugethan sein
will, emporzuarbeiten, soweit sie nicht auch wieder eine ver-
kleidete Begehrlichkeit war; kurz, ich brachte dergestalt die Zeit

in der Dämmerung der Krypta zu, bis ich von der äußern
Kirche her ein Getrippel leichter Schritte und zugleich weibliche Stimmen vernahm. Aufhorchend erkannte ich sie als
Dorotheas und Röschens Stimmen. Die Mädchen schienen
diesmal nicht zu lachen, sondern angelegentlich etwas zu beraten. Doch bald dauerte ihnen der Ernst zu lang; denn sie
kamen über die paar Stufen herunter in die Krypta gehuscht
und Dorothea rief: „Komm, Röschen, wir wollen wieder einmal den verliebten Ritter besehen!"

Sie stellten sich vor das Grabmal und schauten dem
steinernen Manne neugierig in das dunkle ehrliche Gesicht.

„O Gott! ich fürchte mich," flüsterte Röschen und wollte
entfliehen. Dortchen aber hielt jene fest und sagte laut:

„Warum denn, Närrchen? Der thut niemand was zu
leid! Sieh, wie es ein guter Kerl ist!"

Sie nahm das erzene Gefäß in die Hand und wog es
bedächtig in derselben; aber plötzlich schüttelte sie es, so stark
sie konnte, auf und nieder, daß das eingetrocknete Etwas, das
seit vierhundert Jahren darin verschlossen lag, deutlich zu hören
war und die Kette dazu klang. Dortchen atmete heftig; da
ein Strahl des Tages auf ihr Gesicht fiel, sah ich, wie dasselbe die Farbe wechselte und von einer rosigen Röte in Mar-
morblässe überging.

„Höre die Klappernuß, wie sie raschelt!" rief sie, „da,
klappre auch damit!"

Sie drückte dem zitternden Röschen das Gefäß in die
Hände; aber es that einen Schrei und ließ das Herz fallen,
und Dortchen fing es mit aller Gewandtheit auf und ließ es
abermals klappern.

Ich, von dessen Gegenwart sie keine Ahnung hatten,
schaute ganz erstaunt dem Spiele zu.

„Wart du Teufel!" dachte ich, „dich will ich schön er=
schrecken!"

Schnell trocknete ich die nassen Augen, stieß einen hohlen
Seufzer aus und sprach mit einer traurigen Stimme, die ich
gar nicht sehr zu verstellen brauchte, in älterem französisch:
„Dame, s'il vous plaist, laissez cestuy cueur en repos!"

Mit einem Doppelschrei flogen die Mädchen aus der
·Krypta und der Kirche wie besessen, Dortchen voraus, welche
mit einem schwungvollen Satz über die Stufen und die
Schwelle der Kirchenthüre hinaussprang, schneebleich, aber
immer noch lachend ihr Kleid zusammennahm und über den
Kirchhof wegeilte, bis sie zu ihrer Ruhebank kam und sich auf
dieselbe warf, was ich alles durch eines der Fenster beobachten
konnte, daß ich rasch erklettert hatte.

Dortchen, deren Gesicht fast die Farbe ihrer weißen
Zähne hatte, lehnte sich zurück, die Hände um das Knie ge=
schlungen, und Röschen rief:

„Du großer Gott, es hat gespukt!"

„Ja wohl, es spukt, es spukt!" sagte Dortchen und lachte
wie eine Tolle.

„Du Gottlose! Fürchtest du dich denn gar nicht? Klopft
dein Herz nicht schrecklicher, als das tote Herz dort geklappert hat?"

„Mein Herz?" antwortete Dortchen, „ich sage dir, es ist
guter Dinge!"

„Was hat es denn gerufen?" fragte Röschen, die immer=
fort beide Hände an ihr eignes Herz hielt und abwechselnd
prüfte, ob sie noch beweglich seien; „was hat das französische
Gespenst gesagt?"

„Fräulein, hat es gesagt, wenn es Euch gefällt, so nehmt
dies Herz und macht es zu Eurem Nadelkissen! Geh' wieder
hin und sag', wir wollten uns bedenken! Geh, geh, geh!"

Sie sprang auf, als ob sie die hübsche Dienerin wirklich

nach der Kirche zurückschieben wollte, umhalste sie aber unversehens und drückte ihr heftige Küsse auf die Wangen. Dann
verschwanden beide unter den Bäumen.

Eine gute Weile später stieg ich auch aus meinem Schlupfwinkel hervor, um die letzten Dinge zu besorgen, die noch übrig
waren. Ich ging in das Parkhaus und stellte die Reisefertig-
keit vollständig her: richtig war der Schädel beim Packen des
Koffers wieder vergessen worden, weshalb ich nochmals Raum
schaffen mußte. Zuletzt war auch er untergebracht und zwar
als die einzige Habseligkeit von denen, die ich einst aus der
Heimat in die Fremde mitgenommen hatte. Darum war mir
auch, als ich es recht bedachte, die arme Scherbe erst jetzt wert;
lange Jahre schon hatte sie in der heimatlichen Erde gelegen,
dann mit mir die Kammer geteilt und, wenn auch als ein
stummes Geräte, meine vergangenen Tage gesehen, und so
kehrte ich wenigstens nicht ganz von der alten Ausstattung
entblößt zurück.

Dies verrichtet, begab ich mich zum Grafen, die Unter-
redung mit ihm zu halten, die durch die letzten Stunden meines
Hierseins, sowie schon von der Pflicht der Dankbarkeit gefordert
wurde. Er wollte aber jetzt nichts von solchen Verhandlungen
wissen, sondern bestand darauf, mich abermals nach der Hauptstadt zu begleiten und Zeuge zu sein, wie ich es mit meinen
Bildern anfangen und es mir ergehen würde.

Man müsse verhüten, sagte er, daß ich nicht schon nach
dem ersten Anlaufe wieder einen Trödler aufsuche. Das wäre
nicht zu befürchten, antwortete ich, weil ich ja nun reich genug
wäre, die Bilder für einstweilen zu behalten und mit nach
Hause zu bringen, wo sie sogar Zeugnis über die Art, wie ich
die Zeit verbracht, ablegen könnten. Nichts da, meinte er, in
der Kunststadt müßten sie ihre Wirkung thun, sonst habe mein
bevorstehender Entschluß nicht die rechte Grundlage.

Vom Grafen hinweg ging ich auf die Terrasse, wo ich
die kurze Zeit bis zur Stunde der abendlichen Zusammenkunft
zubringen wollte. Auf einem Tische des dahin führenden
Gemaches stand eine Schüssel mit feineren Zuckersachen, wie
man sie in buntes Papier zu wickeln und mit allerlei Sinn-
sprüchen oder sogenannten Devisen zu begleiten pflegt. Dorothea
hatte die Gewohnheit, dergleichen Naschwerk selber zu wickeln
und statt der gewöhnlichen trivialen Reimereien gute Sinn-
gedichte, Distichen und Liederstrophen einzulegen, welche sie aus
allen möglichen Dichtern und verschiedenen Sprachen zusammen-
suchte. Sie ließ ganze Sammlungen solcher Zierlichkeiten auf
Bogen drucken, die man nach Bedürfnis zerschneiden konnte
und besaß das Talent, jeweilig eine so artige Auswahl zusammen zu bringen, daß die Gesellschaft beim Nachtische durch
anmutig heitere oder witzige und spitzige Vorstellungen oder
auch beides abwechselnd nicht selten in angeregte Stimmung
versetzt wurde. Auch trieb sie allerhand Schwank, indem sie
oft zwei Zeilen aus verschiedenen Dichtern zusammenfügte und
man glaubte, Bekanntes zu lesen, indessen die neue Wendung
der entgegengesetzte Sinn, welchen das Unbekannt-Bekannte
ergab, die Leser in die Irre führte. Einen Vorrat dieses so
zubereiteten Naschwerkes, in einem Körbchen von Silberdraht
geordnet, daß sie beim Gebrauche noch mit Blumen schmückte,
hielt sie jederzeit bereit und bot es bei gegebener Veranlassung
selbst herum. Mir sagte die Spielerei eigentlich nicht sehr zu;
doch hielt ich sie aus verliebter Rechtgläubigkeit wo nicht für
großartig, mindestens für verzeihlich und liebenswürdig, wie
man ja immer froh ist, kleine Mängel an geliebten Personen
zu finden, um sie nur ohne Verzug verzeihen und sogar mit-
lieben zu können.

Jetzt war Dortchen offenbar beschäftigt, ein solches Körbchen
neu zu füllen, und wahrscheinlich von der Arbeit unerwartet

abgerufen worden. Da ich mich durch den Auftritt in der Krypta und den bevorstehenden Abschied freier fühlte als sonst und mir nichts daraus machte, von der Zurückkehrenden betroffen zu werden, setzte ich mich an den Tisch und besah mir, was Dorothea heute betrieb. Sie hatte in der That schon eine gute Zahl süßer viereckiger Täfelchen in glänzendes Papier eingeschlagen und in das Körbchen gelegt; als ich nachschaute, was für eine Art von Versen und Epigrammen sie bereit hielt, fand ich ein Büschel kleiner auf zartes grünes Papier gedruckter Zettel, auf welchen allen dasselbe und einzige Gedichtlein zu lesen war:

> Hoffnung hintergehet zwar,
> Aber nur, was wankelmütig;
> Hoffnung zeigt sich immerdar
> Treugesinnten Herzen gütig;
> Hoffnung senket ihren Grund
> In das Herz, nicht in den Mund!

Wo ich das kleine Papierbüschel sachte auseinanderschlug, (es war von einem grünseidenen Bändchen zusammengehalten), überall blickten mir diese einfachen, treuherzigen und doch so aufregenden Worte entgegen. Vorsichtig griff ich das eine und andere der bereits fertigen Täfelchen aus dem Körbchen, machte es ein wenig auf, und fand in jeder Hülle das gleiche grüne Liedchen. Es klang mir, wie der tröstende Ruf einer Wachtel im einsamen Feld oder der leis anschwellende und traulich abbrechende halbe Gesang einer Drossel in der Tiefe des Waldes.

Da meines Wissens heute keine größere Gesellschaft da war, die einen Nachtisch erheischen konnte, so mußte die Absicht von Dortchens diesmaligem Einfall einer zukünftigen Gelegenheit vorbehalten sein, die mir ein Geheimnis war. Plötzlich ließ ich alles liegen und schlüpfte auf die Terrasse hinaus, wo

ich mich auf einen Stuhl warf und mit nachdenklichen Seufzern
die noch übrige Zeit verbrachte. Es dauerte nicht lange, so
erschien Dortchen mit einigen jungen blaßroten Rosen, die sie
ohne Zweifel im Treibhause geholt, und mit einem brennenden
Handleuchter, weil die Dämmerung begann zur Dunkelheit zu
werden. Sie setzte unbesorgt ihre Arbeit fort, packte noch ein
halbes Dutzend Zucker= und Vanillestücke u. dgl. mit den Zetteln
zusammen und summte dazu mit halber Stimme mehrmals die
zwei Zeilen:

> Hoffnung hintergehet zwar,
> Aber nur, was wankelmütig,

bis sie mit dem letzten Stücke auf den Schluß übersprang:

> Hoffnung senket ihren Grund
> In das Herz, nicht in den Mund!

und denselben mit weiß Gott welcher Melodie und etwas lauter
in den tiefsten Tönen verklingen ließ, deren ihre Stimme fähig
war. Dann barg sie rasch den ungebrauchten Rest der feinen
Zettelchen in einer Tasche ihres Kleides, besteckte das Körbchen
mit den Rosen und eilte mit der ganzen reizenden Veranstal=
tung, den Leuchter zur Hand nehmend, aus dem Saale, und
ich hatte dem lieblichen Thun durch eines der hohen Fenster
zugeschaut, freilich von den Florbehängen desselben halb verhüllt.

Die vergnügliche Stimme des Kaplans ließ sich hören;
ich säumte nicht, über die Terrassenstufen hinunter und ihm
entgegen zu gehen, und betrat in seiner Gesellschaft wieder das
Haus und die Räume, in welchen die Abende zugebracht
wurden. Mit diesem künstlichen Umwege verhütete ich, daß
Dortchen irgendwie ahnen könne, ich wisse das sonderbare
Geheimnis ihres Körbchens. Als wir nun zu viert am Tische
saßen, verlief die Zeit mir nur allzu schnell; denn die Eigen=
liebe erfreute sich an dem Wohlwollen, welches meine Person
zum Gegenstande der letzten Unterhaltung machte, und die

Gewißheit, daß ich wirklich zum letztenmale Dortchens Gegenwart genieße, verkürzte die Stunden um das Doppelte. Der
Graf meinte, er habe sich an meine Gesellschaft gewöhnt, und
wenn es sich nur um ihn handelte, so ließe er mich noch lange
nicht ziehen; der Kaplan aber rief nein, ich müsse gehen, damit
ich, was er sicher hoffe, durch die Luftveränderung und in
meinem schönen Vaterlande die verlorenen Ideale wieder finde.

Lachend versetzte ich, nach gewissen Weissagungen meiner
Träume werde ich jedenfalls zu neuen Ideeen kommen, und ich
erzählte von der kristallenen Treppe, in deren Stufen die
Ideeen in Gestalt kleiner Frauensleutchen schliefen. Der Kaplan
wunderte sich hierüber und guckte mich immer verdußter an,
als ich fortfuhr, jene Ausgeburten des Schlafes in unglücklicher Zeit zu schildern; denn hiermit bewies ich ihm, daß ich
im Schlafe noch toller d. h. idealischer sein könne nach seinen
Begriffen, als er im Wachen. Ich erzählte von der Brücke der
Identität, von dem Goldregen, den ich auf dem fliegenden
Pferde gemacht, und wie ich über das Kirchendach herunterge-
purzelt und endlich in Trübseligkeit vor dem mütterlichen
Hause gestanden sei, nachdem mir dasselbe erst wunderbar in
die Augen geglänzt habe.

Da ich von dem feurigen Extra-Weine, welchen wir tranken,
etwas vorlauter Laune geworden, schmückte ich diese Dinge
noch mit manchen Zuthaten und Hirngespinsten aus und
endigte zuletzt wie ein Märchenerzähler, der dem Volke seinen
blauen Dunst vorgemacht.

„Der hat ja ein Maul, wie eine laufende Schuld!" sagte
der Kaplan, in seiner Verwirrung über die großartige Flunkerei
zu dem gröblichen Volksausdrucke greifend; denn ich schien ihm
arg ins Handwerk gepfuscht zu haben, indem ich ein wirklich
Erlebtes schilderte, das doch ein Nichts, ein Traum war; der
Graf sagte:

„Diese Beredsamkeit haben wir allerdings bisher an unserm Freunde nicht entdecken können! Ist es aber nun geschehen, so hindert mich nichts, mir zu denken, daß ich sie eines Tages zu ernsteren Dingen verwendet sehe. Wir wollen auf unser aller gute Zukunft anstoßen!"

Er schenkte die Gläser voll und wir ließen dieselben zusammenklingen, ohne daß ich mich jedoch bemühte, über den Sinn seiner Worte klar zu werden; denn ich sah unversehens Dorothea mit dem rosengeschmückten Körbchen herankommen.

„Auch ich will einen Spruch thun," sagte sie, als sie mir zur Seite stand; aber ich überlasse die Abfassung dem Zufall dieses wohlbekannten Orakelkorbes; nehmen Sie sich einen Bonbon heraus, nur eines, aber vorsichtig und bedächtig!"

Ich sah erstaunt und fragend zu ihr auf; denn ich wußte ja, daß in jedem der zierlichen Paketchen der gleiche Spruch lag.

„Welches raten Sie mir denn zu nehmen?" fragte ich mit innerer Bewegung; allein gleichmütig erwiderte sie:

„Ich darf mich nicht darein mischen, wenn das Orakel wirken soll!"

„Soll ich dieses nehmen?"

„Ich weiß nicht!"

„Oder dieses?"

„Ich sage nichts, weder Ja noch Nein!"

„So nehm' ich dieses und bedanke mich schönstens!" rief ich, indem ich das Papierchen öffnete und Dortchen rasch das Körbchen zurückzog.

„Nun, was steht darin?" rief der Kaplan, über welche Frage ich froh war, da ich die Verse kaum vernehmbar vorzutragen vermochte. Ich gab ihm den Zettel mit der Bitte, denselben selbst zu lesen. Das that er mit gutem Ausdruck.

„Ein ganz schöner Spruch!" sagte er; „damit können Sie zufrieden sein; er beruht auf einer frommen und getreuen

Weltanschauung, dergleichen nicht mehr allzuhäufig ist! Aber
nun, Gnädigste! reichen Sie mir das Körbchen auch dar und
lassen Sie mich sehen, was ich als Dableibender erhalten
werde!"

Er griff begierig nach dem Körbchen. Sie versetzte aber:

"Nächsten Sonntag dürfen Sie etwas zum Dableiben
auswählen, Hochwürden! Heute bekommt nur der, welcher
geht!" Damit eilte sie weg und verschloß das Körbchen sorgfältig in einem Schranke.

Als am nächsten Vormittag der Graf und ich bereits in
dem bequemen Reisewagen saßen, sagte Dorothea, die uns
beiden schon die Hand gegeben und jetzt plötzlich nochmals zum
Wagen trat: "Nun ist doch etwas vergessen! Ihr grünes Buch,
Herr Heinrich, liegt noch in meiner Verwahrung! Soll ich es
rasch holen?"

"Laß nur!" sagte mein Reisegefährte; "es hält uns zu
lange auf; wenn er uns, wie zu hoffen, bald schreibt, so
können wir ihm das Buch wohlbehalten nachsenden, nicht so?"

Ich nickte nur froh aufatmend meine Zustimmung, da
mit dem Buche ein Teil meiner selbst in der unmittelbaren
Nähe Dortchens zu bleiben schien.

"Ich will es in sicherem Verschluß halten und es soll
ihm nichts geschehen!" sagte sie und winkte mir, während wir
wegfuhren, mit vollem freundlichem Blicke zu. Damals habe
ich das schöne Wesen dennoch zum letztenmal in meinem Leben
gesehen.

Vierzehntes Kapitel.

Die Rückkehr und ein Ave Cäsar.

Zwei breite Goldrahmen, im voraus bestellt, waren fertig, als wir in der Stadt ankamen, die wir nun zum zweitenmale gemeinschaftlich besuchten. Mein Beschützer machte sich sofort daran, den Einfluß zu benutzen, der ihm des Titels und auch seiner Person wegen in unverfänglichen Dingen nicht verkümmert war; die Bilder hingen deshalb nach wenigen Tagen im besten Lichte der Ausstellungsräume, in welchen ich einst so ungeschickt und dunkel aufgetreten. Sie waren freilich keine Meisterwerke, aber auch nicht gehaltlos und konnten ebensowohl einen Fortschritt als den Stillstand begrenzter Fähigkeit in sich bergen, das ewige Ausruhen von einem einmaligen Anlaufe, wo der Anläufer in sich gegangen ist und am Wegbord der goldenen Mittelstraße, der vielbegangenen, sitzen bleibt.

Zu meiner Verwunderung hingen auch jene zwei kleinen Bilder daneben, die von mir dem israelitischen Schneider und Gemäldehändler um ein Kleid überlassen worden. Der Graf hatte sie, da er von der Sache wußte, aufgestöbert und aus dritter Hand an sich gebracht. Jetzt waren sie mit Zetteln verziert, worauf das stattliche Wort „Verkauft" geschrieben stand

Diefe Lift des Grafen erwedte ein günftiges Vorurteil für die ganze kleine Sammlung der vier Stüde, und in dem nächften Kunftberidt einer verbreiteten großen Zeitung war ihrer fchon in einigen aufmunternden Zeilen gedadt, wenn auch nicht mit fehr zutreffenden Worten. Kurz, nach wenigen Tagen meldete fich ein bedeutender Kunfthändler, welcher die deutfchen Malerfdulen bereifte, um ganze Bilderfammlungen für entlegene Hinterländer zu erwerben. Durch diefen Käufer, der meine Bilder zu befdeidenem Preife anzukaufen hoffte, würde mein Name den Zufaß „Mitglied der X'er Schule erhalten haben, eine Ehre, die ich mir nicht hätte träumen laffen. Der Graf jedoch meinte, die Bilder müßten an einen Liebhaber und nicht an einen Handelsmann verkauft werden, und er fei einem foldem bereits auf der Spur.

Nach abermals einigen Tagen aber übergab mir der Kuftos der Ausftellung einen für mich aus dem Norden angekommenen Brief. Er war von Erikfon, welcher fchrieb: „Lieber Heinrich, ich lefe eben in der dortigen Zeitung, die ich meiner Frau wegen halte, daß du noch dort bift und vier Arbeiten ausgeftellt haft, zwei kleine und zwei größere. Wenn du für die einen oder andern noch keine Beftimmung weißt, fo überlaffe mir eines der beiden Paare und fdid' es mir; ich zähle darauf! Den Preis feße auf anftändigem Fuße und nicht zu fchüdtern an; denn du mußt wiffen, daß es mir gut geht. Ich habe den Stand unfers Haufes wiederherftellen können, ohne das Geld meiner Frau zu brauchen, und überdies Erfparniffe gemacht, nämlich zwei Bübchen, von denen der ältere neulich fchon den Teufel an die Wand gemalt hat und zwar mit Kirfchmus, als er die Mama fagen hörte, man folle das gerade nicht thun. Ein nettes Kräutchen, und ift noch nicht drei Jahre alt! Kann ich die Bilder bekommen, fo fchreib' recht viel dazu!"

Ich entschied mich ohne Zaudern für dies Freundesange-
bot, das meinen Entschluß, der Kunst zu entsagen, am leichtesten
bestehen ließ; denn ein solcher Ankauf aus freundschaftlichem
Wohlwollen war ja noch kein Beweis für den wahren Künstler-
beruf. Der Graf mußte mir beistimmen, obgleich ich den Verdacht hegte, daß es mit seinem Verkaufsprojekte nicht viel
anders beschaffen sein mochte.

Die Bilder wurden an Erikson abgesandt. In meinem
Briefe, den ich wegen zu vollen Herzens nicht so ausführlich
schrieb, wie er wünschte, bat ich ihn, er möge die Kaufsumme
mir in die Heimat schicken, wohin ich abzugehen im Begriffe
sei; so brachte ich also nicht nur eine für meine bisherigen
Verhältnisse ansehnliche Barschaft mit nach Hause, sondern
auch ausstehendes Guthaben, dessen Eingang aus weiter Ferne,
nachdem ich selbst so wohlbehalten angekommen und das
erste Aufsehen vorüber war, von erfreulichster Wirkung sein
mußte.

Allein als ob das unglückliche Träumen von Gold und
Gut im kleinen zur Wahrheit werden wollte, war es hiermit
noch nicht genug. Nachdem mein neuer Aufenthalt den Behörden bekannt geworden und eben wieder zu Ende gehen
sollte, erhielt ich eine gerichtliche Vorladung, um gewisse Eröffnungen entgegenzunehmen. Schon früher hatte ich meinem
alten freundlichen Tröbelmännchen Josef Schmalhöfer einen
Besuch abstatten wollen, seine dunkle Behausung jedoch verschlossen gefunden und erfahren, daß der einsame Mensch seit
vielen Wochen tot sei. Zu meinem großen Erstaunen wurde
mir jetzt auf der Gerichtskanzlei mitgeteilt, daß der Alte, der
keine Erben hinterließ, sein nicht ganz unbeträchtliches Vermögen einer wohlthätigen Stiftung vergabt und meine Person
in seinem letzten Willen mit einem Legate von vier tausend
Gulden bedacht habe. Sofern ich mich nun darüber ausweisen

könne, daß ich wirklich die von dem Legator gemeinte Person
sei, so liege die genannte Summe zur Auszahlung bereit, nachdem alle bisherigen Erkundigungen nutzlos geblieben seien.
Es handle sich namentlich um die Frage, ob ich derjenige
wäre, der dem Verstorbenen eine größere Zahl gewisser Handzeichnungen u. s. w. verkauft und bei Gelegenheit einer fürst-
lichen Vermählungsfeier Fahnenstangen angestrichen habe.

Den durchschlagendsten Nachweis konnte der Graf mit zwei
Worten leisten, soweit es die Zeichnungen betraf, und für das
übrige genügte seine Glaubwürdigkeit dem Gerichtsbeamten
vollkommen, als er erklärte, der, welcher die Stecken bemalt,
könne kein anderer sein, als ich.

Also wurden mir vier öffentliche Schuldtitel von je tausend
Gulden aushingegeben; der Graf verkaufte dieselben und besorgte mir gute Wechsel für den Betrag, so daß ich nun mit
Vermögensteilen in dreifacher Form ausgestattet war; mit
barem Gelde, mit Forderungen und mit Wechseln.

„Wenn jetzt nur nicht der dicke Tell mit seinem Pfeil
und das Kirchendach kommt!" sagte ich, als wir an der Mit-
tagstafel unseres Gasthofes saßen, wo ich zum Ueberflusse auch
noch der Gast des Grafen war; „ich muß trachten, daß ich
fortkomme, sonst zerfließt mir das viele unnatürliche Glück zuletzt doch noch zu einem Traum!"

Ich fühlte mich in der That ordentlich beklemmt und fing
an, dem Glückswandel nicht mehr recht zu trauen.

„Was spintisieren Sie mir wieder über der Kümmerlich-
keit!" sagte der Graf; „bei allem, was Sie nun besitzen und
was Ihnen so ungeheuer erscheint, ist nicht ein Pfennig, dessen
rechtmäßige Quelle Sie nicht in sich selbst zu suchen haben!
Und wie können Sie von Traum und Glücksfall reden, wo
Sie gegenüber den paar Gulden mit Ihren schönen Jahren
so im Verluste sind?"

„Aber die Geschichte mit dem Legat ist doch gewiß das reine Glücksabenteuer!"

„Auch dies nicht! Auch sie hat ihre Wurzel nur in Ihnen selbst! Ich habe vergessen, Ihnen ein beschriebenes Papier zu geben, das sich in den Falten eines der Schuldbriefe gefunden hat, als ich die Werttitel meinem Bankier brachte. Hier ist der Zettel, den der Alte Ihnen hinterließ!"

Der Graf gab mir ein Fetzchen Papier, auf welchem mit der mir bekannten unbehilflichen Handschrift des Tröblers, die zudem von eingetretener Körperschwäche noch verschlimmert sein mochte, zu lesen war:

„Du bist nicht wieder zu mir gekommen, mein Söhnchen, und ich weiß nicht, wo du zu finden bist. Ich möchte aber, weil ich fürchte, daß der Tod mich bei kurzen Tagen in meinem Kram heimsucht, dir etwas erweisen und zuwenden, was ich nachher doch nicht mehr brauchen kann, leider! Ich thu' es aber, weil du alleweile mit dem zufrieden gewesen bist, was ich dir für deine Malerei gegeben habe, und vornehmlich, weil du so still und fleißig bei mir gearbeitet hast. Wenn es in deine Hände kommt, was ich in langen Jahren erspart habe mit Geduld und Vorsicht und dir jetzt verehren thue, so genieße es mit Gesundheit und Verstand, weil ich leider davon abscheiden muß, und hiermit behüt' dich Gott, mein Männchen!"

„Es ist doch gut," sagte ich mit neuer Verwunderung, „daß es für alle Gebahrungen zweierlei Richter gibt! Was andere mir als Leichtsinn, wo nicht Verkommenheit auslegen würden, erhält von dem braven Alten einen Tugendpreis!"

„Drum wollen wir auf seine Seligkeit anstoßen, weil er so gerecht gerichtet hat!" erwiderte der Graf wohlgemut; „und jetzt wollen wir unsere Freundschaft leben lassen und Brüderschaft trinken, wenn es Ihnen recht ist!" fuhr er fort, indem er die Gläser von neuem füllte.

Ich stieß an und trank aus, sah dabei aber so überrascht und verschüchtert drein, daß er es wohl bemerkte, als er mir die Hand schüttelte; denn der Unterschied des Alters und der Lebensverhältnisse hatten mich dergleichen doch nicht erwarten lassen.

„Sei nur nicht verdutzt, wenn es gilt, sich zu duzen!" sagte er fröhlich; „ich betrachte es als Gewinn, mit einem Stammesbruder aus anderer Staatsform und von jüngerem Lebensalter auf du und du zu sein. Und auch du darfst dich der guten deutschen Sitte füglich unterwerfen, nach welcher zu Zeiten Jünglinge, Männer und Greise, welche auf dasselbe Ziel losgehen, Brüderschaft schließen. Nun aber wollen wir von dir allein reden! Was gedenkst du zu beginnen in deinem Lande?"

„Ich gedenke meine unterbrochenen Studien am borghesischen Fechter wieder aufzunehmen!" antwortete ich. Auf seine Frage, was das heiße, erzählte ich kurz, wie ich durch die so genannte Figur auf das Studium des Menschen hinübergeleitet worden sei und nun zwar nicht mehr dessen Gestalt, sondern dessen lebendiges Wesen und Zusammensein zum Berufe wählen möchte. Da mir jetzt Zeit und Mittel durch das Glück gegeben seien, so hoffe ich auf rasche und zweckmäßige Weise noch die nötigen Kenntnisse nachzuholen, um mich dem öffentlichen Dienste widmen zu können.

„So was habe ich mir auch gedacht," sagte der gräfliche Duzbruder; allein wie die Dinge einmal stehen, würde ich mit besondern Studien keine Zeit mehr verlieren, zumal ihr ja keine Hierarchie mit Zwangsfolge habt. An deiner Stelle würde ich mich ruhig erst ein wenig umsehen und dann, nötigenfalls als Freiwilliger, ein unteres Amt übernehmen und schwimmen lernen, indem du sofort ins Wasser springst. Machst du es zur Regel, jeden Tag daneben einige Stunden staatswissenschaftliche Sachen zu lesen und zu überdenken, so

bist du in wenig Zeit ein praktischer und hinlänglich gebildeter
Amtsmann zugleich, und die Unterschiede der Schulweisheit
gleichen sich mit den wachsenden Jahren vollständig aus,
während das hervorzutreten beginnt, was den eigentlichen
Mann ausmacht. Das Gerichtswesen und was daran hängt,
würde ich freilich den gründlich geschulten Juristen überlassen
und dahin wirken, daß auch die Andern es thun. Die Hauptsache ist, daß du später in der Gesetzgebung weißt, wo sie hin
gehören und wo ihnen das Wort zu geben ist, und daß du
sie in Ehren hältst, solange sie das Recht lebendig machen
und nicht es töten und das Volk verderben. Am wenigsten
dulde feige Richter im Land, sondern stürze sie und gieb sie
der Verachtung preis —"

„Halt, Grave!" rief ich, da er sich in lauten Eifer hinein
zu reden begann und meine gegenwärtige Sache vergaß: „noch
bin ich weder Konsul noch Tribun!"

„Gleichviel!" rief er jetzt noch viel lauter; „haft du aber
gleichzeitig einen feigen und einen ungerechten Richter neben
einander, so laß beiden die Köpfe abschlagen und dann setze
dem ungerechten den Kopf des feigen und dem feigen den
Kopf des ungerechten auf! So sollen sie weiter richten, so
gut sie können!"

·Erst jetzt schwieg er, trank und sagte wieder: „Ungefähr
so mein' ich's, du wirst mich wohl verstehen!"

Ich hatte den sonst so ruhigen Mann nie so aufgeregt
gesehen; die bloße Vorstellung, daß ich unmittelbar in eine
Republik gehe und mich an deren öffentlichem Leben beteiligen
werde, schien ihm andere verwandte Vorstellungen und alte
Leiden der Unzufriedenheit zu erwecken.

Indessen war die Stunde des Abschiedes endlich da und
kein Grund des Aufschubes mehr vorhanden. Da er meine
Angelegenheit geordnet und mich reisefertig sah, fuhr der Graf

gleich nach Tisch weg, um sein Gut am gleichen Tage noch zu erreichen, während ich den Bahnhof suchte, der um diese Zeit zum erstenmal eröffnet worden. Denn einige Bruchstücke von Eisenstraßen des obern Deutschlands hatten ihren ersten Zusammenhang erhalten und ich konnte auf dem neuen Wege rascher die Schweizergrenze erreichen, wenn auch nicht in gerader Richtung An dieser Veränderung mochte ich die Länge meiner Abwesenheit bemessen.

Als ich den Rhein überschritt und das Land betrat, war dieses gerade mit dem Getöse jener politischen Aktionen erfüllt, welche mit dem Umwandlungsprozesse eines fünfhundertjährigen Staatenbundes in einen Bundesstaat abschlossen, ein organischer Prozeß, der über seiner Energie und Mannigfaltigkeit die äußere Kleinheit des Landes vergessen ließ, da an sich nichts klein und nichts groß ist und ein zellenreicher, summender und wohlbewaffneter Bienenkorb bedeutsamer ist, als ein mächtiger Sandhaufen. Beim schönsten Frühlingswetter sah ich Straßen und Wirtshäuser angefüllt und hörte das zornige Geschrei über gelungene oder mißlungene Gewaltthat. Man lebte mitten in der Reihe von blutigen oder trockenen Umwälzungen, Wahlbewegungen und Verfassungsänderungen, die man Putsche nannte und Schachzüge waren auf dem wunderlichen Schachbrette der Schweiz, wo jedes Feld eine kleinere oder größere Volkssouveränität war, die eine mit Vertretung, die andere demokratisch, diese mit, jene ohne Beto, diese von städtischem Wesen, jene von ländlichem, und wieder eine andere mit theokratischem Oele versalbt, daß sie nicht aus den Augen sehen konnte.

Sogleich übergab ich mein Gepäck der Postanstalt und beschloß, den Rest der Reise zu Fuß zurückzulegen, um unverweilt eine vorläufige Kenntnis der Zustände aus eigener Anschauung zu erwerben; denn gerade auf meinem Wege rauchte und schwelte es an mehreren Orten.

Und doch lag überall das Land in himmelblauem Duft, aus welchem der Silberschein der Gebirgszüge und der Seeen und Ströme funkelte und die Sonne spielte auf dem jungen betauten Grün. Ich sah die reichen Formen der Heimat, in Ebenen und Gewässern ruhig und wagrecht, im Gebirge steil und kühn gezackt, zu Füßen blühende Erde und in der Nähe des Himmels eine fabelhafte Wüste, alles unaufhörlich wechselnd und überall die zahlreich bewohnten Thal- und Wahlschaften bergend. Mit der Gedankenlosigkeit der Jugend und des kindischen Alters hielt ich die Schönheit des Landes für ein historisch-politisches Verdienst, gewissermaßen für eine patriotische That des Volkes und gleichbedeutend mit der Freiheit selbst, und rüstig schritt ich durch katholische und reformierte Gebietsteile, durch aufgeweckte und eigensinnig verdunkelte, und wie ich mir so das ganze große Sieb voll Verfassungen, Konfessionen, Parteien, Souveränitäten und Bürgerschaften dachte, durch welches die endlich sichere und klare Rechtsmehrheit gesiebt werden mußte, die zugleich die Mehrheit der Kraft, des Gemütes und des Geistes war, der fortzuleben fähig ist, da wandelte mich die begeisterte Lust an, mich als einzelner Mann und widerspiegelnden Teil des Ganzen zum Kampfe zu gesellen und mitten in demselben mich mit regen Kräften fertig zu schmieden zum tüchtigen und lebendigen Einzelmann, der mit ratet und thatet und rüstig drauf aus ist, das edle Wild der Mehrheit erjagen zu helfen, von der er selbst ein Teil, die ihm aber deswegen nicht teurer ist, als die Minderheit, die er besiegt, weil diese hinwieder mit der Mehrheit vom gleichen Fleisch und Blut ist.

Aber die Mehrheit, rief ich vor mir her, ist die einzige wirkliche und notwendige Macht im Lande, so greifbar und fühlbar, wie die körperliche Natur, an die wir gefesselt sind. Sie ist der einzig untrügliche Halt, immer jung und immer

gleich mächtig; daher gilt es, sie unvermerkt vernünftig und
klar zu machen, wo sie es nicht ist. Dies ist das höchste und
schönste Ziel. Weil sie notwendig und unausweichlich ist, so
kehren sich die verkehrten Köpfe aller Extreme gegen sie, indessen sie stets abschließt und selbst den Unterliegenden beruhigt, während ihr ewig jugendlicher Reiz ihn zu neuem
Ringen mit ihr lockt und so sein eigenes geistiges Leben erhält
und nährt. Sie ist immer liebenswürdig und wünschbar, und
selbst wenn sie irrt, hilft die gemeine Verantwortlichkeit den
Schaden ertragen. Wenn sie den Irrtum erkennt, so ist das
Erwachen aus demselben ein frischer Maimorgen und gleicht
dem Anmutigsten, was es giebt. Sie läßt es sich nicht einfallen, sich stark zu schämen, ja die allgemein verbreitete Heiterkeit läßt den begangenen Fehltritt kaum ungeschehen wünschen,
da er ihre Erfahrung bereichert, die Lust der Besserung hervorgerufen hat und auf das schwindende Dunkel das Licht erst
recht hell erscheinen läßt.

Sie ist die reizende Aufgabe, an welcher sich ihr Einzelner
messen kann, und indem er dies thut, wird er erst zum ganzen
Mann, und es tritt eine wundersame Wechselwirkung ein
zwischen dem Ganzen und seinem lebendigen Teile.

Mit großen Augen beschaut sich erst die Menge den Einzelnen, der ihr etwas vorsagen will, und dieser, mutig aus-
harrend, kehrt sein bestes Wesen heraus, um zu siegen. Er
denke aber nicht, ihr Meister zu sein; denn vor ihm sind andere
dagewesen, nach ihm werden andere kommen, und jeder wurde
von der Menge geboren; er ist ein Teil von ihr, welchen sie
sich gegenüber stellt, um mit ihm, ihrem Kind und Eigentum,
ein Selbstgespräch zu führen. Jede wahre Volksrede ist nur
ein Monolog, den das Volk selber hält. Glücklich aber, wer
in seinem Lande ein Spiegel seines Volkes sein kann, der
nichts widerspiegelt, als das Volk, während dieses selbst

nur ein kleiner Spiegel der weiten lebendigen Welt ist und sein soll.

Dergestalt redete ich mich in eine hohe Begeisterung hinein, je blauer der Himmel glänzte und je näher ich der Vaterstadt kam.

Freilich ahnte ich nicht, daß Zeit und Erfahrung die idyllische Schilderung der politischen Mehrheiten nicht ungetrübt laſſen würden; noch weniger merkte ich, daß ich im gleichen Augenblicke, wo ich mich selbstthätig zu verhalten gedachte, auch schon die Lehren der Geschichte vergaß, noch bevor ich nur den ersten Schritt gethan. Daß große Mehrheiten von einem einzigen Menschen vergiftet und verdorben werden können und zum Danke dafür wieder ehrliche Einzelleute vergiften und verderben, — daß eine Mehrheit, die einmal angelogen, fortfahren kann, angelogen werden zu wollen, und immer neue Lügner auf den Schild hebt, als wäre sie nur ein einziger bewußter und entschloſſener Böſewicht, — daß endlich auch das Erwachen des Bürgers und Bauersmannes aus einem Mehrheitsirrtum, durch den er sich selbst beraubt hat, nicht so rosig ist, wenn er in seinem Schaden dasteht, — das alles bedachte und kannte ich nicht.

Aber auch mit diesen Schatten wäre ja das Unausweichliche und Notwendige der Mehrheit, ohne deren Zustimmung der mächtigste Selbstherrscher in Rauch aufgeht, und ihre reine Größe, wenn sie unverderbt ist, stark genug gewesen, meine Vorsätze zu tragen und den Durst nach der neuen Lebensluft nicht erlöschen zu laſſen. So griffen denn meine Schritte immer kecker und unternehmungslustiger aus, bis ich plötzlich das Pflaster der Stadt unter den Füßen fühlte und ich doch mit klopfendem Herzen ausschließlicher der Mutter gedachte, die darin lebte.

Meine Sachen mußten inzwischen auf der Post angekommen sein. Ich lenkte die Schritte zuerst dahin, um sogleich

eine Schachtel an Hand zu nehmen, die meine bescheidenen
Reisegrüße für sie enthielt, nämlich den Stoff für ein feineres
Kleid, welches zu tragen ich sie zu überreden hoffte, und einen
Vorrat ausländischen Gebäckes, das würzig und haltbar ihr
einen guten Mund machen sollte.

Diese Schachtel an der Hand ging ich am noch lichten
Nachmittage durch unsere alte Straße; sie erschien mir belebter
als vor Jahren; auch sah ich, daß manche neue Verkaufs-
magazine errichtet und alte rußige Werkstätten verschwunden,
mehrere Häuser umgebaut und andere wenigstens frisch verputzt
waren. Nur das unsrige, ehemals eines der saubersten, sah
schwarz und räucherig aus, als ich mich näherte und an die
Fenster unserer Stube hinaufblickte. Sie standen offen und
waren mit Blumentöpfen besetzt; aber fremde Kindergesichter
schauten heraus und verschwanden wieder. Niemand bemerkte
oder kannte mich, als ich eben in die bekannte Thüre treten
wollte, ein Mann ausgenommen, der mit einem Zollstab und
Bleistift in der Hand über die Gasse geeilt kam. Es war der
Handwerksmeister, der mich einst auf seiner Hochzeitsreise
besucht hatte.

„Seit wann sind Sie da, oder kommen Sie eben?" rief
er, eilig mir die Hand reichend.

„Diesen Augenblick komme ich," sagte ich, und er antwortete und bat mich, schnell eine Minute bei ihm drüben einzutreten, eh' ich hinaufginge.

Ich that es mit ängstlicher Spannung und fand mich in
einem schönen Verkaufsladen, in dessen Hintergrund die junge
Frau am Schreibpulte saß. Sofort kam auch sie mir entgegen
und sagte: „Um Gotteswillen, warum kommen Sie so spät?"

Erschreckt stand ich da, ohne noch erraten zu können, was
es sein möchte, das die Leute so erregte. Der Nachbar aber
säumte nicht, mich aufzuklären.

„Ihre gute Mutter ist erkrankt, so schwer, daß es vielleicht nicht ratsam ist, wenn Sie unangekündigt und plötzlich
bei ihr erscheinen. Seit heute früh haben wir nichts gehört;
nun aber ist's am besten, meine Frau geht schnell hinüber und
sieht nach wie es steht. Sie warten indessen hier!"

Ohne an eine so traurige Wendung glauben zu wollen,
und doch bekümmert, ließ ich mich wortlos auf einen Stuhl
sinken, die Schachtel auf den Knieen. Die Frau lief über die
Gasse und verschwand in der Thüre, die mir wie einem Fremden
noch verschlossen sein sollte. Die Augen voll Thränen kehrte
die Nachbarin zurück und sagte mit verschleierter Stimme:

„Kommen Sie schnell, ich fürchte, sie macht es nicht mehr
lang, ein Geistlicher ist dort! Die arme Frau scheint nicht
mehr bei Bewußtsein!"

Sie eilte wieder vor mir her, um hilfreich bei der Hand
zu sein, wenn es not that, und ich folgte mit zitternden Knieen.
Die Nachbarin erklomm rasch und leicht die Treppen; auf den
verschiedenen Stockwerken standen feierlich Leute unter ihren
Thüren, leise sprechend, wie in einem Sterbehause. Auch vor
unserer Wohnung standen solche, die ich nicht kannte; meine
Führerin im alten Vaterhause eilte auch an diesen vorüber und
ich folgte ihr bis auf den Dachboden, wo ich unsern Hausrat
dicht aufeinander stehen sah und die Mutter in einem Kämmerchen wohnte. Leise öffnete die Nachbarin dessen Thüre; da
lag die Arme auf dem Sterbebett, die Arme über die Decke
hingestreckt, das todesbleiche Gesicht weder rechts noch links
wendend und langsam atmend. In den ausgeprägten Zügen
schien ein tiefer Kummer auszuleben und der Ruhe der Erge-
bung oder der Ohnmacht Platz zu machen. Vor dem Bette
saß der Diakon der Kirchgemeinde und las ein Sterbegebet.
Ich war geräuschlos eingetreten und hielt mich still, bis
er geendet. Die Nachbarin trat, als er das Buch sachte

zuschlug, zu ihm und flüsterte ihm zu, der Sohn sei angekommen.

„In diesem Fall kann ich mich zurückziehen," sagte er,
sah mich einen Augenblick aufmerksam an, grüßte und begab
sich hinweg.

Die Nachbarin trat jetzt an das Bett, nahm ein Tüchlein
und trocknete sanft die feuchte Stirn und die Lippen der Kranken;
dann, während ich immer noch wie ein vor ein Gericht Ge-
rufener dastand, den Hut in der Hand, die Schachtel zu Füßen,
neigte sie sich nieder und sagte ihr mit zarter Stimme, welche
die Leidende unmöglich erschrecken konnte: „Frau Lee! der
Heinrich ist da!"

Obgleich diese Worte bei aller Weichheit so vernehmlich
gesprochen waren, daß auch die vor der offenen Thüre versam-
melten Weiber sie hörten, gab sie doch kein anderes Zeichen, als
daß sie die Augen leise nach der Sprechenden hin wendete.
Indessen benahm mir außer der Trauer auch die dumpfe dämme-
rige Luft des Kämmerchens den Atem; denn der Unverstand der
Wärterin, die in einem Winkel hockte, hielt nicht nur das kleine
Fenster verschlossen, sondern auch die grüne Gardine davor, und
ich mußte daran erkennen, daß heute noch kein Arzt da gewesen sei.

Unwillkürlich schlug ich die Gardine zurück und öffnete
das Fenster. Die reine Frühlingsluft und das mit ihr ein-
strömende Licht bewegten das erstarrende ernste Gesicht mit
einem Schimmer von Leben; auf der Höhe der hageren Wangen
zitterte leicht die Haut; sie regte energisch die Augen und richtete
einen langen fragenden Blick auf mich, als ich mich, ihre Hände
ergreifend, zu ihr niederbeugte; das Wort aber, das ihre ebenfalls zitternden Lippen bewegte, brachte sie nicht mehr hervor.

Die Nachbarin nahm die Wärterin mit sich hinaus,
drückte leise die Thüre zu, und ich fiel an dem Bett nieder mit
dem Rufe: „Mutter! Mutter!" und legte den Kopf weinend

auf die Decke. Ein röchelndes stärkeres Atmen hieß mich wieder
emporschnellen und ich sah die treuen Augen gebrochen. Ich
nahm den leblosen Kopf in die Hände und hielt dies Haupt
vielleicht zum erstenmale in meinem Leben so in der Hand,
wenigstens so weit ich mich entsinnen konnte. Allein es war
für immer vorbei.

Es fiel mir ein, daß ich ihr wohl die Augen zudrücken
sollte, daß ich ja dafür da sei und sie es vielleicht noch fühlen
würde, wenn ich es unterließe; und da ich neu und ungeübt
in diesem bittern Geschäfte war, so that ich es mit zager,
scheuer Hand.

Die Frauen traten nach einer Weile herein und als sie
sahen, daß die Mutter verschieden war, erboten sie sich, das
Nötige zu thun und die Leiche für den Sarg einzukleiden.
Da ich einmal da war, verlangten sie von mir die Anweisung
eines Totengewandes. Ich öffnete einen der auf dem Dachboden
stehenden Schränke, der voll guter Kleider hing, die seit
Jahren geschont und gespart und nicht nach der Mode ge-
schnitten waren. Die Wärterin aber sagte, es müsse ein
Totenkleid vorhanden sein, von welchem die Selige gesprochen,
und wirklich fand man dasselbe, in ein weißes Tuch eingeschlagen, im Fuße des Schrankes liegen. Zu welcher Zeit sie
es anfertigen ließ, war mir unbekannt.

Die Frauen sprachen auch davon, wie wenig Mühe die
Tote während ihrer Krankheit verursacht, wie still und geduldig
sie gelegen und fast nie etwas verlangt habe.

Fünfzehntes Kapitel.

Der Lauf der Welt.

———

Während die Frauen nun Bett und Leiche in den erforderlichen Stand brachten, folgte ich der Einladung der Nachbarin, in ihr Haus hinüber zu gehen und dort auszuruhen. Der Nachbar suchte vorsichtig, eh' er im Gespräche weiter ging, meine Glücksumstände und Erlebnisse zu erfahren. Ich verhehlte ihm nicht, daß ich zur Zeit seiner Anwesenheit in jener Stadt übel daran gewesen, ließ ihn dann aber die bessere Wendung der Dinge wissen, erzählte ihm alles, den Liebeshandel ausgenommen und gleichsam als eine Art Rechtfertigung zeigte ich ihm unter Thränen die Geldwerte, die ich bei mir führte. Ich schob Geld und Papiere weg und stützte den Kopf wieder weinend auf den Tisch des fremden Mannes.

Betroffen und schweigend saß er da, und erst als ich mich etwas beruhigt, zeigte er eine gewisse Entrüstung über den unglücklichen Verlauf der Dinge und konnte sich nicht enthalten, mich damit bekannt zu machen. Nachdem die Mutter schon längere Zeit auf meine Heimkehr oder wenigstens auf Nachrichten geharrt und schon etwas gekränkelt hatte, erhielt sie eines Tages die Aufforderung, vor der Polizeibehörde zu er-

scheinen. Es war, wie wir jetzt annehmen mußten, die Nachforschung des deutschen Gerichtes nach meiner Person wegen
des Legates des Josef Schmalhöfer. Sei nun die plumpe
Versäumnis, die Ursache dieser Nachforschung anzuzeigen, schon
von jener Gerichtsstelle aus begangen worden oder nicht, genug,
als meine Mutter, nach meinem Aufenthalte befragt, denselben
nicht nennen konnte, erschrocken dastand und zitternd fragte,
um was es sich handle, wurde ihr geantwortet, man wisse es
nicht, es sei einfach eine Vorladung für mich, vor dem Gerichte
zu erscheinen; ich werde wahrscheinlich vor Schulden oder etwas
ähnlichem geflohen sein. Diese Auslegung sprach sich auch
weiter herum und die arme Frau wurde durch allerlei An-
spielungen in der Meinung bestärkt, daß ich verschuldet und
im Mangel in der Welt herumirre.

Nicht lange darauf, als sie die Zinsen für das auf das
Haus entlehnte Kapital, die sie kümmerlich zusammengehalten,
abtrug, wurde ihr das letztere gekündigt, und nun mußte sie
mitten in ihren kummervollen Sorgen um ein neues Anleihen
ausgehen. Es gelang ihr aber nicht, das Geld zu finden,
denn es bestand eben die Absicht, sie vom Hause zu bringen,
und es steckten Gewinnlustige hinter der Sache, unter denen
der inzwischen etwas emporgekommene immer noch im Hause
wohnende Spenglermeister mitwirkte, in der Hoffnung, selber
den Sitz zu erwerben. Auch hier war endlich der Bau einer
Schienenstraße in Aussicht getreten, der Bahnhof mußte unfern
unserer Gasse zu liegen kommen, und es begann der Wert der
Grundstücke beinahe täglich zu steigen, ohne daß die Mutter in
ihrer Abgeschiedenheit von diesen Dingen wußte.

Die doppelte und dreifache Sorge hat unzweifelhaft ihr
Leben verkürzt; denn der Zahlungstermin rückte mit jeder
Woche näher.

„Hätte ich eine Ahnung von der Sachlage gehabt," sagte

nun der Nachbar, „so hätte ich leicht raten können; allein die
Verschwiegenheit Ihrer Mutter erleichterte das Bestreben der
Spekulanten, den Handel geheim zu halten, und erst seit ein
paar Tagen hörte ich zufällig davon, seit die Herren der Beute
sicher zu sein glauben. Jetzt, wo Sie da sind, genügt weniger
als der zehnte Teil dessen, was da vor Ihnen liegt, die
Schuld abzutragen und das Haus wieder frei zu machen, das
ja sonst unbedeutend belastet ist, so viel ich weiß, und Ihnen
jetzt schon einen schönen Gewinn abwerfen würde, wenn Sie
es verkaufen wollten. Denn obgleich das Haus alt und un=
ansehnlich aussieht, so ist es dennoch fest gebaut und enthält
viel unbenützten Raum, der mit Leichtigkeit wohnbar zu machen
ist. Und nun hat es so kommen müssen!"

Der Gedanke, daß unglücklicher Zufall und die Arglist
Gewinnsüchtiger die Hand im Spiele gehabt, erleichterte keines=
wegs die Last, welche jählings auf mein Gewissen fiel mit
einem Gewichte, gegen welches der Druck von Dorotheas
eisernem Bilde leicht wie eine Flaumfeder schien; oder auch um=
gekehrt: ich möchte sagen, daß die Schwere in ein Gefühl der
Leerheit überging, wie der höchste Kältegrad einem Brennen
gleicht. Es war fast, wie wenn meine eigene Person aus mir
wegzöge.

Die Aufforderung der freundlichen Nachbarsleute, das
Nachtlager bei ihnen zu nehmen, lehnte ich ab, weil es mir
unmöglich schien, die Mutter allein zu lassen. Ich ging mit
der anbrechenden Abenddämmerung in unser Haus zurück.
Jetzt stand auch der schwärzliche Spenglermeister unter seiner
Stubenthüre; ich grüßte ihn und er lud mich mit forschendem
Blick ein, bei ihm anzukehren, was ich ausschlug, indem ich
nur um ein Licht bat. Mit einem solchen versehen, stieg ich
wieder unter das Dach hinauf, trat in das Kämmerchen und
zündete das alte Messinglämpchen an, bei dessen Schein ich sie

die Jahrzehnte hindurch in den langen Winterabenden hatte
sitzen sehen. Das Lämpchen war vernachlässigt und nicht mehr
blank, jedoch mit Oel gefüllt. Da lag sie nun in ihrem
Frieden, und ich, der ich so gedankenlos gezögert, zu ihr zu
kommen, fand jetzt nur noch einigen Trost an ihrer stillen
Gegenwart, an deren Aufhören ich nicht denken durfte. Ich
machte mir mit meiner unglücklichen Schachtel zu schaffen,
öffnete dieselbe und zog den feinen Wollenstoff hervor, den ich
zu einem Kleide bestimmt hatte. Im Begriff, das Stück auseinander zu falten und es als leichte schützende Decke über das
Bett und die Leiche zu legen, um es ihr nur irgendwie noch
nahe zu bringen, fiel mir doch die Nutzlosigkeit einer so ge-
zierten Handlung in so ernster Stunde auf die Seele; ich
wickelte das Zeug zusammen und verbarg es wieder in der
Schachtel. Obschon ich von der mehrtägigen Fußreise ermüdet
war, brachte ich nun die Nacht aufrecht auf dem Strohsesselchen
am Fenster zu und schlief dennoch zeitweise, wobei allerdings
das Erwachen jedesmal zwiefach schmerzlich war, wenn ich mich
aufs neue der Gegenwart der stillen Mutter versicherte.

Am andern Tag kam der Bote eines Begräbnisvereines,
den der Vater noch hatte gründen helfen, und traf alle An-
ordnungen: ich brauchte keinen Schritt zu thun. Auch die
Kosten waren schon lange gedeckt durch die pünktlichen Beiträge
der Mutter; es wurde nachträglich sogar noch eine kleine Rück-
zahlung angeboten. So war sie auch in dieser Hinsicht ohne
jegliche Beschwernis für andere aus der Welt gegangen.

Als ich die betreffenden Papiere in ihrem Nachlasse suchte,
mußte ich überhaupt Schrank und Schreibtisch öffnen und fand
manche Heimlichkeiten, die ich noch nie gesehen. In einem mit
Zinn verzierten hölzernen Kästchen lagen vergilbte Putzsachen
ihrer Jugendzeit, wie künstliche Blumen, ein Paar weiße Atlas-
schuhe, Bänder zusammengepreßt und kaum oder nie gebraucht.

Dabei einige alte vergoldete Almanache, wahrscheinlich längst verjährte Geschenke, und was mich am meisten überraschte, ein Buch mit einer kleinen Sammlung abgeschriebener Gedichte oder Lieder, die ihr als Mädchen mochten gefallen haben. Zwischen den Blättern lag ein zusammengefaltetes loses Blatt, ebenfalls von ihrer damaligen erblichenen Handschrift, worauf zu lesen war:

Verlornes Recht, verlornes Glück.

Recht im Glücke gold'nes Los,
Land und Leute machst du groß!
Glück im Rechte, fröhlich Blut,
Wer dich hat, der treibt es gut!

Recht im Unglück, herrlich Schau'n,
Wie das Meer im Wettergrau'n!
Göttlich grollt's am Klippenrand,
Perlen wirft es auf den Sand;

Einen Seemann, grau von Jahren,
Sah ich auf den Wassern fahren,
War wie ein Medusenschild
Der erstarrten Unruh' Bild.

Und er sang: Viel tausendmal
Glitt ich in das Wellenthal,
Fuhr ich auf zur Wogenhöh,
Ruht' ich auf der stillen See!

Und die Woge war mein Knecht,
Denn mein Kleinod war das Recht;
Gestern noch mit ihm ich schlief —
Ach, nun liegt's da unten tief!

In der dunklen Tiefe fern
Schimmert ein gefall'ner Stern;
Und schon ist's wie tausend Jahr,
Daß das Recht einst meines war.

Wenn die See nun wieder tobt,
Niemand mehr den Meister lobt:
Hab' ich Glück, verdien' ich's nicht,
Glück wie Unglück mich zerbricht!

Welch' ein Gefallen war es gewesen, daß ein so junges Mädchen einstmals dies seltsame Gedicht hatte abschreiben und aufbewahren lassen?

Ich fand noch andere schriftliche Ueberbleibsel und zwar aus den letzten Jahren, wo nicht aus letzter Zeit. In einem Mäppchen, das einen geringen Vorrat von Briefpapier enthielt, lag ein Blatt, das offenbar zu einem Briefe als Fortsetzung gehörte, indem die Schrift ganz oben in der linken Ecke anfing. Das Fragment aber lautete:

„Wenn es nun Gott wirklich geschehen läßt, daß mein Sohn unglücklich werden und ein irrendes Leben führen sollte, so tritt die Frage an mich heran, ob nicht mich, seine Mutter, die Verschuldung trifft, insofern ich es in meiner Unwissenheit an einer festen Erziehung habe mangeln lassen und das Kind einer zu schrankenlosen Freiheit und Willkür anheimgestellt habe. Hätte ich nicht suchen sollen, daß unter Mitwirkung Erfahrener einiger Zwang angewendet und der Sohn einem sicheren Erwerbsberufe zugewendet wurde, statt ihn, der die Welt nicht kannte, unberechtigten Liebhabereien zu überlassen, die nur geldfressend und ziellos sind. Wenn ich sehe, wie wohlgestellte Väter ihre Söhne zwingen, oft schon vor dem zwanzigsten Jahre ihr Brot zu verdienen, und wie das solchen Söhnen nur zu nützen scheint, so fällt der traurige, altbekannte Selbstvorwurf mir doppelt schwer, und ich hätte in meiner Arglosigkeit nie gedacht, daß eine solche Erfahrung mich jemals heimsuchen könnte. Freilich habe ich seiner Zeit um Rat gefragt; als man aber den Wünschen des Kindes nicht zustimmte, hörte ich auf zu fragen und ließ es gewähren.

17*

Damit habe ich mich über meinen Stand erhoben, und indem ich mir einbildete, ein Genie in die Welt gesetzt zu haben, die Bescheidenheit verletzt und das Kind geschädigt, daß es sich vielleicht niemals erholen wird. Wo soll ich nun die Hilfe suchen?"

Hier brach die Schrift ab; denn vom nächsten Worte stand nur noch der Anfangsbuchstabe. An wen der Brief gerichtet war, ob er mit oder ohne obiges Bruchstück oder gar nicht abgegangen, wußte ich nicht, und eine Antwort fand sich unter den aufbewahrten Briefschaften nicht vor. Wahrscheinlich hatte sie die Sache doch unterdrückt. Dagegen verschmolz sich nun die in dem Gedichte von dem verlorenen Glücke aufgeworfene wunderliche Rechtsfrage mit derjenigen des Brieffragmentes und fiel mir zu Lasten als dem einzigen haftbaren Inhaber der Schuld.

So war nun der Spiegel, welcher das Volksleben wider= spiegeln sollte, zerschlagen und der Einzelmann, der an der Volksmehrheit so hoffnungsreich mitwachsen wollte, rechtlos geworden. Denn da ich die unmittelbare Lebensquelle, die mich mit dem Volke verband, vernichtet hatte, so besaß ich kein Recht, unter diesem Volke mitwirken zu wollen, nach dem Worte: Wer die Welt will verbessern helfen, kehre erst vor seiner Thüre.

Nachdem das Grab der Ärmsten sich geschlossen, bewohnte ich einige Zeit das Stübchen, worin sie gestorben. Dann ver= kaufte ich mit dem Rate des Nachbars das Haus und gewann in der That mehrere Tausende an dem Handel, so daß ich nun mit dem, was ich hergebracht, und dem Gewinn zusammen ein kleines Vermögen besaß, aus welchem ich bescheiden und zurück= gezogen leben konnte. Das zufällige Wesen aber, das dem winzigen Reichtum anhaftete, ließ mich seiner nicht froh werden, noch weniger ein müßiges Leben darauf bauen; und da über=

dies der Mensch nicht nur von dem leiblichen, sondern auch von einem moralischen Selbsterhaltungstriebe beseelt ist, so nahm ich doch einige Studien vor, wie der Graf sie mir ange= raten, nicht um mich hervorzuthun, sondern lediglich so viel nötig war, mich für die Verwaltung eines anspruchslosen und stillen Amtes vorzubereiten und die Ordnung, in welche es ein= gebaut war, einigermaßen zu übersehen. Im übrigen las ich teils schwerere, teils schönere Sachen allgemeiner Natur, um meinen befangenen und bedrängten Gedanken einige Freiheit und Zerstreuung zu verschaffen. Denn während das Reuleid wegen der Mutter allmählich zu einem büstern, aber gleichmäßig ruhigen Hintergrunde von Freudlosigkeit wurde, begann sich das Bild der Dorothea wieder lebendiger zu regen, ohne Licht in das Dunkel zu bringen.

Ich trug den Spruch von der Hoffnung, auf das grüne Papier gedruckt, noch immer in meinem Brief= und Schreibtäsch= chen auf der Brust und las ihn zuweilen mit ungläubigem Seufzen und Kopfschütteln. Den Glücksfall vorausgesetzt, den die schlichten Worte zu verkünden schienen, war ich doch in der Lage, ihn fürchten zu müssen, und fast in der Stimmung eines Prahlers, der in der Ferne eine glänzende Schöne an sich ge= zogen hat, welcher er die schlechte Hütte nicht zeigen darf, darin er wohnt. Sogar zum bloßen freundlichen Verkehr in die Weite schien ich mir jetzt nicht fähig, da ich die Wahrheit meines Zustandes zu gestehen mich scheute und doch auch nicht lügen mochte. Die Zeit zu scherzhaften Flunkereien und Phan= tasiespielen, auch im harmlosen Sinne des Wortes, war für einmal vorbei.

Es vergingen wohl zehn Monate, bis ich über mich ver= mochte, an den Grafen zu schreiben, ohne unwahr zu sein oder all zu elend zu erscheinen.

Er vergalt mir die Saumseligkeit nicht mit gleicher Münze;

vielmehr erhielt ich bald einen längeren Brief von ihm, in welchem er meine Lage, soweit er sie begriff, mit guten Worten besprach und als den Lauf der Welt darstellte, wie er durch Paläste und Hütten gehe, Gerechte und Ungerechte heimsuche und seiner Natur gemäß unablässig sich verändere.

„Was unser Dortchen betrifft," fuhr er fort, „so erfährt sie und wir andere mit ihr, in gehäuftem Maße auch ihr Teil. Seit du weg bist, hat sich das Abenteuer begeben, daß sie — meine blutsverwandte Nichte und nichts anderes geworden ist! Ich kann dir den Hergang nicht des weitern auseinandersetzen, nur mit ein paar Strichen andeuten: Von der bald nach dem Tode meines in den südamerikanischen Händeln umgekommenen Bruders ebenfalls verstorbenen Witwe ist durch letzten Willen verordnet worden, es solle das Kind durch zuverlässige Leute seinen deutschen Verwandten zugesandt werden. Diese Leute sind aber untreu gewesen. Um gewisse Vermögensteile, die man unvorsichtiger Weise ihnen zugleich mitgegeben hat (übrigens unbedeutende Summen), behalten zu können, haben sie mir das Kind auf dem Wege der Aussetzung in die Hände gespielt. Sie haben sich richtig bei jenen Auswanderern nach Südrußland befunden oder sich ihnen vielmehr auf dem Wege in der Donaugegend angeschlossen und die Sache sehr schlau angestellt. Da aus Amerika nie mehr eine Nachfrage anlangte, sowenig als früher ein Bericht von der Absendung des Kindes und dem Tode der Mutter, so hat alles so geschehen können. Erst neuerlich, weil das altgewordene Sünderpaar vom Gewissen, wahrscheinlich auch von dem Gelüste nach einer Gnadenbelohnung geplagt wurde, haben sich die Leutchen mit allen in solchen Wieder= findungsgeschichten üblichen wohlaufgehobenen Beweisen gemel= det, und wir haben also eine Gräfin mehr im deutschen Vater= lande! Wie lange es dauert, bis sie zum Gegenstande eines oder mehrerer Romane gemacht wird, steht dahin; ich habe sie auch auf einige Volksschauspiele und Melodramen vorbereitet. Allein sie hört nicht darauf, da sie bereits die Ausarbeitung des zweiten Teiles des Romanes begonnen hat. Vor vier Wochen hat sich Gräfin Dorothea W... berg (eigentlich heißt sie von Haus aus Isabel) mit einem jungen Freiherrn Theodor von W... berg verlobt. Das ist nämlich ein hübscher und wackerer Gesell aus einer Linie der so benamsten Leute, welche die unsrige seit Jahrhunderten nichts mehr angeht. Man wird ihm den Grafentitel verschaffen und ich werde gestatten, daß das Majorat auf ihn übergeht. Denn ich habe ebensowenig Grund, das Fortbestehen des Namens zu hindern, als dasselbe zu wünschen. Wie die Dinge stehen, ist es mir absolut gleichgültig, wenn ich etwa von dem Vergnügen absehe, das ich dem Kinde mache, indem ich seinem Bräutigam gefällig bin.

„Nun kommt aber noch eine Betrachtung, die uns beide angeht, lieber Freund Heinrich! Ich habe gut gesehen, daß du dich in Dortchen verliebt hast! Ich habe gethan, als sähe ich es nicht, weil ich mich in dergleichen nicht mische, wo die Leute sich selbst helfen können und wissen was sie zu thun haben. Besonders die langhaarige Nation ist so unberechenbar, daß es nicht lohnend ist, sich ohne Not mit gutem Rate bloßzustellen. Auch du bist dem Kinde nicht gleichgültig gewesen und auch jetzt noch gut angeschrieben, und es stellt sich die Sache ungefähr so: Hättest du, was du als ein maßhaltender Mensch nicht gethan hast, während deines Hierseins die Zeit und deinen Vorteil wahrgenommen, oder hättest du bald nach der Ankunft in deinem Vaterlande von dir hören lassen, so wäre, glaub' ich, Dorothea bis zur Stunde die Deinige geblieben. Nachdem du aber eine so rätselhafte Zeit hast verstreichen lassen, ist sie über diese Kluft weggesprungen als der entschlossene Freier erschien, der sie zugleich in so glücklicher Weise wieder in die weltliche Ordnung einreiht.

„Aber auch von diesem Begreiflichen abgesehen, müssen
wir die Unbeständigkeit des Kindes, soweit eine solche vorhanden ist, nicht hart beurteilen. Die guten Weiblein sind so
auf sich selbst angewiesen und müssen im Grunde die Suppe,
die sie sich einbrocken, oft so ganz allein ausessen mit allerlei
Leiden und Schmerzen, daß sich hieraus die Plötzlichkeit wohl
erklären läßt, mit der ihre Instinkte zuweilen umschlagen. Ihre
Blütenzeit geht so rasch vorbei, daß sie, solang kein entscheiden-
des Wort gefallen ist, auf ein Warten, das sich einstellen zu
wollen scheint, nicht gut zu sprechen sind und sich jeden Entschluß im stillen vorbehalten. Wenn sie Hoffnung gegeben
haben und nicht rechtzeitig dabei behaftet werden, so gehen sie
zur Tagesordnung über; denn sie wollen ihre Kinder als
junge Weiber und nicht als halbe Matronen haben und erziehen. Gerade die schönsten und gesundesten eilen ihrem Berufe energisch entgegen und verschmähen dann häufig die Heirat,
wenn sie den besten Augenblick verfehlt haben.

„Meine eigene Ehe galt für eine Art Unikum und die
Leute sagten, es müsse so sein, weil zwei Unika sich geheiratet
haben. Soweit das sich auf meine Person bezog, war es
natürlich der Spott über meine Abtrünnigkeit von den Vor-
urteilen; auf die Frau aber war das Wort in seinem besten
Sinne gut angewendet; und dennoch hatte es an einem Haar
gehangen, daß sie nicht ein anderer heimgeführt.

„Das ist eben auch ein Stück Weltlauf.“

Es bedurfte dieser traulichen Vertröstung des älteren
Freundes nicht, die Geister der Leidenschaft in mir zu bannen.
Die bloße Thatsache, daß Dorothea verlobt war und Isabel
Gräfin zu W . . . berg hieß, vergegenwärtigte mir den Zu-
stand, in welchen ich sie gebracht hätte, selbst wenn sie das
Findelkind geblieben, ich weniger zurückhaltend gewesen und
eine Verbindung zwischen uns erfolgt wäre. Es kam mir vor,

wie wenn man einen großen Sommervogel in einen kleinen Grillenkäfig hätte setzen wollen. Die geheime Sorge, einer solchen Beschämung durch die schönste Glückserfüllung ausgesetzt zu werden, fiel mir wie ein Stein vom Herzen, und in diesem blieb nur die stille Sehnsucht nach der Verlorenen einträchtig neben der Trauer um die Mutter wohnen. Freilich kam mir dieser Weltlauf etwas teuer zu stehen; denn der Umweg über das Grafenschloß hatte mich nicht nur die Mutter, sondern auch den Glauben an ihr Wiedersehen und an den lieben Gott selbst gekostet, alles Dinge indessen, deren Wert nicht aus der Welt fällt und immer wieder zum Vorschein kommt.

Sechzehntes Kapitel.

Der Tisch Gottes.

———

Etwa ein Jahr später besorgte ich die Kanzlei eines kleinen Oberamtes, welches an dasjenige grenzte, worin das alte Heimatdorf lag. Hier konnte ich bei bescheidener und doch mannigfacher Wirksamkeit in der Stille leben und befand mich in einer Mittelschicht zwischen dem Gemeinwesen und der Staatsverwaltung, so daß ich den Einblick nach unten und oben gewann und lernte, wohin die Dinge gingen und woher sie kamen. Allein sie vermochten die Schatten nicht aufzuhellen, die meine ausgeplünderte Seele erfüllten, und weil alles, was ich wahrnahm, durch die Düsternis gefärbt wurde, so erschienen mir auch die Menschlichkeiten, denen ich auf dem neuen Gebiete begegnete, dunkler, als sie an sich waren. Wenn ich sah, daß auch hier die Neigung zum Nachlassen und zur Pflichtvergessenheit zum Vorschein kam, oder jeder die Wässerlein auf seine Mühle zu leiten suchte; daß Neid und Eifersucht auch in den kleinsten Amtsverhältnissen störend sich einnisteten, so war ich geneigt, das Uebel dem Charakter des ganzen Volkes und Gemeinwesens zuzuschreiben, das in der Erinnerung und aus der Entfernung mich so täuschend angelockt habe. Wenn ich aber

meines belasteten Bewußtseins gedachte, so schwieg ich, anstatt
bei guter Gelegenheit meine Meinung offen herauszusagen.
Ich begnügte mich, meine Obliegenheiten so regelmäßig und
geräuschlos als möglich zu erfüllen, um die Zeit zu verbringen,
ohne Unruhe, aber auch ohne Hoffnung eines frischeren Lebens.
Das hielten nun die Leute für das Muster einer ordentlichen
Amtsführung, und da sie besser und wohlwollender waren, als
ich dachte, so machten sie mich nach ein paar weiteren Jahren,
ohne mein Zuthun und gegen meinen Wunsch, zum Vorsteher
des Amtskreises. In dieser Stellung konnte ich nicht umhin,
mehr unter die Leute zu gehen und an Zusammenkünften verschiedener Art teilzunehmen, immer als der ziemlich melancholische und einsilbige Amtsmann, der ich war. Jetzt lernte ich,
da ich die politische Bewegung im großen und mehr in der
Nähe sah, ein Uebel kennen, das mir wirklich neu, obgleich es
zum Glücke nicht gerade herrschend war. Ich sah, wie es in
meiner geliebten Republik Menschen gab, die dieses Wort zu
einer hohlen Phrase machten und damit umherzogen, wie die
Dirnen, die zum Jahrmarkt gehen, etwa ein léeres Körbchen
am Arme tragen. Andere betrachteten die Begriffe Republik,
Freiheit und Vaterland als drei Ziegen, die sie unablässig
melkten, um aus der Milch allerhand kleine Ziegenkäslein zu
machen, während sie scheinheilig die Worte gebrauchten, genau
wie die Pharisäer und Tartüffe. Andere wiederum, als Knechte
ihrer eigenen Leidenschaften, witterten überall nichts als Knecht-
schaft und Verrat, gleich einem armen Hunde, dem man die
Nase mit Quarkkäse verstrichen hat und der deshalb die ganze
Welt für einen solchen hält. Auch dies Knechtschaftswittern
hatte einen gewissen kleinen Verkehrswert, doch stand das patriotische Eigenlob immerhin noch höher. Alles zusammen war
ein schädlicher Schimmel, der ein Gemeinwesen zerstören kann,
wenn er zu dicht wuchert; doch befand sich die Hauptschar in

gesundem Zustande, und sobald sie sich ernstlich rührte, stäubte der Schimmel von selbst hinweg. Ich dagegen sah in meiner kranken Stimmung den Schaden des Unechten zehnmal größer als er war, und schwieg dennoch, anstatt den falschen Schwätzern auf die Füße zu treten; damit verschwieg ich auch manches, was ich mit wirklichem Nutzen hätte sagen können.

Ich fühlte, daß das kein Leben hieß und so nicht fortgehen könne, und begann, darüber zu brüten, wie aus dieser neuen Gefangenschaft des Geistes herauszukommen sei. Zuweilen regte sich, und immer vernehmlicher, der Wunsch, gar nicht mehr da zu sein.

Eines Tages hatte ich mehrere Stunden auf den Straßen meines Verwaltungsbezirkes zugebracht, um in Begleitung des Baumeisters den Zustand derselben zu untersuchen. Nach verrichtetem Geschäfte trennte ich mich von dem Manne, da ich das Verlangen spürte, noch einen Gang in Einsamkeit zu machen. So gelangte ich in ein enges abgeschiedenes Thal zwischen zwei grünen Berglehnen, wo es so still war, daß man die Luft in entfernten Baumwipfeln konnte säuseln hören. Auf einmal erkannte ich das Thal als zu der Heimatgegend gehörig, obgleich es so schlicht von Gestaltung war, daß es nirgends eine eigentümliche Form darbot, und kein menschliches Gebäude zeigte sich dem Auge.

Ungefähr in der Mitte des Weges, der das Thälchen durchschnitt, warf ich mich an eine kleine begrünte Erdwelle und überließ mich der schmerzlichen Erinnerung an alles, was ich schon gehofft und verloren, geirrt und verfehlt hatte. Auch zog ich Dorotheens grünen Zettel einmal wieder hervor, der noch immer zwischen einer Falte meiner Schreibtafel steckte. „Hoffnung zeigt sich immerdar treugesinnten Herzen gütig!" las ich und wunderte mich, daß ich das falsche Wechselchen noch bei mir trug. Da eben ein schwacher Luftzug dicht über der sommerwarmen Erde hinwallte, ließ ich es fahren und es flatterte gemächlich über Gras und Heideblumen weg, ohne daß ich ihm weiter nachblickte.

„Am besten wäre es," dachte ich, „du lägest unter dieser sanften Erdbrust und wüßtest von nichts! Still und lieblich wäre es hier zu ruhen!"

Nach diesem mir nicht mehr neuen Seufzer ließ ich die Augen von ungefähr an der gegenüberliegenden Berghalde schweifen, an deren halber Höhe ein Felsband von grauer Nagelfluhe zu Tage trat. Ebenso von ungefähr sah ich eine leichte Gestalt von der gleichen grauen Farbe längs dem Felsbande hingleiten oder schweben, und da die Halde von der Abendsonne beleuchtet war, so sah man gleichzeitig auch den Schatten der Gestalt an der Wand mitgleiten. Ich wußte, daß ein schmaler Pfad dort das Felsgesimse entlang lief, und verfolgte mit den Augen die Erscheinung, die sich mit einem sichtlichen Rhythmus bewegte, der mich an ein irgendwo schon Gesehenes erinnerte. Als die Gestalt, die unverkennbar eine weibliche war, das Ende der Felswand erreicht hatte, wandte sie sich und kehrte denselben Weg wieder zurück; es sah aus, als ob der Geist des Berges aus dem Gestein herausgetreten wäre, um im Abendscheine auf- und abzuwandeln.

Froh, meine schweren Gedanken ein wenig zu verscheuchen, erhob ich mich, ging über den Weg und drang durch das Gehölz empor, das den Fuß der jenseitigen Berglehne bekleidete bis unterhalb der Nagelfluhe, an welcher der Pfad hinführte. In wenigen Minuten hatte ich diesen erreicht. Man blickte dort aus dem Thale hinaus und sah in der Ferne einerseits die Ortschaft im Abendlichte schimmern, wo mein Amtssitz lag. Dieser Aussicht zugewendet sah ich die Gestalt an jenem Ende des Felsbandes stehen und hinüberschauen. Dann kehrte sie sich abermals und kam den Weg zurück, gerade mir entgegen.

Kaum war sie mir etwas näher, so erkannte ich die Judith, von der ich seit zehn Jahren nicht ein Wort vernommen, trotz der fremdartigen Tracht, in die sie gekleidet war. Statt der halbländlichen Tracht, in der ich sie zuletzt gesehen, trug sie jetzt ein Damenkleid von leichtem grauem Stoffe und einen grauen Schleier um Hut und Hals gewickelt, aber alles so ungezwungen, ja bequem, daß man sah, ihre ungebrochenen Bewegungen hatten sich in einem reichlicheren und breiteren Faltenwurfe von selbst Raum verschafft, ohne daß sie im mindesten schlotterig oder auch eckig ausgesehen hätte. In jenem Augenblicke stellte ich natürlich derartige Beobachtungen nicht an; sie erklären nur den Eindruck, welchen die unverhoffte Erscheinung auf mich hervorbrachte.

An dem Gesichte hatten die zehn Jahre keine andere Veränderung bewirkt, als daß es selbstbewußter geworden und durch einen sibyllenhaften Anhauch eher veredelt als entstellt war. Erfahrung und Menschenkenntnis lagerten um Stirn und Lippen und doch leuchtete aus den Augen noch immer die Treuherzigkeit eines Naturkindes.

So sah ich sie, die Augen erstaunt auf sie gerichtet, mir nahe kommen und die Schritte verlangsamen, als sie meiner ansichtig wurde. Mein Anblick mußte sich mehr verändert haben, als der ihre; denn sie schien unschlüssig, ging jetzt etwas rascher und hielt doch wieder an sich, im Begriff, an mir vorüberzugehen. Dadurch wäre ich beinah auch unsicher geworden und erst als ich ganz dicht vor ihr stand auf dem schmalen Pfade, konnte ich nicht mehr irren und rief: „Judith!"

Aber gleichzeitig überflog eine unverstellte und doch unbeschreiblich milde Freude ihr schönes Gesicht; meine Hand lag in ihrer warmen festen Hand und nach alter Volksweise öffnete sie dieselbe nicht so bald.

„Sind Sie es?" sagte sie, ohne meinen Namen zu nennen,

und ich wagte auch nicht, den ihrigen zu wiederholen, da ich
noch weniger wußte, wie ich sie eigentlich nennen sollte; denn
es war durchaus nicht wahrscheinlich, daß eine solche Person
allein geblieben sei. Ich fragte daher unbeholfen nur, wo sie
herkomme?

„Aus Amerika!" erwiderte sie; „seit vierzehn Tagen bin
ich hier!"

„Wo hier? In unserm Dorf?"

„Wo anders denn? Ich wohne im Wirtshaus, da ich
sonst niemanden mehr habe!"

„Sind Sie allein da?"

„Gewiß; wer soll bei mir sein?"

Ohne daß ich irgendwie weiter dachte, machte mich diese
Antwort glücklich; Jugendglück, Heimat, Zufriedenheit, alles
schien mir seltsamer Weise mit Judith zurückgekehrt, oder vielmehr wie aus dem Berge herausgewachsen zu sein. Indessen
waren wir ohne Plan auf dem Pfade weiter gegangen, bald
dicht an einander gedrängt, bald eins hinter dem andern, wie
es der Raum erlaubte.

„Wissen Sie, wo ich Sie das letztemal gesehen habe?"
sagte sie jetzt, indem sie sich nach mir zurückwandte; „als ich
auf einem Wagen aus dem Lande fuhr und Sie als Soldat
auf dem Felde standen in einer kleinen Reihe von Leuten.
Da drehtet ihr euch alle wie an einer Schnur gezogen plötzlich
um, und ich dachte: Den bekommst du nie mehr zu sehen!"

Ein Weilchen gingen wir schweigend; dann fragte ich, wo
sie denn hingehen wolle und ob ich sie eine Strecke begleiten
dürfe?"

„Ich habe nur einen Spaziergang gemacht," sagte sie,
„und denke, ich muß jetzt wieder nach Haus. Würde es Ihnen
zu weit sein, mit mir bis ins Dorf zu gehen?"

„Ich komme gern mit Ihnen und will in Ihrem Wirtshause zu Nacht essen," antwortete ich; „nachher lasse ich mich in des Wirts kleinem Fuhrwerk heimführen; denn von dort sind es drei gute Wegstunden."

„O das ist schön von Ihnen! Ich hatte doch heute früh schon eine Ahnung, daß mir etwas Gutes geschehen würde, und nun ist der Heinrich Lee bei mir, der Herr Vetter und Oberamtmann!"

Wir fanden bald einen breitern Weg und wanderten in traulichem Geplauder nach dem Dorfe; aber noch eh' wir das= selbe erreichten, hatten wir uns unbewußt zu buzen angefangen, was wir als Blutsverwandte auch füglich thun durften. Das erste Haus, an dem wir vorübergingen, war das meines ver= storbenen Oheimes; aber es waren fremde Leute darin, seine Kinder waren zerstoben. Kleine fremde Kinder liefen uns nach und riefen: „die Amerikanerin!" Einige boten ihr ehrfürchtig die Hand und sie schenkte ihnen kleine Münzen. Als wir bei ihrem Hause vorbei kamen, standen wir einen Augenblick still. Der jetzige Besitzer hatte es umgebaut, aber der schöne Baumgarten, wo sie einst Aepfel pflückte, stand unverändert. Sie warf nur einen halben Blick auf mich, schlug ihn dann nieder und er= rötete sanft, indem sie eilig weiter schritt. Da sah ich, daß dieses Weib, das die Meere durchschifft, sich in einer neuen werdenden Welt herumgetrieben und zehn Jahre älter geworden, zarter und besser war, als in der Jugend und in der stillen Heimat.

„Das nennt man Rasse, würden rohe Sportsleute sagen!" dachte ich bei dem lieblichen Anblick.

Im Wirtshause angekommen wunderte ich mich, mit welcher Umsicht und geräuschlosen Sorgfalt, mit wenig Worten, sie eine gute Bewirtung anzuordnen wußte und so aufmerksam für mich sorgte, wie ein Hausmütterchen. Das ließ mich ver= muten, daß sie in Amerika ihre Zeit in Städten und guten

Häusern zugebracht habe; allein die Erzählungen und Schilderungen ihres Schicksals, die sie während des Nachtessens mit anmutiger Laune mir sowohl als den mitzuhorchenden Wirtsleuten zum besten gab, deuteten im Gegenteil darauf hin, daß sie im Kampfe mit der Not der Menschen und indem sie ihre Auswanderungsgenossen geradezu erziehen und zusammenhalten mußte, sich selbst notgedrungen veredelt und höher gehoben hatte.

Als sie nämlich mit ihren Landsleuten an Ort und Stelle der Ansiedlung gelangt und andere dazugestoßen waren, zeigte sich fast die ganze Gesellschaft als nicht ausdauernd und ungeschickt bei Widerwärtigkeiten, sowie sich auch die übrigen Eigenschaften, welche die Auswanderung veranlaßt, nicht sogleich verloren. Judith, als die meisten Mittel besitzend, hatte den größten Teil des Bodens angekauft; sie ließ jedoch ihr Land von den andern benutzen und begnügte sich, eine Art Handelskontor für die verschiedenen Bedürfnisse der kleinen Kolonie zu führen. Wie sie aber sah, daß die Genossen sie am Schaden ließen und sie verarmen würde, änderte sie das Verfahren. Sie zog ihr Land wieder an sich, ließ es um den Tagelohn von denen bearbeiten, die für eigene Rechnung zu träg dazu gewesen, und so brachte sie alle mit einander dazu, sich zu rühren. Sie setzte den Weibern die Köpfe zurecht, pflegte die kranken Kinder und erzog die gesunden, kurz, der Selbsterhaltungstrieb war mit einer großen Opferfähigkeit so glücklich in ihr gemischt, daß sie die Leute und mit ihnen sich selbst so lange über Wasser hielt, bis ein bedeutender Verbindungsweg in die Nähe der Ansiedlung kam und mit demselben eine wachsende Zahl von kräftigeren Elementen, die schon geschult waren, so daß zusehends die Wendung zum bessern für alle eintrat. Während der ganzen Zeit aber hatte sie die Bewerbungen um ihre Person abzuwehren, was sie mehr im Scherze andeutete als ernsthaft erwähnte; zeitweise, wenn gefährliche

Abenteurer sich herbei machten und die Sicherheit bedrohten, hielt sie sich sogar Waffen und verließ sich nur auf sich selber.

Als aber das Kalb durch den Bach gezogen, das Gedeihen begründet und die Ansiedlung mit dem Namen irgend einer berühmten Stadt der alten Welt vor Christi Geburt versehen war, zog sie sich zurück und überließ sich einer ruhigeren Lebensart; denn sie war weder eine gewohnheitsmäßige Pädagogin noch eine vorsätzliche Thatverrichterin. Dagegen vervielfachte sie durch den Verkauf ihres Landes ihr ursprüngliches Vermögen und beschaute sich zuweilen während einiger Wochen das Leben in der Hauptstadt des Staates oder anderen größeren Städten, oder sie fuhr auf den breiten Flüssen, wenn sich Gesellschaft fand, landeinwärts, bis sie die wilden Indianer zu sehen bekamen.

Alles das erzählte sie bruchstückweise und ungezwungen mit solcher Kurzweiligkeit, daß wir nicht müde wurden, zuzuhören, zumal jedes Wort den Stempel der Wahrheit an sich trug. Inzwischen war die Zeit wie ein Augenblick für mich verstrichen, da ich seit Jahren nicht so sorglos und glücklich an einem Tische gesessen, und der Einspänner des Wirtes, der mich nach Hause bringen sollte, stand bereit, weil ich für die Morgenfrühe mehrere Amtsgeschäfte anberaumt hatte.

Ich dankte der Judith beim Abschiede für die Gastfreundschaft und lud sie ein, sich bald bei mir schadlos zu halten, wo wir zwar auch im Wirtshause essen müßten, weil ich keine Haushaltung führe.

„Ich werde schon in den nächsten Tagen angefahren kommen," sagte sie, „in diesem gleichen Triumphwagen, und mich bezahlt machen!"

Als ich schon im Gefährte saß, drückte sie mir in der Dunkelheit schweigend die Hand und blieb lautlos stehen, bis ich weggefahren war.

Das neue Glück, das mich erfüllte, trübte sich jedoch
schon am andern Morgen, als ich bedachte, daß ich ihr nun
das Geheimnis meines Gewissens und das Schicksal der Mutter
enthüllen müsse. Denn wenn es jetzt ein Urteil gab, das ich
fürchtete, so war es dasjenige dieser einfachen und wunder-
samen Frauenerscheinung, und doch war mir weder Freundschaft noch Liebe zwischen ihr und mir denkbar, wenn sie nicht
alles wußte.

Ich erwartete sie deshalb mit eben so viel Furcht als
Ungeduld, bis sie am zweiten Vormittage kam. Eine gewisse
Niedergeschlagenheit war in die Freude des Wiedersehens ge-
mischt und zwar bei ihr wie bei mir. Nachdem sie sich in
meiner Wohnung ein wenig umgeschaut, sagte sie, Hut und
Ueberwurf weglegend:

„Es ist doch recht hübsch in diesem großen Amtsdorfe,
fast wie in einer Stadt. Ich hätte Lust, hierher zu ziehen
und mehr in deiner Nähe zu sein, wenn nur —"

Sie hielt verschüchtert inne, gleich einem jungen Mädchen,
fuhr dann aber fort:

„Sieh, Heinrich, schon mehrmals bin ich seit meiner Ankunft auf dem Bergpfade gewesen, wo du mich getroffen hast,
um hier herüber zu schauen, da ich mir nicht zu kommen getraute!"

„Nicht getraut! Eine so tapfere Person!"

„Sieh, das ging so zu: du liegst mir einmal im Blut
und ich habe dich nie vergessen, da jeder Mensch etwas haben
muß, woran er ernstlich hängt! Nun erschien vor einiger Zeit
in unserer Kolonie ein neuer Landsmann aus dem Dorfe,
der sich jedoch auch schon einige Jahre drüben herumgetrieben
hat. Da von den heimatlichen Dingen gesprochen wurde, frug
ich beiläufig nach dir und ob man im Dorfe nichts von dir
wisse, hoffte aber nicht, etwas zu erfahren, woran ich längst

gewöhnt war. Der Mann besann sich ein Weilchen und sagte:
Ja, wartet, wie ist denn das? Ich habe davon gehört, und
nun erzählte er."

„Was erzählte er?" fragte ich traurig.

„Er habe gehört, daß du verarmt in der Fremde herum-
gezogen seiest, die Mutter in Schulden gebracht und darüber
habest sterben lassen, und daß du dann in elendem Zustande
heimgekehrt seiest und als ein Schreiberlein irgendwo dein
Leben fristest. Als ich so dein Unglück vernahm, packte ich
unverzüglich auf, um zu dir zu kommen und bei dir zu sein!"

„Judith, das hast du gethan?" rief ich.

„Was meinst du denn? sollte ich, die dich als grünen
Knaben einst so herzlich geliebt und gekost hat, dich nun in
Not und Kummer wissen, ohne zu dir zu kommen? — Aber
da ich nun kam, da war alles nicht wahr! Zwar die Mutter
ist gestorben, du aber bist in guten Zuständen aus der Fremde
gekehrt und stehst jetzt beim Regierungswesen und in Ehr' und
Ansehen, wie ich wohl merke, obgleich man sagt, du seiest
etwas stolz und unfreundlich! dies letztere ist nun freilich auch
nicht wahr!"

„Und du bist also meinetwegen aus Amerika aufgebrochen,
obgleich du mich für schlecht gehalten hast?"

„Wer sagt das? Ich habe dich trotzdem nicht für schlecht,
nur für unglücklich gehalten!"

„Das Schlimmste an dem Unglück ist aber dennoch wahr,
meine Verschuldung! Ich habe wirklich meine Mutter in Kummer
und Sorgen gebracht und bin eben recht gekommen, der daran
Sterbenden die Augen zuzudrücken!"

„Wie ist das denn zugegangen? Erzähle mir alles, denke
aber nicht, daß ich mich von dir werde abwendig machen lassen!"

„Dann hat dein Urteil keinen Wert, wenn es nur durch
deine gütige Zuneigung bedingt wird!"

„Eben diese Neigung ist Urteils genug und du mußt es anerkennen! Doch erzähle nur!"

Ich that es in ausführlicher Weise, so ausführlich, daß ich gegen das Ende hin die Aufmerksamkeit auf meine Rede verlor und zerstreut wurde; denn ich spürte inzwischen den alten Druck von der Seele weichen und wußte, daß ich frei und gesund war. Plötzlich unterbrach ich mich und sagte:

„Es nützt nichts, länger zu schwatzen! Du hast mich erlöst, Judith, und dir danke ich's, wenn ich wieder munter bin; dafür bin ich dein so lang ich lebe!"

„Das läßt sich hören!" erwiderte sie mit glänzenden Augen und mit einem Ausdrucke von Zufriedenheit in ihren schönen Gesichtszügen, daß der Anblick mich in der Erinnerung immer wieder irre machte, wenn ich im Laufe der Jahre zu erwägen hatte, wie mit der Schönheit der Dinge doch nicht alles gethan und der einseitige Dienst derselben eine Heuchelei sei, wie jede andere. Ja, neben der Erinnerung an Dortchens Angesicht am Tische des Kaplans leuchtet mir Judiths Anblick fort wie ein Doppelstern. Beide Sterne sind gleich schön und doch nicht beide gleich in ihrem wahren Wesen.

„Nun habe ich Hunger und möchte essen, wenn du was hast!" sagte Judith; „aber richte dich ein, den übrigen Tag mit mir im Freien zuzubringen; unter Gottes freiem Himmel wollen wir unsere Sachen zu Ende führen!"

Wir stellten fest, daß ich nach Tisch mit ihr heimwärts fahre, daß wir aber am Eingange des Thales, wo wir uns zuerst getroffen, den Wagen weiter schicken und den Berg mit der Nagelfluhe besteigen wollten.

Fröhlich und zufrieden aßen wir zusammen im Herrenstübchen des Gasthauses zum goldnen Stern. In einem der Fenster leuchtete eine zweihundertjährige gemalte Scheibe mit den Wappen eines Ehepaares, das nun schon lange zu Staub geworden. Ueber den beiden Wappen stand die Inschrift: „Andreas Mayer, Vogt und Wirt zum gülden Stern, und Emerentia Juditha Hollenbergerin sind ehelich verbunden am 1. Mai 1650." Der Hintergrund, auf welchem die zwei Wappen standen, zeigte ein Gartenland mit einer Gesellschaft zechender Engelsfigürchen zwischen Rosenbüschen. Ein geschmücktes Paar, die Handschuhe in den Händen, sah den kleinen Trinkgesellen wohlgefällig zu. Zu unterst aber quer über die Scheibe stand auf einem breiten Bande der Spruch:

> „Hoffnung hintergehet zwar,
> Aber nur was wankelmütig;
> Hoffnung zeigt sich immerdar
> Treugesinnten Herzen gütig!
> Hoffnung senket ihren Grund
> In das Herz, nicht in den Mund!"

Die gemeinsame Quelle, aus welcher beide Schreiber, die so weit auseinander lebten, der alte Glasmaler und das Fräulein im Grafenschloß, geschöpft hatten, mußte somit ein sehr altes Buch sein.

Mich aber berührte diese Aufdringlichkeit des Zufalls, die aus der ganzen Schilderei leuchtete, eher ängstlich und beklemmend, als freudig; denn dieser Machthaber schien sich förmlich zu meinem Führer aufwerfen zu wollen, und der Spruch konnte eine neue Täuschung verkünden. Judith las denselben, ohne auf das Bildwerk zu achten, und sagte lächelnd: „Welch' ein schöner Vers und gewißlich wahr; man muß ihn nur richtig verstehen!"

Wir begaben uns also auf den Weg, schickten den Wagen am Fuße jenes mäßigen Berges weg, und wanderten gemächlich hinauf, und zwar auf die Scheitelhöhe. Dort standen, weit in das Land ragend, zwei mächtige uralte Eichbäume, unter welchen eine Bank und ein steinerner ganz bemooster

Tisch sich befanden. Vor der christlichen Zeit sollte hier eine
Kultusstätte, später eine Dingstätte gewesen sein und von letzterer
Bestimmung der Tisch herrühren.

Auf der Bank im Schatten der mächtig ausgreifenden
Aeste sitzend, schauten wir Hand in Hand in die bläuliche Ferne
der Rundsicht. Judith hatte ihren Hut und Sonnenschirm
auf den Tisch gelegt. Nach einer Weile, als sie auch den Tisch
betrachtet und sich die Bedeutung desselben hatte erklären lassen,
sagte sie mit bedächtlichen und bewegten Worten:

„Wie nennt man's denn in den Ländern, wo es Könige
gibt, wenn diese gekrönt werden und an den Altären stehen?"

Ich wußte nicht gleich, was sie meinte, und sann
nach. Da ich sie aber unverwandt auf den alten Steintisch
schauen sah und sie sogar Hut und Schirm wegnahm, wie
um die Sache deutlicher zu machen, fiel es mir ein und ich
sagte:

„Es heißt, sie nehmen die Krone von Gottes Tisch!"

Da sah sie mich zärtlich an und flüsterte:

„Ja so heißt es! Sieh', und nun könnten wir hier auch
das Glück von Gottes Tisch nehmen, was die Welt das Glück
nennt, und uns zu Mann und Frau machen! Aber wir wollen
uns nicht krönen! Wir wollen jener Krone entsagen und dafür
des Glückes um so sicherer bleiben, das uns jetzt, in diesem
Augenblicke, beseligt; denn ich fühle, daß du jetzt auch glücklich
und zufrieden bist!"

Ich schwieg erschüttert still. Doch fuhr sie fort:

„Schau, ich habe es mir schon auf dem Meere und während
eines Sturmes überlegt, als die Blitze um die Masten zuckten,
die Wellen über Deck schlugen und ich in der Todesangst
deinen Namen ausrief, und die letzten Nächte wieder hab' ich
es hin und her gewendet und mir gelobt: Nein, du willst sein
Leben nicht zu deinem Glücke mißbrauchen! Er soll frei sein

und sich durch die Lebenstrübheit nicht noch mehr abziehen lassen, als es schon geschehen ist!"

Ich schüttelte aber den Kopf und sagte betroffen: „Ich will nicht unbescheiden sein, Judith, allein ich habe es mir doch anders gedacht. Wenn du mir in der That gut bist, willst du nicht lieber bei mir leben, als immer so einsam sein, so allein stehen in der Welt?"

„Wo du bist, da werde ich auch sein, solange du allein bleibst; du bist noch jung, Heinrich, und kennst dich selber nicht. Aber abgesehen hiervon, glaube mir, solange wir so sind, wie jetzt in dieser Stunde, wissen wir, was wir haben und sind glücklich! Was wollen wir denn mehr?"

Ich begann zu fühlen und zu verstehen, was sie bewegte; sie mochte zu viel von der Welt gesehen und geschmeckt haben, um einem vollen und ganzen Glücke zu vertrauen. Ich sah ihr ins Gesicht und strich ihr weiches braunes Haar zurück, indem ich rief:

„Ich habe ja gesagt, ich sei dein, und will es auf jede Art sein, wie du es willst!"

Sie schloß mich heftig in die Arme und an ihre gute Brust; auch küßte sie mich zärtlich auf den Mund und sagte leis: „Nun ist der Bund besiegelt! Aber für dich nur auf Zusehen hin, du bist und sollst sein ein freier Mann in jedem Sinne!"

Und so ist es auch zwischen uns geblieben. Noch zwanzig Jahre hat sie gelebt; ich habe mich gerührt und nicht mehr geschwiegen, auch nach Kräften dies oder jenes verrichtet, und bei allem ist sie mir nahe gewesen. Wenn ich den Wohnort verändern mußte, so ist sie mir das einemal gefolgt, das andere nicht, aber so oft wir wollten, haben wir uns gesehen. Wir sahen uns zuweilen täglich, zuweilen wöchentlich, zuweilen des Jahres nur einmal, wie es der Lauf der Welt mit sich

brachte; aber jedesmal, wo wir uns fahen, ob täglich oder
nur jährlich, war es uns ein Feft. Und wenn ich in Zweifel
und Zwiefpalt geriet, brauchte ich nur ihre Stimme zu hören,
um die Stimme der Natur felbft zu vernehmen.

Sie ftarb, als eine verderbliche Kinderkrankheit herrfchte
und fie fich mit ihren hilfsbereiten Händen in eine ratlofe Be-
haufung armer Leute ftürzte, die mit kranken Kindern angefüllt und von den Aerzten abgefperrt war. Sonft hätte fie
leicht noch zwanzig Jahre leben können und wäre ebenfolang
mein Troft und meine Freude gewefen.

Ich hatte ihr einft zu ihrem großen Vergnügen das ge-
fchriebene Buch meiner Jugend gefchenkt. Ihrem Willen gemäß
habe ich es aus dem Nachlaß wieder erhalten und den andern
Teil dazu gefügt, um noch einmal die alten grünen Pfade der
Erinnerung zu wandeln.

Lightning Source UK Ltd.
Milton Keynes UK
UKHW022004130521
383693UK00003B/130